Kirchen in alten Ansichten Band 3

von
Thomas Leginger

Europäische Bibliothek - Zaltbommel/Niederlande MCMLXXXIII

D ISBN 90 288 2525 8

Im Verlag Europäische Bibliothek in Zaltbommel/Niederlande erscheint unter anderem die nachfolgende Reihe:

IN ALTEN ANSICHTEN, *eine Buchreihe in der festgelegt wird wie eine bestimmte Gemeinde zu 'Großvaters Zeiten', das heißt in der Zeit zwischen 1880 und 1930, aussah. In dieser Reihe sind bisher in etwa 500 Einzelbänden Gemeinden und Städte in der Bundesrepublik dargestellt worden. Es ist geplant, diese Reihe fortzusetzen. Unter dem Titel* **In oude ansichten** *sind bisher etwa 1 250 Bände über Städte und Dörfer in den Niederlanden erschienen. In Belgien ist die Buchreihe mit* **In oude prentkaarten** *beziehungsweise* **En cartes postales anciennes** *betitelt und umfaßt 400 Bände. In Österreich und in der Schweiz sind unter dem Titel* **In alten Ansichten** *bisher 60 beziehungsweise 15 Bände erschienen. Weitere 150 Bände beschreiben Gemeinden und Städte in Frankreich, und zwar in der Buchreihe* **En cartes postales anciennes.** *In Großbritannien sind bisher 40 Bände unter dem Titel* **In old picture postcards** *herausgebracht.*

KENNT IHR SIE NOCH... *eine Buchreihe in der festgelegt wird wie die Leute-von-damals in einer bestimmten Gemeinde oder Stadt zu 'Großvaters Zeiten' lebten, lernten, wohnten, arbeiteten, feierten, Musik machten und so weiter.*

Näheres über die erschienenen und geplanten Bände der verschiedenen Buchreihen erhalten Sie bei Ihrem Buchhändler oder direkt beim Verleger.

Dieses Buch wurde gedruckt und gebunden von dem Grafischen Betrieb De Steigerpoort in Zaltbommel/Niederlande.

EINLEITUNG

Meine lieben Kirchener!

Nun wollte ich ja eigentlich mit meiner letzten Publikation, 'Kennt ihr sie noch... die Kirchener', den Schlußpunkt meiner heimatkundlichen Bemühungen gesetzt haben, aber dann wurde mir ganz unerwartet doch noch weiteres Bildmaterial zugestellt, so daß der renommierte Verlag in Zaltbommel sich doch nicht meinem Vorschlag eines dritten Bandes alter Ansichten verschließen konnte.

Daß mir dies überhaupt möglich wurde, habe ich zunächst meinem alten Freund Walter Semmelrogge, seinerzeit lange Jahre Schriftsetzer bei der 'Betzdorfer Zeitung' Ernst August Böckelmanns, zu verdanken, der mir nicht nur sein an alten Exemplaren dieses Blattes so reiches Archiv zur Verfügung stellte, sondern dessen Genrebilder aus Kirchen und Umgebung auch zu den schönsten Erinnerungen aller Heimatfreunde zählen dürften.

Auch möchte ich es nicht versäumen, Frau Brigitte Rüdisser (Haubrich) in Augsburg für ihr Engagement zu danken, in welchen Dank ich hiermit auch die Damen Hildegard Kraemer, Hildegard Flick, Hildegard Schneider, Frieda Mildenberger und Berta Kolbe einschließen möchte, die mich in rührender Weise in meinem neuen Vorhaben unterstützten. Ein zum Teil im Manuskript schon fertiggestellter Roman, aus volkskundlichen Beobachtungen und Traumfragmenten gefügt, hätte des Umfanges wegen den Rahmen einer solchen, vorliegenden Publikation bei weitem gesprengt, so daß es meine Konzeption war, das kleine Werkchen aus den mir vorliegenden heimatlichen Zeitungsexemplaren der Jahre 1912 bis 1935 zusammenzustellen.

Im Anhange desselben sind zwei Seiten Ergänzungen und Berichtigungen angefügt, die sich auf die ersten drei Bücher beziehen. Naturgemäß waren solche Fehler nicht zu vermeiden, da die Angaben der von mir aufgesuchten Personen oft entscheidend voneinander divergierten, hin und wieder gewisse Unregelmäßigkeiten auch gerade erst nach Drucklegung des Werkes erkennbar wurden.

Bei Euch allen aber, meinen lieben Kirchenern, hoffe ich mit all den zeitgeschichtlichen Meldungen aus solch umwälzenden Epochen des frühen 20. Jahrhunderts ein neues Gefühl des Verständnisses und der Heimattreue wecken zu können.

In der Öde unserer heutigen Kulturkomödie sehnt man sich wieder nach Verinnerlichung, man beginnt wieder zu fühlen, daß uns der Strom eines ewig Geheimnisvollen allüberall umrieselt. Und wo die Grenze zwischen Sinnlichem und Übersinnlichem läuft, da hört alle Verstandeserklärung auf und das größte aller Wunder beginnt von neuem – der Glaube. Er schmücke wieder unser Wissen.

Das Titelbild zeigt einen Teil der Hauptstraße im Oberdorfe beim Brunnen mit den Häusern Ernst Duesberg, Justus Kraemer, Otto Stein (von Bäumen verdeckt) und Alfred Stein (von rechts) und der Lutherkirche im Hintergrund.

1. Ohne weitere Umschweife möchte ich den Geneigten Leser nunmehr in die Vergangenheit eines mannichfaltigen heimatlichen Journalismus entführen und mir nur wünschen, daß er sich in den hier gesammelten Anekdotenschatz von Meldungen aus der 'Kirchener Zeitung' (Druck und Verlag von Otto Ebner's Buchdruckerei, Brückenstraße 14); dem 'Kirchener Lokalanzeiger' (Druck und Verlag von Philipp Dickerhoff, Hauptstraße 35) und der 'Betzdorfer Zeitung' (Geschäftsstelle Wilhelmstraße 21 bei Ernst August Böckelmann) ebenso vertiefen möge wie in das Studium der heutigen, alltäglich in das Haus gebrachten Zeitungen.
Wir schlagen auf ein Exemplar der Kirchener Zeitung vom Donnerstag, den 7. März 1912, und lesen darin: *Das Unglück am Katzenbacher Block wurde dieser Tage wieder in die Erinnerung zurückgerufen durch die Abreise des Bahnunterhaltungsarbeiters Greve aus Erndtebrück, der nun nach seiner im hiesigen kath. Krankenhaus erfolgten Wiederherstellung aus diesem entlassen werden und nach seiner Heimat zurückkehren konnte. Wie noch erinnerlich, forderte das Unglück, das sich ein paar Tage vor dem letzten Weihnachtsfeste ereignete, zwei Tote, während Greve und der Schaffner Katz aus Siegen schwer verletzt wurden. Der letztere befindet sich noch im Krankenhaus, ist aber erfreulicherweise auf dem Wege der Besserung.*
Kirchen, 7. März. Zu den Einbrüchen, die in der Umgebung in den letzten Wochen verübt worden sind, wird noch folgendes gemeldet: Bei dem Einbruch im Stationsgebäude zu Hohenhain fiel den Spitzbuben ein Barbetrag von etwa 20 M. in die Hände. Auch in dem benachbarten Wildenburg wurde in das dortige Stationsgebäude eingebrochen, jedoch nur wenige Pfennige gefunden. Es handelt sich offenbar um dieselbe Person, die den Diebstahl begangen, denn in Wildenburg fand man einen Schraubenzieher, den der Spitzbube von Hohenhain mitgenommen hatte. Beide Male hat der Spitzbube stellenweise den Fensterkitt gelöst, einen Teil der Scheibe herausgebrochen, dann durch das so hergestellte Loch hindurchgereicht, den Fensterriegel weggeschoben und das Fenster geöffnet. Bereits am Morgen gegen 11 Uhr traf ein Gendarmeriewachtmeister mit einem Polizeihund ein, der auch die Fährte eine Zeitlang in der Richtung auf Heid zu verfolgte, sie dann aber verlor. Jedenfalls war die Spur duch den strömenden Regen, der am Vormittag fast ununterbrochen anhielt, verwischt worden.
Unser Bild: Blick auf die Wildenburg, das Stammschloß der Herren von Wildenburg. Die Veste erhob schon im 13. Jahrhundert ihre festen Mauern und Warten.

2. In demselben Blatte preist die Gemüsehandlung Peter Becker, Betzdorf, Kirchstraße 1, in einem Inserat an: *Achtung! Achtung! Heute trifft eine grosse Sendung frischer Gemüse ein; prima Spinat, Pfund 25 bis 30 Pfg., Grünkohl, Pfund 25 Pfg., prima belesener Kornsalat, Endiviensalat, Pariser Kopfsalat, 2 Stück 25 Pfg. Prachtvolle Köpfe Blumenkohl, Stück von 25 Pfg. an bis 60 Pfg.. Freitag nachmittag trifft wieder eine grosse Sendung prachtvoller Winterpflanzen in allen Sorten, 100 Stück zu 80 Pfg., ein. Ferner empfehle ich feinste Tafeläpfel, Koch- und Backäpfel, feinste dünnschalige Apfelsinen, 10 Stück 35, 50 und 70 Pfg., feinste Blutapfelsinen, 10 Stück 80 Pfg. Riesenköpfe Rotkohl, Weisskohl, Wirsing, Möhren, Zwiebeln stets auf Lager.*
Sturm & Tielmann, Inhaber Fritz Sturm, Kirchen, Brückenstraße 12, *Feinst. Angelschellfisch, Pfund 40 Pfg., Feinster Bratfisch, Pfund 20 Pfg., Kabliau u. Seelachs, kopflos, Pfd. 35 Pfg., Rotzungen, Pfd. 50 Pfg., Feinster Goldbarsch, Pfd. 35 Pfg., Gewäss. u. getrock. Stockfisch billigst.*
In den Amtlichen Bekanntmachungen wird mitgeteilt, daß das diesjährige Musterungsgeschäft im Kreise Altenkirchen in der Zeit vom 20. März bis einschließlich 3. April stattfindet. Im Aushebungsbezirk Altenkirchen II, in Betzdorf, Wirtschaft Vomfell, am Donnerstag, den 28. März, vormittags 9 Uhr, Musterung der Militärpflichtigen der Bürgermeisterei Kirchen, welche in dem Jahre 1891 geboren sind.
In der Königlichen Oberförsterei Kirchen ist ein Brennholz-Verkauf anberaumt. *Zu Dermbach: Montag, den 11. März 1912, vormittags 10½ Uhr, in der Gastwirtschaft von Utsch aus dem Schutzbezirk Kirchen, Distr. 111b, 112b Hundskopf und 115a Höhwald: 500 Fichtenstangen IV.Kl., 85 rm Eichen- und Buchen-Reiser III.Kl. (unaufgearbeitet). Ein Schön möbl. Zimmer, mit oder ohne Morgenkaffee, zu vermieten. Zu erfragen Kirchen, Brückenstr. 2.*
In der 'Betzdorfer Zeitung', Montag, den 30. November 1914, heißt es unter der Überschrift, *Der Kaiser im Osten. Grosses Hauptquartier. 29. Nov. Se. Majestät der Kaiser befindet sich jetzt auf dem östlichen Kriegsschauplatz. Das deutsche Volk wird in dieser Nachricht ein Zeichen für die Wichtigkeit des Kriegsschauplatzes im Osten erblicken dürfen, aber auch ein Zeichen für die günstige Lage auf dem westlichen Kriegsschauplatz, den der Kaiser nunmehr verlassen hat.* Im Anzeigenteil findet sich eine Bekanntmachung von Gerichtsvollzieher Semmelmeyer in Kirchen, Hauptstraße 70, auf eine Versteigerung *am Dienstag, den 1. Dezbr., nachm. 3 Uhr, im Germaniasaale zu Betzdorf, wo u.a. ein Piano, 1 Buffet, diverse Schränke, Sofas und Vertikows, Regulatoren, Bettstellen, ein Grammophon mit 12 Platten, und andere Gegenstände mehr, öffentlich, zwangsweise, meistbietend gegen gleich bare Zahlung feilgeboten werden.*
Unser Bild: Kirchen bei der Siegbrücke. Ganz links das alte Scharfrichterhaus, halb versteckt hinter Kastanien und Platanen die Gastwirtschaft 'Langs Ecke' und rechts das 1906 vollendete Haus von Schuhmacher Friedrich W. Henrich.

3. Friseur Paul Mildenberger (zweiter von rechts) mit seiner Frau Frieda, geborene Funk, und Söhnchen Hans (ganz rechts), sowie Else Kötting (links) vor seinem Salon (Haus Anton Höfling, Hauptstraße) um 1935.
Paul Mildenberger wurde am 13. Dezember 1900 in Saarbrücken geboren, und hat das *Barbier-Friseur- und Perrückenmacher-Gewerbe drei Jahre, und zwar vom 7ten August 1915 bis zum 6ten August 1918 bei den Lehrmeistern Aeckere und Düfer zu Saarbrücken und Tambler zu Völklingen gehörig erlernt* heißt es in seinem Lehrbrief. Bevor er nach Kirchen kam und bei Karl Bender, der im heutigen Hause Hebel in der Brückenstraße seinen Betrieb hatte, eine Beschäftigung fand, dort auch seine Prüfung als Friseur- und Perrückenmachermeister ablegte, führten ihn seine Wanderjahre in viele Städte und Dörfer.
Sein Lehrverhältnis bei Wilh. Düfer, Parfümerie- und Toiletteartikel, Saarbrücken 3, bestand vom 9. Dezember 1916 bis 17. April 1917, und wurde wegen Aufgabe des Herrensalons vorzeitig gelöst. Vom 21. Januar bis 22. Mai 1919, ist er bei Johann Tresse, Saarbrücken, tätig, der in seinem Zeugnis schreibt: *...selbiger hatt sich während dieser Zeit in seinem Benehmen und Fleiss zu meiner Zufriedenheit geführt, so dass ich denselben jedem anderen Kollegen weiter empfehlen kann!* Vom 2. Juni bis 25. September 1919 ist er bei Hans Cleve in Saarbrücken in Arbeit, welcher schreibt *...und kann ich ihm in Bezug, speziel in Kabinetarbeit (Herren-Bedienung) dahs allerbeste Zeugnis ausstellen. Ehrlichkeit und Treue sind seine Charaktereigenschaften.* Vom 7. Oktober 1919 bis 14. Oktober 1920 ist er in St. Wendel, wo ihm Meister J. Rolinger am 6. November in das Zeugnis schreibt *...ein williger und vertrauenswürdiger Arbeiter, dessen Austritt durch Krankheit erfolgen musste.* Vom 22. November 1920 bis 10. Juni 1921 hat er sich *...während dieser Zeit meine vollste Zufriedenheit erworben,* läßt sich Richard Schneider, Friseurmeister aus Saarbrücken, vermelden. Ähnlich äußert sich Robert Becker, Perrückenmacher aus Traben-Trarbach, wo Paul Mildenberger vom 15. Juni bis 29. November 1921 sein Gewerbe ausübt: *...Neben Ehrlichkeit zeichnen Ihn Fleihs & Treue besonders aus.* Vom 10. Mai 1922 bis 10. Januar 1923 bei Otto Dressler in Saarbrücken, stellt ihm dieser am 15. Januar 1923 das Zeugnis *...eines tüchtigen, fleissigen Gehülfen* aus. In der Zeit vom 8. Februar 1923 bis 20. März 1925 hält er sich in Lothringen im Salon de Coiffure bei Jacques Gauthier auf, der ihn *...meinen werten Collegen nur warm empfehlen kann. (Petite-Rosselle, le 20. Mars 1925.)*
Am 30. März 1925 meldet er sich polizeilich in Kirchen an und ist vom 27. März bis 25. Juli 1925 bei Carl Bender II tätig, der ihm bescheinigt *...seine Führung war sehr gut!* Neun Jahre später stellt ihm der Betzdorfer Bürgermeister Kamphausen die 'Äuchen'-Schule zur Verfügung, damit er dort in der ersten Fachklasse für den Nachwuchs in seiner Zunft sorgen konnte. Von 1934 bis 1945 fungierte er als Innungs-Obermeister. Für seine Stammkunden hatte er als Spezialitäten den Hindenburg- oder Konturenschnitt parat. Zunächst noch im Hause Alfred Stein, seit 1963 auch im Neubau im Baumschulweg, führen Frau Frieda und Sohn Hans den allseits bekannten 'Salon Mildenberger' fort.

4. Unser Bild links zeigt uns den Urahn des Frisiersalons Mildenberger, den Friseurmeister Funk aus Altenkirchen als 'Lazarettgehülfe' im Deutsch-Französischen Krieg 1870/71. Er starb bereits am 31. Januar 1875 und hinterließ einen Sohn, Louis Funk, der später Obermeister war.

Die Aufnahme rechts zeigt uns das Ehepaar Hermann und Hedwig Heikaus, von Schuster Josef Nauroth (Austraße 2) fotografiert, in der Türe des Gasthof 'Zum Bahnhof'.

Hermann Heikaus war ein Jagdliebhaber und eigentlich Straßenbaumeister, während seine Frau einer alten Siegener Gastwirtsfamilie entstammte. Eines Tages kam ein Herr Stein, Vertreter der Sohllederfabrik Otto Kraemer, Kircherhütte, der bei Heikaus übernachten wollte, und erhielt auch ein schönes Zimmer zugewiesen. Nach der Einquartierung machte er noch die ihm aufgetragenen Kundenbesuche, wurde aber bei seiner Rückkehr von der Wirtin mit den Worten empfangen: 'Steinchen, ech hann Dech werrer aus demm Zemmer en 'nen anneres gedohn, heh datt Schüjnere brucht' ech für 'nen Vürnähmeren.'

Wo ich nun so viel über den Meister Mildenberger berichtet habe, darf ich es hier nicht unterlassen, auch Willi Wünning über einige Zeilen hinweg zu würdigen. Derselbe machte sich im Jahre 1932 auf dem Brühlhof 'in einem Zimmerchen' des Hauses Wolf selbständig, zu einer Zeit, wo das Haareschneiden bloß fünfzig Pfennige und das Rasieren einen Groschen kostete. In dem Frisierstübchen fanden sich zwei Nachtschränkchen, ein Spiegel an der Wand und die Garderobe von zu Haus und ein Bänkchen für die Kunden. Willi Wünning, der in Siegen sein Handwerk gelernt und auch kurze Zeit als Gehülfe ausgeübt hat, war damals froh, wenn am Tag drei, vier Mann zum Haareschneiden kamen.

Allmählich aber ging es aufwärts, bis Krieg und Gefangenschaft auch dem Kirchener Figaro einen Strich durch die Lebensrechnung machten. Erst Ende 1949 kehrte er aus Sibirien zurück; zehn Jahre war er aus der Heimat fort gewesen. 'Das Geschäft war zerstört, von den Amerikanern ausgeräumt' – es hieß, noch einmal von vorn anfangen. Bis 1959 sorgte Wünning an Langs Ecke für 'ordentliche Hoar', dann wechselte er zum fünften und letzten Mal den Standort und zog in das Haus Kirchstraße 8. Unterstützt von Gattin Emma, ist Wünning heute ganz für die Herren da. 'Morgens sitzen hier immer mindestens vier, fünf Mann rum', berichtet er und seine Kunden kommen auch aus Betzdorf, Alsdorf und Freusburg. Wünning ist stolz darauf, über dreißig Stammkunden zu haben, von denen so Mancher noch den alten Militärschnitt schätzt, erzählt er. 'Zwei Finger über den Ohren ausrasiert, und zwar jede Woche!' Diese Kunden bitten auch den nun schon 70Jährigen, seinen Laden ja nicht zu schließen. Und Wünning versichert beruhigend: 'Ich mach' solange weiter, wie es nur eben geht!'

5. In der 'Betzdorfer Zeitung' vom 20. Januar 1916, Donnerstag, findet sich unter der Rubrik 'Lokales' folgende Meldung. Kirchen. 20. Januar. Zu dem Leichenfund, der am vergangenen Sonnabend in Kircherhütte gemacht wurde, sei noch bemerkt, dass es sich um die Leiche eines kräftigen, neugeborenen Knaben handelt, die, wie besondere Umstände ergeben haben, bereits etwa drei Wochen an ihrem Fundorte gelegen haben muss. Mehrere polizeiliche Vernehmungen haben bereits stattgefunden. In diesem Zusammenhange wollen wir eines ungewöhnlichen Menschen gedenken, den das Totenregister der evangelischen Gemeinde Kirchen von 1771 verzeichnet, nämlich dass in jenem Jahr ...*starb Johann Gerlach Capito, ein Greis von 90 Jahren. Der Reveritit (Schwarmgeist), der ausserordentlichste Mensch, so lange Kirchen stehet. Der reichste und zuletzt der allerärmste. Der das härteste Gemüth und den unbeugsamsten Eigensinn, der 4 Weiber und zuletzt keine hatte, indem er die vierte verlassen. Und der 34 Jahr evangel., darauf 54 Jahr papistisch, und zuletzt ins 2te Jahr wieder evang. gewesen.*
Der um die St.-Michael-Kirche auf dem ehemaligen Gelände 'Am Bettengarten' gelegene und mit einer Ringmauer versehene Kirchspielhof ist hierzulande wohl der älteste, der noch heute benutzt wird. Im Jahre 1808 war es der einstimmige Wunsch der Bevölkerung gewesen, daß die Verstorbenen beider Konfessionen, wie sie als Nachbarn friedlich gelebt, auch im Frieden gemeinsam ruhen sollten. Am 19. September 1809 wurde hier die erste Tote des damals noch weitläufigen Kirchspiels, eine junge Frau aus Dauersberg, durch den katholischen Pastor Joh. Heinrich Brocke beigesetzt. Am 7. Dezember des nämlichen Jahres stand der evangelische Pfarrer Joh. Peter Sturm vor dem Grabe eines alten Mannes aus Hohenbetzdorf: 'Wir haben hier keine bleibende Statt, die zukünftige aber suchen wir...' Mittlerweile war der jahrhundertealte Kirchhof an der Nordseite des damals noch simultanen Gotteshauses mit Gesang und Gebet geschlossen worden. Hier findet sich das Gräberfeld der renommierten Familie Jung, hier ruhen die drei Industriellen, denen der König dazumal wegen ihrer Verdienste um das Berg-, Hütten- und Maschinenwesen den Titel eines Kommerzienrates verlieh: Walther Siebel (26. August 1839 bis 10. Januar 1898), Otto Stein (16. Juli 1854 bis 9. November 1918), dessen Lebenswerk vornehmlich dem Aufblühen der heimischen Eisensteingruben galt, und Arnold Jung (8. Januar 1859 bis 8. Januar 1911), dem heimischen Pionier des Lokomotivbaues der sogenannten Gründerjahre. Hier findet sich auch die Ruhestätte von Carl Daniel Stein (am 16. September 1803 geboren), der im Jahre 1839 die Friedrichshütte zu Wehbach gründete und sich ebenso als Wohltäter der Gemeinde erwies wie Alfred Stein (5. Januar 1858 bis 20. Juli 1920), von dessen Dasein nur noch ein bescheidener Grabhügel kündet.
Unsere Aufnahme zeigt die Beerdigung (Sarg auf Lafette) von Stahlhelm-Mitglied Gustav Haubrich am Heldengedenktag 1935, hier am Kirchplatz.

6. Unsere Bilder zeigen links Pfarrer Lellmann, der sich besonders um die Erweiterung des St.-Elisabeth-Krankenhauses verdient gemacht hat, und Pfarrer Martin Schunk, seinen am 21. März 1870 geborenen Vorgänger in unserer Gemeinde.

Pfarrer Tobias Philipp Jacob Reinhard (1814-1845) war der erste Pfarrer der preußischen Zeit in Kirchen. Die französische Revolution und die napoleonischen Kriege hatten die Welt umgestaltet, eine neue Zeit dämmerte herauf. Zwar war das für unser Land zunächst eine arme Zeit, aber man fühlte doch, daß es aufwärts ging. Was heute die Wohlfahrtslasten sind, waren damals die Kriegskontributionen, welche die Franzosen den einzelnen Gemeinden abgepreßt hatten und was hundert Jahre später die aus dem Versailler Vertrag resultierenden Reparationen waren, das waren im 19. Jahrhundert jene ungeheuren, finanziellen Aufwendungen, die der Staat hatte machen müssen, um die Freiheitskriege gegen Napoleon durchführen zu können. Mit Sparsamkeit suchten die Preußen diese Armut zu überwinden, scharf ward den Beamten auf die Finger gesehen und so konnte es geschehen, daß Pfarrer Reinhard in Folge seiner mißlichen häuslichen Verhältnisse selbst in Schulden geriet und ihm gar die königliche Kabinettsordre gegen das Schuldemachen der Beamten zugefertigt und Empfangsbestätigung gefordert wurde. Über seine Amtsverpflichtungen berichtet Pfarrer Reinhard damals: 'Passions- und Wochenpredigten sind nicht üblich, Hausbesuche sind nicht üblich, wohl aber Krankenbesuche und Krankenkommunionen.'

Das Totenregister verzeichnet zu seiner Amtszeit noch drei Selbstmorde: *Am 25. Mai 1817 nahm sich durch einen Pistolenschuß selbst das Leben der Herr Amtmann und Bergrichter Johann Konrad Schramm, alt 37 Jahre. 1832 am 12. Junius entleibte sich (schnitt sich den Hals ab) nahe bei dem Hause des Eisenmengers John. Wilhelm Scherer, Einwohner in Alsdorf, alt 59½ Jahre. 1843 am 2. August wurde im Teiche bei Mudersbach ertrunken aufgefunden Sophie Strunk, Dienstmagd in Siegen, aus Oberdreisbach stammend, alt 23 Jahre. Und am 19. Januar 1839 morgens gegen 7 Uhr ward nahe bei Scheuerfeld erfroren aufgefunden Johann Arnold Schneider, Schreiner zu Scheuerfeld, alt 33 Jahre.*

Die Seelenzahl in dem damals noch umfangreicheren Kirchspiel Kirchen erfuhr in den Jahren 1815-1845 eine Steigerung von 580 auf zirka 900 Seelen.

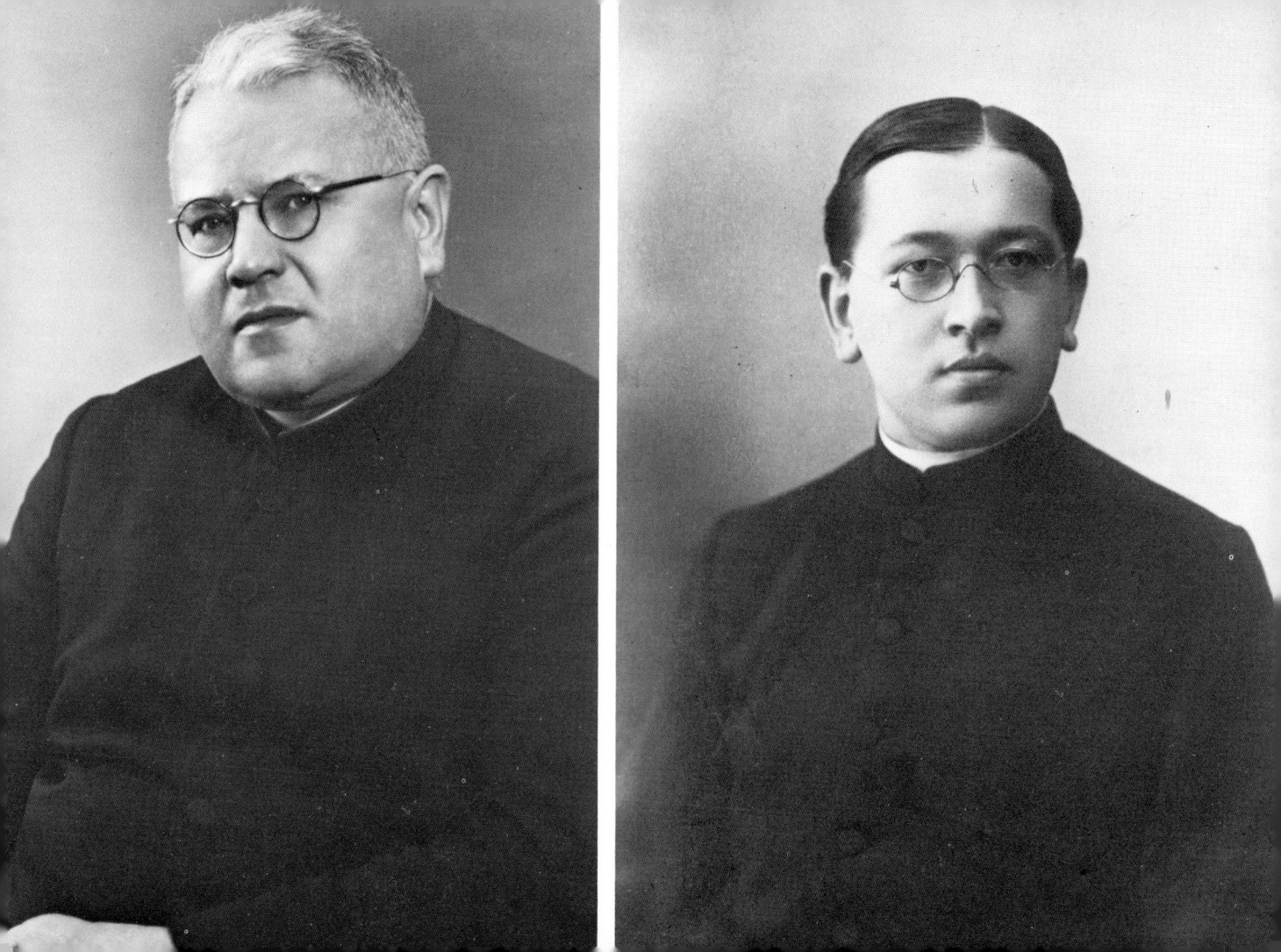

7. In der 'Betzdorfer Zeitung' vom Samstag, den 18. Januar 1919, werden neben 'Besinnlichen Betrachtungen auf dem Wege zur Wahl zur deutschen Nationalversammlung (Vom Kaiserreich zum Volksstaat)', auch die Ermordung der Urheber und Führer der Spartakusbewegung, Karl Liebknecht und Rosa Luxemburg, behandelt. E.A. Böckelmann, der Herausgeber, läßt sich unter der Rubrik 'Heimatliche Nachrichten' über eine politische Versammlung aus: *Gestern fand hier eine grosse sozialdemokratische Versammlung statt. Kopf an Kopf gedrängt stand die Menge und lauschte dem nicht ungewandten Redner. Ich habe als Spätkommender nur weniges hören können und bin dann wieder gegangen. Aber was ich gehört habe, genügte, um zu wissen, daß es auch diesmal um die Köderung der Massen ging, die Aufpeitschung der Leidenschaften... Bis zum Kriege stand Deutschland doch auf einer ihm von aller Welt geneideten Höhe, auf einer solchen Höhe, dass es vier lange bange Jahre hindurch einen Krieg siegreich bestehen konnte. Dann brach es zusammen, weil der Hunger ihm die Nerven geraubt hatte, eine Viertelstunde zu früh hat es die Nerven verloren. Dann kam die Revolution. Wir sind wohl alle einig in der Ansicht, dass diese Revolution uns das Unglück gebracht hat, in dem wir jetzt stehen. Nun glaubt die Menge, an diesem Unglück sei die frühere Regierung schuld. Ich sage dagegen und rufe es laut: Schuld daran ist, dass die Treulosigkeit des Volkes es gewesen ist, das seine Regierung im Stich gelassen hat... Wünschten wir nicht alle, dass sie wiederkehren möchten, die Zeiten vor dem Kriege? Hatten wir nicht nach unseren heutigen Begriffen Zustände wie im Schlaraffenland? ...Die Sozialdemokratie will allein herrschen, sie will die anderen Parteien ausschliessen. Das gibt einen neuen Krieg!... dass uns eines nur das Heil bringen kann: nicht ein gefüllter Geldbeutel, sondern die Zufriedenheit im Herzen, nicht tolles Ausleben, sondern stille Beschaulichkeit in unsern vier Wänden. Und diese Zufriedenheit vermittelt uns nur die innere Stimme, die Stimme der Religion und Ordnung. Ich kenne nichts Schöneres, als wenn ich die frommen Kirchgänger Sonntags stundenweit daher kommen sehe, wie sie ins Gotteshaus pilgern und gesittete und ordentliche Staatsbürger sind... Mitbürger, glaubt nicht der Betörung, die aus den Grosstädten kommt, besinnt euch darauf, was das Siegerland immer gewesen ist und wählt morgen nach der Stimme eures Herzens!* Böckelmann.
In demselben Blatt wird durch das Amtsgericht mitgeteilt, daß Otto Ebner's Buchdruckerei Betzdorf erloschen und mit Aktiven und Passiven auf den seitherigen Mitgesellschafter, Buchdruckereibesitzer Ernst Aug. Böckelmann übergegangen ist. Kirchen, den 15. Januar 1919.
Unser Bild: Kriegergedenken für die Gefallenen des Ersten Weltkrieges. Der Zug in der Bahnhofstraße. Bildmitte das Haus Haubrich, links davon der Gasthof 'Zur Post', das Haus von Schuhmacher Schweitzer und das alte Forsthaus.

8. In der gleichen, vorgenannten Ausgabe hat Superintendent Trommershausen unter Datum vom 17. Januar 1919 das Inserat einrücken lassen: *Zur Steuer der Wahrheit! Da dem Vernehmen nach in der Wahlbewegung infolge der bekannten Erklärung der evangel. Pfarrer der Synode Koblenz die Behauptung aufgestellt ist, daß die evangel. Pfarrer des Wahlbezirks für die vereinigte Liste der Deutschen demokratischen Partei und der Deutschen Volkspartei eintreten werden, halte ich es für meine Pflicht, zu erklären, daß diese Behauptung unwahr und irreführend ist, daß vielmehr die evangel. Pfarrer des Kreises Altenkirchen fast ausnahmslos für die Liste der Deutschnationalen Volkspartei stimmen werden.*

Unter den Anzeigen findet sich eine solche über *Zwanzig Mille Uebersee-Zigaretten im ganzen oder geteilt abzugeben; Bestellungen auf rote Möhren, Kohlrabi, nimmt noch entgegen A. Höfling, Kirchen, Fernsprecher 236;* da ist *Ein schönes, schwarzes Russenpferd, 1,50 m groß, zu verkaufen bei Rob. Eichbaum, Fischbacherhütte b. Niederfischbach;* und wird *Ein Gebrauchtes, gut erhaltenes Spiritusbügeleisen zu kaufen gesucht. Offerten mit Preisangabe an die Geschäftsst. der Betzdorfer Zeitung.* In den 'Vereinigte Lichtspiele', Betzdorf, Sonntag, 19. Januar und Montag, 20. Januar, wird *nachm. von 2½ an und in einer Abendvorstellung von 7½ an gegeben: Das grosse Doppelprogramm: Mia May in ihrem neuesten großen Vierakter-Drama 'Die Bettelgräfin' und Sherlock Holmes, der weltbekannte Detektiv in seinem neuen Abenteuer 'Die Giftplombe'. Ein geheimnisvolles Pflanzengift, das eine starke tötende Kraft besitzt, der unbekannte Erbe eines großen Vermögens und ein verbrecherischer Zahnarzt – das sind die Hauptfiguren in dem ungemein fesselnden Abenteuer. Alles in allem ein Film, der bei vornehmer Aufmachung ein interessanter Zeitvertreiber ist. Die humorvollen Beibilder sind erstklassig. Kinder haben auch in Begleitung Erwachsener keinen Zutritt.*

Lebensmittelverkauf in der Woche vom 12. bis 19. Januar 1919: Butter, 20 Gramm auf Fettkarte, 50 Gramm für Schwerstarbeiter, Fleisch 200 Gramm auf Fleischkarte. In der Woche vom 20. bis 27. Januar 1919: Teigwaren, 125 Gr. auf Nr. 155 der Lebensmittelbezugskarte, Weizengries 125 Gr. auf Nr. 156 der Lebensmittelbezugskarte, Fleisch 200 Gr. auf Fleischkarte, Butter auf Fettkarte (Menge wird noch bekannt gegeben), Stockfisch im freien Verkauf. Kirchen, den 17. Jan. 1919, Der Bürgermeister, gez. Zartmann.

Unsere Aufnahme zeigt den Ausflug des Kirchenchores zu Himmelfahrt 1901 nach Schönstein, seinerzeit wegen der vielen dort hausenden Fledermäuse berüchtigt. Auf dem Bild Pfarrer Martin Trommershausen (22. November 1856 bis 18. Juli 1924), Sanders Ferdinand, der gute Geist von Alfred Stein (oben Mitte mit dem Schnauzer) und Fräulein Johanna Kraemer (zweite Reihe, zweite von links, neben Pfarrer Trommershausen).

9. Unser Bild zeigt Gustav und Paula Haubrich mit ihrer Tochter Hilde und Schwager Oswald Mockenhaupt in ihrem Wagen auf einer der Kreisstraßen.
In diesem Zusammenhang ist eine in der 'Betzdorfer Zeitung' vom 18. Januar 1919, Samstag, veröffentlichte Bekanntmachung, Altenkirchen, den 11. Januar 1919. Der Landrat: Busch, von einigem Interesse, weil er uns die Lage in dem teilbesetzten Heimatland nach dem Ersten Weltkrieg vor Augen führt. *Das französische Oberkommando hat sich bereit erklärt, in dringendsten Fällen die unmittelbare Zureise in das besetzte Gebiet südlich der Lahn zu genehmigen. Entsprechende Anträge sind an den zuständigen Bürgermeister des Wohnortes des Antragstellers zu richten, der nach Prüfung und Begutachtung das vorgeschriebene Formular, das auf den Bürgermeisterämtern zu haben ist, dem Kommandeur der neutralen Zone, Abschnitt 3 in Westerburg, zur Weitergabe und g.F. zur Ausstellung des Passierscheines an das französische Oberkommando in Mainz weiterreicht. Für jede Zivilperson über 12 Jahre ist ein besonderer Antragschein erforderlich. Es wird besonders darauf aufmerksam gemacht, dass zum Betreten des amerikanisch besetzten Gebietes nördlich der Lahn die alten Bestimmungen gültig bleiben, wonach die von staatlichen Verwaltungsbehörden gestempelt ausgefertigten Passierscheine genügen, die dem Kommandeur der neutralen Zone 3 nicht vorzulegen sind. Ferner bitte ich, bekannt zu geben, daß der Kommandeur der neutralen Zone Abschnitt 3 lediglich Zureisen in das französisch-besetzte Gebiet des Abschnitts 3 vermittelt, also nicht für Vermittelung der Ausreise aus dem besetzten Gebiet in Frage kommt. Für die auf Strecke Montabaur eingerichteten Arbeiterzüge werden in den nächsten Tagen Formulare zur Benutzung der Züge durch Zivilarbeiter, die vom Arbeitgeber auszufüllen sind, ausgegeben werden.*
In der 'Betzdorfer Zeitung', 1. Juni 1920, Dienstag, bittet die Sozialdemokratische Partei, Ortsgruppe Kirchen, zu einer *Oeffentlichen Wahlversammlung! Am Mittwoch, den 2. Juni, abends 8 Uhr, wird Herr Reichstagskandidat Kleinmeyer aus Vallendar in Kirchen im Lokale des Herrn Heikaus, Bahnhofstraße, zu seinen Wählerinnen und Wählern sprechen. Freie Aussprache!* Am Freitag, den 4. Juni, abends 8½ Uhr, hält die Deutsche Volkspartei hier eine Wahlversammlung ab. Redner ist der Abgeordnete Pfarrer Oertel.

10. In der 'Betzdorfer Zeitung' von Dienstag, dem 8. Juni 1920, findet sich folgende interessante Sportmeldung: *Kirchen, 7. Juni. Am vergangenen Sonntag ist die Entscheidung um die Faustballmeisterschaft im 3. Bezirk des Siegerlandturngaues gefallen. Es standen sich auf dem Sportplatz in Kircherhütte die beiden stärksten Rivalen des Bezirks, nämlich Kirchen-Betzdorf gegenüber. Gleich zu Anfang des Spiels merkte man, dass sich hier zwei gleichwertige Mannschaften gegenüberstanden. In der ersten Spielhälfte hatte Betzdorf die Führung an sich genommen, stellenweise sogar mit 6 Bälle Vorsprung. Aber nach Beginn der zweiten Hälfte des Spiels sah man, wie Kirchen allmählich begann, aufzuholen und konnte nach kurzer Zeit gleichstellen. Nun begann ein heisses, zähes Ringen, jede Mannschaft bot ihr bestes Können auf, um einen Vorsprung zu erringen, was denn auch Kirchen kurz vor Schluß des Spiels gelang, und lautete das Endresultat 84:83 für Kirchen. Ein solch ruhiges, schönes und von Anfang bis zu Ende interessantes Spiel ist wohl selten zum Austrag gekommen. Am Nachmittag spielten auf dem Turnplatz in Betzdorf noch die Vereine Freusburg gegen Niederhövels, Kirchen gegen Niederhövels. Aus dem ersten Spiel ging Niederhövels und aus dem zweiten Kirchen als Sieger hervor. Sonntag, den 13. d.Mts. finden weitere Faustballspiele der Vereine Betzdorf, Niederhövels und Freusburg auf dem Turnplatz in Kirchen statt. Anfang 1.30 Uhr.*

'Betzdorfer Zeitung', Samstag, den 31. Dezember 1921: *Das alte Jahr geht unter Sturmesbrausen zu Ende. Der Sturm steigerte sich in vergangener Nacht stellenweise zum Orkan und riss und rüttelte allenthalben, so dass auch nicht nur das Altersschwache ihm geliefert war, sondern auch, was schon niet- und nagelfest galt. In der Wilhelmstraße drückte der Sturm eine grosse Schaufensterscheibe des Möbelgeschäfts Hassel ein. Besonders gross war der Schaden in den Wäldern.*

Am Sonnabend, 7. Januar, vormittags 10 Uhr, begeht das Realgymnasium Betzdorf-Kirchen die Einweihung des Kriegerdenkmals, das es zu Ehren der gefallenen Schüler in schlichtem Stein errichtet hat. Zu dieser Feier sind außer dem Lehrerkollegium, den Schülern, das Kuratorium, die Eltern der Gefallenen und die ehemaligen Schüler eingeladen. Anschließend ist bei genügender Beteiligung ein Zusammensein der ehemaligen Schüler nachmittags nach noch näherer Bekanntgabe des Ortes geplant.

Die Kirchener Faustball-Abteilung, mit Albert Christ, Walter Pack, Willi Harr, Theo Schmidt und Ernst Faßbender, wurde 1920 und 1922 Westfalenmeister.

11. Zu Pfingsten 1922, vom 3. bis 5. Juni, fand in Kirchen das 25jährige Jubelfest des MGV Liederkranz, verbunden mit einem Gesang-Wettstreit, statt. Unsere Aufnahme von daran teilnehmenden Sängern entstand im Burghof der Freusburg.

Während der Tage veranstaltete der Vaterländische Frauenverein zum Besten der bedürftigen Kriegsopfer auch einen Blumentag. Wie vielgestaltig auch das damalige Kulturleben war, läßt sich in einem Exemplar der 'Betzdorfer Zeitung' vom 15. April 1922, Samstag, nachlesen: *Kirchen, 15. April. Am Ostersonntag veranstaltet die Betzdorfer Feuerwehrkapelle ein volkstümliches, großes Konzert im Saale der Sigambria. Die Kapelle wird in Streich- und Harmonie-(Blas-)Musik auftreten. Das Streichorchester setzt sich aus 20 Mann zusammen, verfügt über vorzügliche Geiger, Holz- und Blechbesetzung. Der Eintrittspreis ist so gehalten, daß es jedem ermöglicht wird, das Konzert zu besuchen, um bei guter Musik einige genußreiche Stunden zu verleben, wofür die langjährigen anerkannten Leistungen der Kapelle bürgen.*

Kirchen, 15. April. *Wie aus der heutigen Anzeige hervorgeht, singt Fräulein Henny Wolff aus Köln am Samstag, den 22. April im Jungschen Saal. Es sind eineinhalb Jahre her, seit wir sie zuletzt im Siegerlande hören konnten. Während dem hat die Künstlerin in allen großen Städten Deutschlands konzertiert und überall eine glänzende Aufnahme gefunden. Letzthin sang sie in Köln im Gürzenich unter Prof. Abendroth und die Kölnische Zeitung rühmt in ihrer Kritik die lichte Schönheit ihres Soprans sowie ihre musikalische Sicherheit in Bezug auf Geschmack und Unmittelbarkeit des Vortrags. Die Begleitung am Flügel liegt in den Händen von Fräulein Else Meißner, die uns gleichfalls von ähnlichen Veranstaltungen her in bester Erinnerung ist...*

Kirchen, 15. April. *Die Passionsspiele in der Sigambria, aufgeführt von Mitgliedern des Kreuzwegbauvereins Herkersdorf, haben mit der gestrigen Veranstaltung einen schönen Abschluß gefunden. Scharenweise strömten des Nachmittags die Karfreitag-Andächtigen zur Sigambria, um die Leidensgeschichte in Bild und Wort nochmals aufzunehmen. Herr Christ sprach für den alle Erwartungen zufrieden stellenden Besuch aller Aufführungen den herzlichsten Dank im Namen des Vereins aus... Die Hauptdarsteller waren Herr Schmidt (Christus), Herr Moll (Judas), Herr Ax (Pilatus). Sie spielten ihre Rollen meisterhaft. Auch die übrigen Darsteller verdienen dieselbe Note. Die Oberammergauer Passionsspiele sind gewiß etwas höchst Sehenswertes und Meisterhaftes, aber die hiesigen können sich auch schon sehen lassen und haben allen, die solch weite und kostspielige Reise nach Bayern nicht machen können, gewiß nicht minder Erbauung und Erleben gebracht.*

12. Die 'Betzdorfer Zeitung' vom 24. Juli 1922, Montag, berichtet von einer Unwetterkatastrophe größten Ausmaßes: *Betzdorf, den 24. Juli. Am Samstag nachmittag gegen 6 Uhr ging über die hiesige Gegend ein Unwetter mit Hagelschlag nieder, so furchtbar, wie es hier wohl noch nicht erlebt worden ist, wenigstens wissen sich die ältesten Leute eines solchen nicht zu erinnern. Wohl haben wir große Zerstörungen durch Wassermassen schon mehr erlebt, aber einen solchen Hagelschlag noch nicht. Drückende Schwüle hatte den Tag über auf Menschen und Tieren gelegen und sie unsichtbar und unbewußt gelähmt. Gegen 6 Uhr zogen grauschwarze Wolken herauf und ließen den Tag zur Nacht werden, dann brach das Unwetter urplötzlich wie mit Donnerschlag herein und mit solcher Gewalt, daß einem angst und bange wurde. Der Hagel war so groß und dicht, daß es wie Trommelwirbel an Scheiben und Dächern klang. Wohl zehn Minuten lang dauerte der Hagelschlag, die zur Ewigkeit wurden für alle, die sich um ihre Scheiben und ihr Eigentum in Garten und Feld sorgten. Es war einem sofort klar, daß die ganze Ernte vernichtet sein müßte, was sich leider als nur zu wahr erwies. Nachdem sich das Unwetter verzogen hatte, konnte man den Schaden besehen, den die von den Bergen stürzenden Wassermassen in unseren Straßen angerichtet hatten. In der Schützenstraße war vor dem Hermannschen Hause ein wohl zwei Meter tiefes Loch gerissen, aus dem die Pflastersteine und die Erde bis unten auf die Wilhelmstraße gewälzt worden waren. Die letztere stand vom Hospiz bis zur Waggonfabrik Gebr. Ermert ganz unter Wasser. Das Wasser ergoß sich seitwärts in die Häuser und Gärten, zum Teil am Breidenbacher Hof vorbei in die Sieg.*
Recht übel erging es dem Bäckermeister Ennenbach an der Ecke Berg- und Schulstraße. Bei ihm wurde die im Keller gelegene Bäckerei überschwemmt und gebackenes und ungebackenes Brot in großer Menge durch Wasser und Schlamm verdorben. Ebenso Mehl. Auch die in Altbetzdorf belegenen abschüssigen Straßen wurden schlimm zugerichtet... Das abgeschlagene Laub der Bäume bedeckt weithin Straßen und Felder. Unheilvoll war das Unwetter wieder für die Bewohner der Kolonie. Dort drangen die Wassermassen in Keller und Ställe der am Fuße des Molzbergs gelegenen Häuser...
In den vom Berge herabstürzenden Wassermassen sah man tote junge Hasen und Vögel, die vom Hagelschlag aus ihren Nestern geworfen waren. Auch in Kirchen, Jungenthal, Brühlhof, Wehbach wurden an den Hängen viel Schäden angerichtet, vielfach weite Strecken Ackerboden mit aller Frucht ins Tal gespült. Soviel wir erfahren konnten, erstreckte sich der Hagelschlag über Scheuerfeld, Wallmenroth, Bruche Betzdorf, Herkersdorf, Kirchen, ins Asdorftal bis Freudenberg. In allen anderen Ortschaften hat es wohl stark geregnet und gestürmt, aber nicht gehagelt, wenigstens nicht in der Stärke wie hier.
Unser Bild: Die Hochwasser führende Sieg im Winter 1943/44 bei der Siegbrücke in Kirchen.

13. Die Betzdorfer Zeitung vom 2. Januar 1923, Dienstag, bringt unter 'Heimatliche Nachrichten' folgende Meldungen: *Am 30. Dezember abends gegen 11.44 Uhr wurde im Tunnel bei Niederschelden an der Eisenbahnstrecke Betzdorf-Siegen die Leiche des 31 Jahre alten Arbeiters Ernst Richter, gebürtig aus Dickendorf bei Gebhardshain aufgefunden. Aus hinterlassenen Papieren geht hervor, daß Richter Selbstmord verübt hat. Die am Krankenhause im Blücherhain stehende Ruhebank wurde in vergangener Nacht aus ihrer Befestigung gerissen und mitten in die Heller gestellt. Der Volkswitz hat für diesen dummen Streich gleich ein Scherzwort zur Hand gehabt: neben der Siegbank hätte Betzdorf jetzt eine Hellerbank. – Die Polizeiverwaltung hat für die Ausfindigmachung der Täter, die die Straßenlaternen, Firmenschilder und Fensterscheiben zerstörten, ausgesetzte Belohnung von 5 auf 10.000 Mark erhöht.*
Gebhardshain, 2. Januar. *Einen üblen Abschluß nahm hier das alte Jahr. Zwischen jungen Leuten aus Gebhardshain und Kausen entstand in der Silvesternacht gegen 1 Uhr auf der Straße von Steinebach nach Gebhardshain, unterhalb der letzten Ortschaft ein Streit, der sich auf eine schon eine zeitlang zurückliegende Angelegenheit bezog. Der Wortwechsel artete schließlich zu Tätlichkeiten aus, wobei die Kausener zu Messer und Revolver griffen. Zwei Gebhardshainer namens Wisser (aus Gebhardshain gebürtig) und Philipp (aus Hommelsberg gebürtig), die beide in der Fremde sind und während der Feiertage zu Besuch hier weilten, trugen dabei erhebliche Verletzungen davon. Wisser erhielt zwei Stiche im Rücken und Schulter, die die Lunge verletzten, Philipp einen Schuß ins rechte Schulterblatt und einen Stich in die Schulter. Außerdem haben beide noch leichtere Kopfverletzungen. Die Verletzten wurden am Neujahrstag vormittags mittels Auto in das Kirchener Krankenhaus gebracht. Ihre Verletzungen hatten großen Blutverlust zur Folge, doch soll direkte Lebensgefahr nicht bestehen. Die Kausener Burschen waren auf dem Heimweg begriffen, daß die Vermutung nahe liegt, daß sie von den Gebhardshainern verfolgt worden sind.*
Am 31. März 1923, Samstag, wird aus Kirchen berichtet: *Wir machen unsere Leser darauf aufmerksam, daß die Pläne und das Modell für das Kriegerdenkmal bis zum Sonntag nach Ostern im Geschäft von Eduard Müller, Kirchen, an der Hauptstraße ausgestellt bleiben.*
Unser Bild: Gretel Stock und Anneliese Zöller an der Asdorf in Kircherhütte unweit des Tennispavillions.

14. **Kirchen, 30. März.** *Am Samstag wurde der Familie Hermann ein schwerer Schicksalsschlag zuteil. Obschon das Hermannsche Geschäft durchaus gut und solide ist, kamen doch innerhalb des Hauses häufiger die Schwierigkeiten zur Erörterung, die jedem Geschäftsmann bezüglich der Warenentwertung fortwährend auf den Nerven liegen, was sich die im Geschäft tätige und unentbehrliche Frl. Höfling, eine Schwester von Frau Hermann, offenbar zu Herzen genommen hat. Am Samstag morgen 7 Uhr fand man von ihrer Hand geschrieben einen Zettel vor: 'Ich gehe ins Wasser.' Angsterfüllt wurde das Fräulein überall gesucht; gegen 10 Uhr fand man die Leiche in der Sieg unterhalb des Moses'schen Hauses. Der Oberkörper befand sich außerhalb des Wassers, so daß man annimmt, daß ein Schlaganfall mitgewirkt hat.*

Das 'Union-Theater' in Betzdorf spielte an den beiden Osterfeiertagen *Henny Porten in dem großen Drama 'Frauenopfer' und Albertini. Der größte Sensationsschauspieler der Welt im 3. und Schlußteil des großen Sensationsfilms 'Durch Kerker und Paläste von San Marco. Stürzende Mächte'. Hierzu: Charly Chaplin.*

'Betzdorfer Zeitung', 3. April 1923, Dienstag: *Das schöne Wetter der Ostertage lockte viele Menschen, klein und groß, in Wald und Flur... Die Gotteshäuser wiesen an den beiden Feiertagen einen überaus starken Besuch der groß, in Wald und Flur... Die Gotteshäuser wiesen an den beiden Feiertagen einen überaus starken Besuch der Gläubigen auf, die mit Andacht der Verkündigung des Evangeliums von der Auferstehung Jesu lauschten. Der Verkehr auf der Eisenbahn war diesmal nicht so stark wie im Vorjahre, woran die Ruhrbesetzung die Hauptschuld tragen dürfte... Auf den Höhen des Westerwaldes und den Rücken der Siegländer Berge sah man am ersten Osterfeiertage abends zahlreiche Osterfeuer gen Himmel lodern. Es ist das eine alte liebe Sitte der Jugend. Der Anblick ist überwältigend schön. In unserer Umgegend wurden solche Osterfeuer auf dem Bergrücken bei Alsdorf und bei Katzwinkel abgebrannt.*

(Weidmannsheil.) Als ein vom Glück begünstigter Nimrod ist Herr Albert Bayer von hier zu bezeichnen, der gestern zum zweiten Male in kurzer Zeit im Nassauischen unweit Wissen ein Wildschwein von hundert Pfund erlegte.

Chr. A. Cronrath in Wehbach-Sieg sucht per Inserat einen 'Großen Wellblech- oder Bretterschuppen' zu kaufen.

Unsere Bilder: der erwachte Frühling lockt zu einem Spaziergang (links Walter Semmelrogge auf dem Weg zum Queckhahn und rechts zwei Mütter mit ihren Jüngstgeborenen im ersten Sonnenschein auf der Landstraße bei Freusburg).

Zu dem Selbstmordfall konnte ich noch erfahren, daß Frau Hermanns, geborene Höfling (Schwester von Anton Höfling, genannt 'Barbarossa') mit ihrem Mann Mathias keine 'Josefsehe' (kinderlos) mehr habe führen wollen, weshalb sie ins Wasser ging.

15. Die Ruhrbesetzung zeitigt auch Folgen in unserer Heimat, wie aus der 'Betzdorfer Zeitung' vom Samstag, 19. Mai 1923 zu ersehen ist: *Die Bahnhöfe Siegburg und Hennef-Sieg sind gestern erneut gesperrt. Zwischen Betzdorf und Blankenberg-Sieg ist ein Pendelverkehr mit den Personenzügen... eingerichtet.*
(Sportleute aus dem Ruhrgebiet.) An den beiden Pfingstfeiertagen weilen 4 Sportabteilungen aus dem Ruhrrevier bei uns zu Gast. Nach Siegen hatten sich allein 13 Vereine mit der Bitte gewandt, ihnen doch zu Pfingsten eine Spielmöglichkeit zu verschaffen. Diese Meldungen konnten natürlich nicht alle berücksichtigt werden. Aus alledem ersieht man, wie sich unsere Brüder aus den besetzten Gebieten danach sehnen, einmal für einige Tage frei aufatmen zu können. Was sie zu erdulden haben, wird uns so recht klar, wenn wir uns die an den beiden Pfingstfeiertagen im Schaufenster der Fa. Boquoi in der Bahnhofstraße ausgehängten Photographien von den Verwüstungen und Tötungen im Ruhrgebiet ansehen...
Auf der Sigambria/Kirchen findet am Dienstag, 22. Mai, ein 'Großes Militär-Konzert' statt, *ausgeführt von der gesamten Kapelle des Inf.-Reg. 15 (Marburger Jäger) unter persönlicher Leitung des Obermusikmeisters Herrn Pfrieme. Anfang 8 Uhr, Kassenöffnung 7 Uhr. Preise: Saalplatz 2000 Mk., Galerie 1500 Mk. Der Reinertrag ist für die Errichtung der Kriegerdenkmäler in Kirchen und Wehbach bestimmt Karten im Vorverkauf bei C. Bender II, Kirchen, Brückenstraße 4. Vor und nach dem Konzert gute Zugverbindungen nach allen Richtungen. Schützenverein 'Tell' e.V. Kirchen-Wehbach.*
Herkersdorf, 19. Mai. *Der Kreuzwegbauverein ist unermüdlich bestrebt, seinem idealen Ziele, dem Bau der Kunst-Kreuz-Weganlage zu dem all bekannten Druidenstein, immer näher zu kommen. Nach Bewältigung der erforderlichen Vorarbeiten und Beschaffung der Baumaterialien ist nunmehr mit dem Bau der ersten Station begonnen worden. Die Entwürfe der Grotten, in welchen die Reliefs zur Aufstellung gelangen sollen, hat in dankenswerter Weise Gemeindebaumeister Tritz aus Kirchen ausgearbeitet. Die Arbeiten für die erste Grotte sind rege im Gange, so daß die Grundsteinlegung in den ersten Wochen erfolgen kann... Am zweiten Pfingsttage morgens 6 Uhr veranstaltet der Musikverein Offhausen-Herkersdorf bei günstiger Witterung am Druidenstein ein Frühkonzert. Da der Pfingstmontag ein allbeliebter Tag für Frühwanderungen im Walde ist, dürfte das Konzert für Manchen Anregung sein, seinen Spaziergang zum Druidenstein zu machen.*
Unser Bild: Das 'Eierditschen' ist ein alter Osterbrauch in unserer Heimat. Hier im Hause Haubrich, Bahnhofstraße. Links Paula Haubrich und Mitte Oma Stricker, eine Schwester von Lehrer Utsch.

16. Auch scheinbare Bagatellfälle finden ein Sprachrohr in der 'Betzdorfer Zeitung', so am 25. August 1923, Samstag, wo sich das folgende Inserat veröffentlicht findet: *Die erkannte Person, die am Freitag, den 24. August im Mittagszuge 12.50 Uhr von Betzdorf nach Au mein unter einer Sitzbank liegendes Paket Nägel mitgehen ließ, wird aufgefordert, es binnen 3 Tagen an der Bahnsperre in Au zurückzugeben, andernfalls Strafantrag wegen Diebstahl erfolgt. Gustav Moritz, Hamm-Sieg.*

Am 1. Dezember 1923, Samstag, wird ein Jubiläum zur Mitteilung gebracht. *Heute vor 25 Jahren begann Lehrer Konrektor Euler an der hiesigen evang. Volksschule seine Tätigkeit. Er kam von Daaden hierher und ist der hiesigen Gemeinde treu geblieben bis auf den heutigen Tag. Was 25 Jahre Lehrertätigkeit bedeuten, ist ein Thema, das in einer Zeitungsnotiz nur kurz gestreift werden kann. Mehr wie in den Städten, wo die Schüler, wenn sie ins Leben hinaustreten, nicht so eng beisammen bleiben wie in kleineren Gemeinden, kann der Lehrer in 25 Jahren sein Werk beobachten, kann sehen, ob er in Segen und nicht als Umstürzler der jungen Geister gewirkt hat, ob das friedliche Beieinanderleben gefördert und das geistige Niveau gehoben worden ist. Herr Euler, den das Vertrauen seiner Kollegen und der Behörde der neuen Amtsbezeichnung 'Konrektor' zuführte, hat in den verflossenen 25 Jahren mit großer Gewissenhaftigkeit an seinem Werke gearbeitet und geniesst die Freude, zu sehen, daß seine Arbeit ein Segen war und daß Schule und Elternhaus ihm seine Treue danken. Neben seinem Schulamt bekleidete Konrektor Euler auch das Amt des Organisten, das er allzeit treu versehen hat...*

'Betzdorfer Zeitung', 17. April 1924, Donnerstag: *Die Rheinlandkommission hat folgende Zeitungen für das besetzte Gebiet verboten: Fliegende Blätter, Leipziger Neueste Nachrichten mit ihrer Beilage Welt im Bild und die Siegener Zeitung für je 3 Monate, die Großdeutsche Zeitung in München für 1 Monat.*

Kirchen, 16. April. *In Kirchen, Wehbach und Offhausen hielt Herr J. Schlosser aus Kirchen in den Ortsgruppen des Jugendvereins einen Vortrag über den Schutz der Vögel. Er zeigte an Hand von Beobachtungen den großen Nutzen vieler Vögel durch die Vertilgung von Insekten, sei doch beobachtet worden, daß ein Meisenpärchen an einem Tage 475 mal zum Neste flog mit einer großen oder zwei kleinen Raupen im Schnabel. Daraus ist schon allein zu ersehen, wie viele Raupen in der Zeit der Fütterung von kleinen Meisen vertilgt werden. Vor allem warnte der Redner die Jugend von dem Ausheben der Vogeleier und dem Werfen der Vögel mit Steinen. Mögen die Ausführungen auf guten Boden gefallen sein.*

Unser Bild: Blick von der Freusburg auf Kirchen 1936.

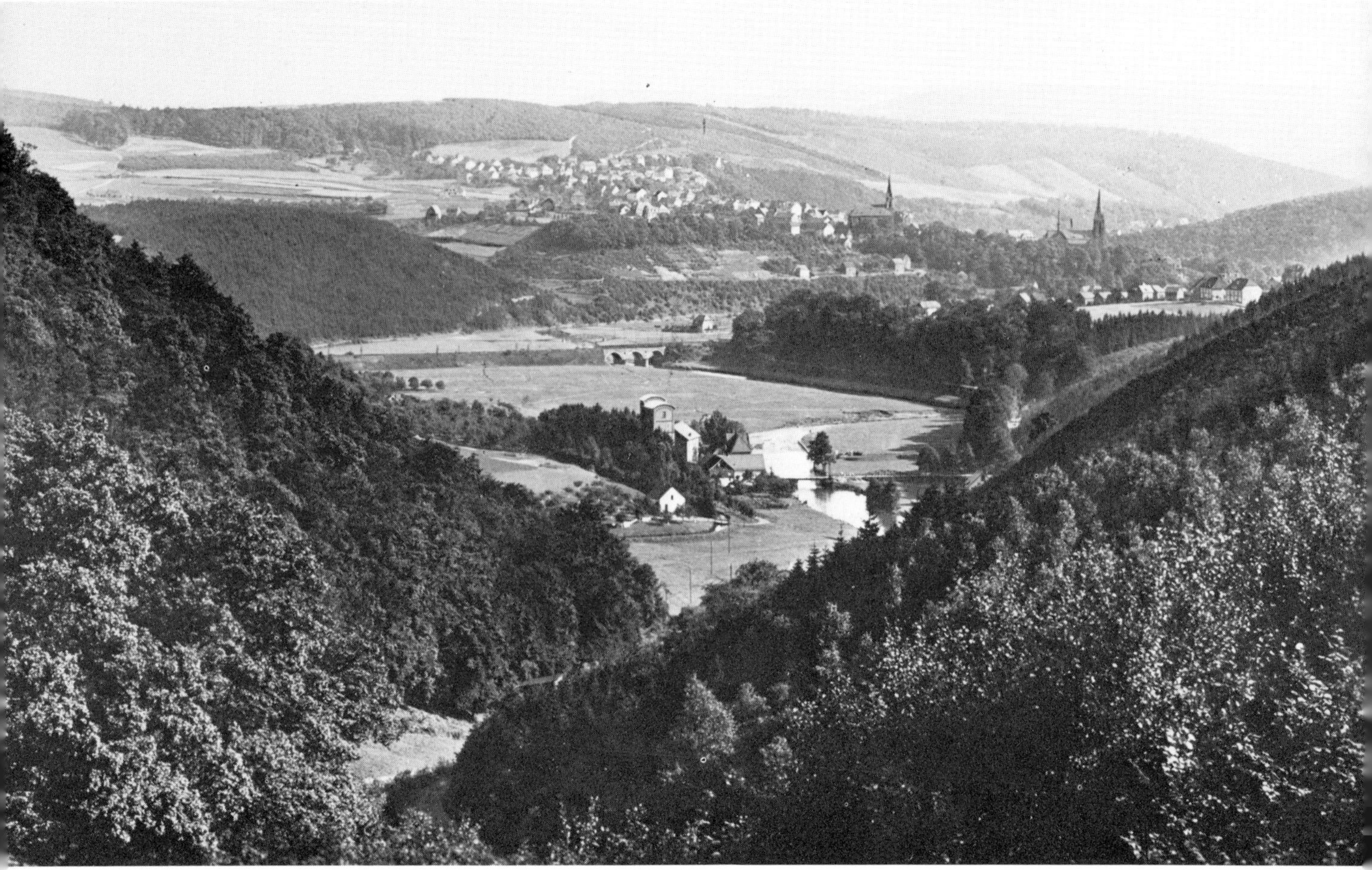

17. Unsere Aufnahme: Beim Fischen in Niederasdorf unweit der Zigarrensfabrik von Bauunternehmer Rückert. Bei Gustav Haubrich zappelt schon ein Fang im Netz.
In der 'Betzdorfer Zeitung' vom 1. Dezember 1923, Samstag, heißt es über den Fischbestand, daß dieser *in den hiesigen Bächen in den letzten Jahren arg zurückgegangen ist. Es wird vielfach angenommen, daß das Eingehen der Fische auf das Grubenwasser, das den Bächen zufließt, zurückzuführen ist. Fischfrevler haben aber auch in der letzten Zeit wieder mit ihrem unsauberen Handwerk begonnen. So konnten mehrere Fischfrevler ermittelt werden, die Dynamit im Wasser zur Explosion brachten, durch dessen Wirkung die Fische tot an die Oberfläche kommen...*
Unter der Überschrift, 'Die unzeitgemässen Pachtpreise. Wilddiebe.' wird berichtet: *Während allenthalben über hohe Fleischpreise geklagt wird, können die Pächter der hiesigen Gemeindeflur- und Haubergjagd, deren Flächenraum hier zirka 1500 Hektar umfaßt und der Pachtpreis für das Jahr 1923 sage und schreibe 3 Millionen Papiermark beträgt, billiges Fleisch erstehen. Obwohl der Wildbestand durch Wilddiebe arg gelichtet wird, konnten bei den letzten abgehaltenen Treibjagden noch 9 Rehe, sowie eine größere Anzahl Hasen erlegt werden. Daß mit dem Einfangen von Wild mit Schlingen eine Tierquälerei verübt wird, ist klar erwiesen. So wurde in einer benachbarten Jagd ein bis zum Skelett abgemagertes Reh erlegt, dem eine Drahtschlinge in die Brust eingedrungen und eine Entzündung verursacht hat, an deren Folgen das Reh sicher unter grossen Schmerzen eingegangen wäre, wenn nicht ein wohlgezielter Schuß dem armen gequälten Tier ein Ende gemacht hätte. Kürzlich ist es der hiesigen Polizei gelungen, zwei Wilderer zu entlarven, die das gestohlene Wild zu einem Schleuderpreis nach Siegen verkauft hatten.*
Am 5. Mai 1924, Montag, liegen die ersten Ergebnisse der Reichstagswahl vor. In der Bürgermeisterei Kirchen wurden notiert (in Klammern die Ergebnisse 1920): Kommunisten 777 (464); Häußerbund 2 (-); Sozialdemokraten 906 (1 042); Deutsch-Social 49 (-); Christlich-Sozial 267 (2); Deutsche Volkspartei 569 (481); Zentrum 4 343 (4730); Demokraten 146 (112); Völkisch 121 (-); Republikaner 5 (-); Deutschnationale 901 (756) und Wirtschaftsbund 152 (-).

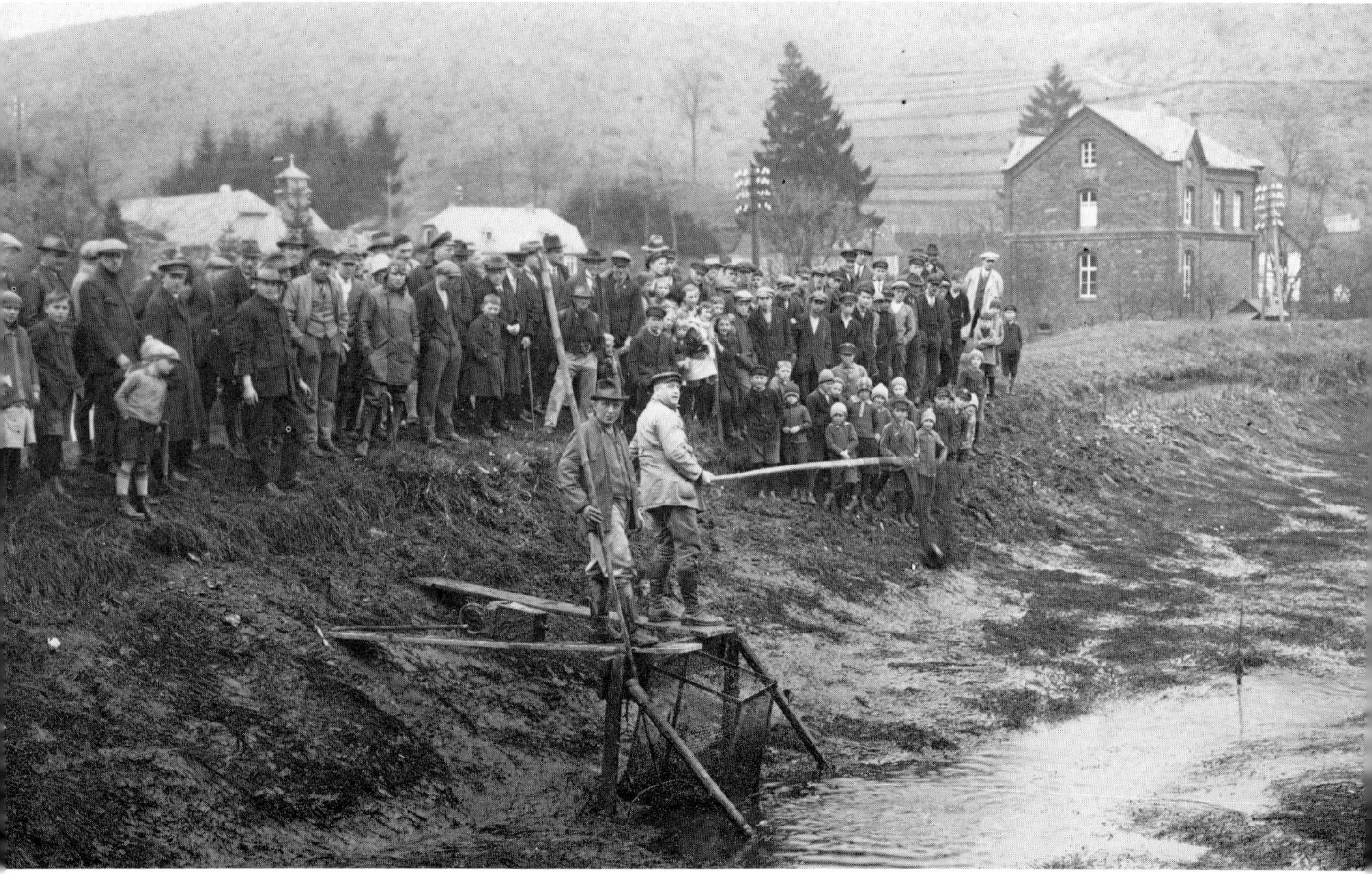

18. Von der vorgenannten Wahl gibt es noch einen Vorfall zu berichten, der als nicht parteigebunden typisch für die damalige Zeit angesehen werden kann:
Einen schweren Ueberfall auf eine Polizeiperson hatten sich der der sozialdemokratischen Partei angehörige Rechtskonsulent Sander in Gemeinschaft mit seinem 16jährigen Sohn und seinem Schwiegersohn namens Löw, alle in Alsdorf wohnend, zu Schulden kommen lassen. Sie haben Sonntag morgen halb 6 Uhr den Oberlandjäger Brauer von hier angegriffen und schwer mißhandelt. Ueber den Vorfall wird uns berichtet: Oberlandjäger Brauer kam von einem Patrouillengang von Herdorf über Alsdorf zurück und sah dort an Häusern Wahlplakate angeklebt. Da nach einer Polizeiverordnung Plakate nur an den Plakatsäulen angeklebt werden dürfen, nahm Brauer seinen Säbel und schabte die Plakate, die frisch angeklebt waren, ab. In der Friedrichstraße kamen Sander und seine beiden Genossen dem Oberlandjäger Brauer nachgelaufen, und fingen mit ihm einen Streit an. Sander wurde tätlich und auch seine Helfershelfer packten Brauer an, der sich schließlich nicht anders zu helfen wußte, als daß er sich mit dem flachen Säbel verteidigte. Schließlich blieb Herrn Brauer nichts anderes übrig, als den Säbel scharf zu gebrauchen, wobei Sander einen Schlag über den Kopf erhielt. Brauer erhielt einen Wurf mit dem Kleistertopf, den das Kleeblatt bei sich führte, an die Schläfe, so daß er ohnmächtig zu Boden fiel. Auch jetzt ließen die drei von ihrem Opfer noch nicht ab und war es besonders der junge Sander, der den am Boden liegenden Oberlandjäger mit Steinen, wie durch Zeugen festgestellt ist, bearbeitete. Zum Glück kam Polizei-Wachtmeister Vester dazu, worauf Sander und Genossen die Flucht ergriffen. Landjäger Brauer ist derart zugerichtet worden, daß er dienstunfähig ist. Nur der Besonnenheit des Oberlandjägers Brauer ist es zu danken, daß nicht ein größeres Unglück durch Gebrauch seines Revolvers herbeigeführt wurde. Die Affaire wird für die Angreifer ein böses Nachspiel haben.
Im gleichen Blatt findet sich der Hinweis auf einen in der Gegend aufgetretenen Schwindler; der sich letzter Tage hier herumtrieb und mit Bildern hausierte: *...Er sucht mit großer Aufdringlichkeit seine Ware an den Mann zu bringen unter der Angabe, daß er die Bilder im Auftrage der Feuerwehrkapelle verkaufe, die für den Ertrag ein Musikinstrument anschaffen wolle, was aber nur ein Zugmittel zum besseren Absatz der Bilder sein soll. Die Feuerwehrkapelle hat niemand zum Bilderverkauf beauftragt, so daß also vor dem Schwindler dringend gewarnt wird.*
Unser Bild: Der Fischzug ist beendet. Gustav Haubrich genießt sein Zigarettchen, Frau Paula steht dem kleinen Mann zur Seite, der stolz den Fang dem Fotografen präsentiert.

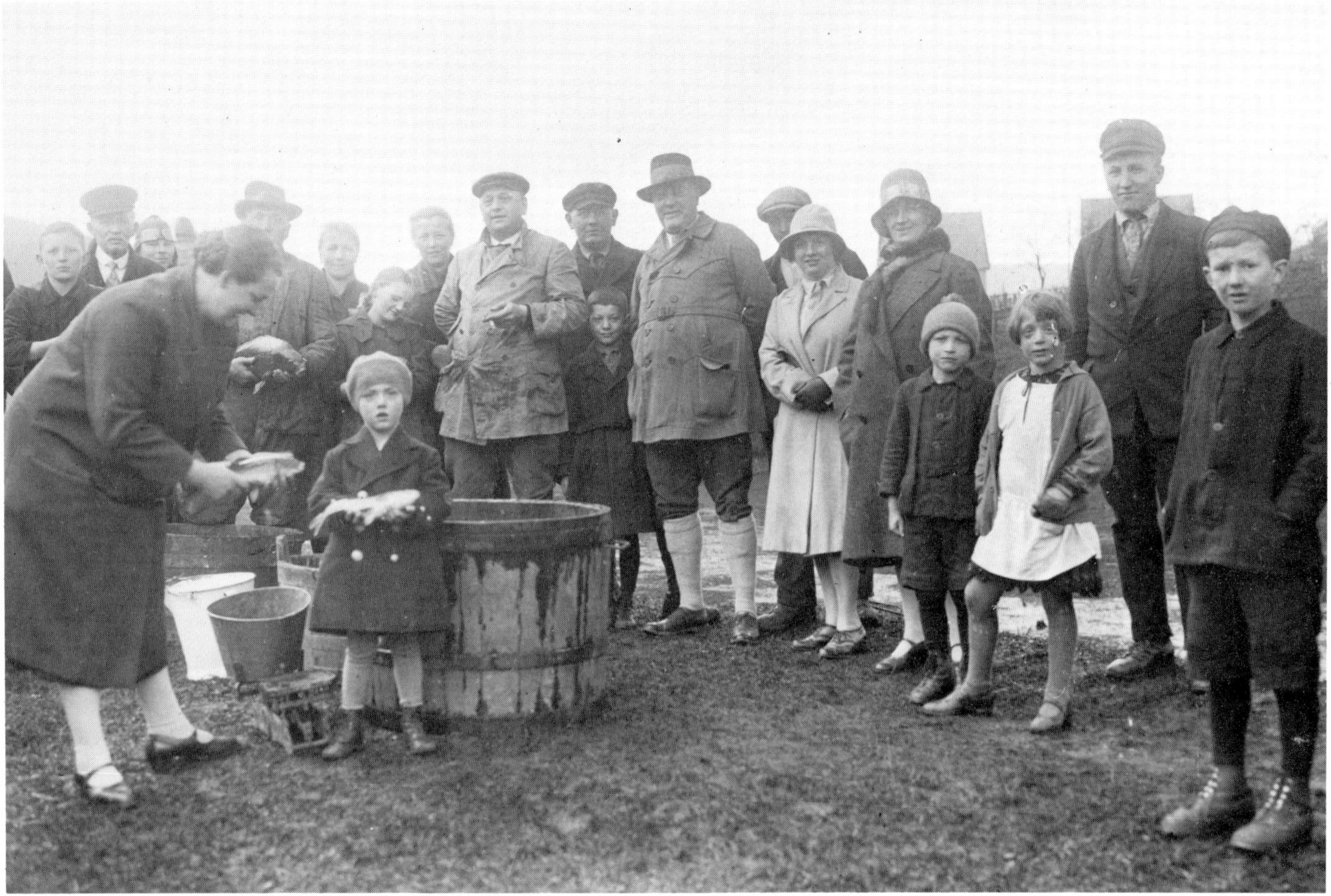

19. Rechts das Geschäft Eduard Müller in der Hauptstraße (Textilien, Rauchwaren, Lebensmittel). Der Inhaber hat sich vor die Türe begeben; beim Schaufenster Brunka Schikora und Paula Haubrich, geborene Stricker. Links das Haus von Alexander Wickler, der 1850, aus Wissen kommend, hier sein Geschäft gründete. Von links: Maria Ebach, dann das Kindermädchen mit dem kleinen Willi auf dem Arm, Josef, Alex, Anna, Mutter Anna Wickler, geborene Ebach (in der Türöffnung) mit Berta, und ganz rechts Josef Mosblech und Wilhelm Kempf.

Nach Inbetriebnahme der Eisenbahnstrecke Kirchen-Köln 1861 erweiterte Alexander Wickler sein Angebot mit Obst, Gemüse, Fisch und Delikatessen. Zu seiner Kundschaft zählten auch die vornehmen Kirchener Familien und haben sich gar noch einige schriftliche Dankbezeugungen für prompte Belieferung des Hauses Otto Stein erhalten. Zweimal jede Woche fuhr Alexander Wickler auch nach Köln zum Großmarkt, um seiner Kundschaft immer frische Ware bieten zu können. Im Jahre 1901 übernahm der 1943 verstorbene Sohn Wilhelm das Geschäft und führte es bis zum Jahre 1939. In den frühen fünfziger Jahren wurde das Teilhaus abgerissen und an der gleichen Stelle von Otto Harlinghausen eine Drogerie gebaut.

Vor 1850, auch dies ist bekannt, wohnte Wolfs Dinchen in dem Haus, die mit irgend etwas gehandelt haben soll, um ihren Lebensunterhalt zu bestreiten. Noch früher soll es einmal ein Gasthaus gewesen sein, in welchem sogar die vom Freusburger Gericht zum Tode Verurteilten ihre Henkersmahlzeit erhielten, denn die 'Gerichtslinde', bei der das Urteil vollstreckt wurde, ragte nur einen Steinwurf weiter entfernt auf.

Wilhelm Wickler hat sich eine zeitlang in Paris im Hotelfach ausbilden lassen und hin und wieder auch im 'Saynischen Hof' (heutiges Rathaus) gekellnert. Zu Kaisers Geburtstag (27. Januar) im Jahre 1908 hatte sich dort eine Tafelrunde eingefunden, die sich einen Spaß daraus machte, einen ganzen Korb Eier nach und nach an eine der Fensterscheiben zu werfen, um zu sehen, ob das Glas dem Bombardement wohl standhalten würde. Es hielt — dafür hatten aber die Putzfrauen Grund zum schimpfen, die den ganzen Schmant anderntags beseitigen mußten. Berta Kolbe, meine Gewährsfrau, erinnert sich auch noch des im Keller gelegenen abgedeckten, tiefen Brunnenschachtes, in dem sich stets ein eisig kaltes, klares Wasser befand. Welche Angst hätte ihr Vater stets gehabt, eines der sieben Kinder würde einmal dort hinabfallen können. Von hier führte auch ein später zugemauerter, unterirdischer Gang bis in die Klotzbach, der vollkommen lichtlos war und bloß Zugluft durch eine schachtförmige Öffnung empfing. Sinn und Zweck dieser Anlage muß leider für immer im Dunkeln bleiben. Der 'Pötz', der als Wasserquelle in früherer Zeit diente, wurde beim Kellerumbau 'wiederentdeckt'.

Wildpret
Geflügel

Eduard Müller

20. Unsere Aufnahme zeigt die Szenerie um die ehemalige 'Kaserne' im Oberdorf, überragt vom Giebel des Gemeindehauses. Im Erdgeschoß des von vielen kinderreichen Familien bewohnten Hauses, betrieb ein gewisser Ahr, allgemein nur 'Arch' genannt, die Gastwirtschaft 'Zur Laterne', von der es hieß, sie sei 'sehr alt, winkelhaft und finster' gewesen. Prügeleien aber auch ausschweifende Festlichkeiten waren hier an der Tagesordnung. Wahrlich, hier ging es zu wie in einem Taubenschlag, denn im obersten Stock widmete sich ein italienischer Figaro mit Eifer der Vogelzucht. Zu Beginn der fünfziger Jahre war das Gebäude einem beschleunigten Verfalle preisgegeben, nach und nach verließen alle Familien diese Heimstätte, so auch das Reformhaus Brato, das sich in den ehemaligen Gaststuben etabliert hatte. Das Gebäude kam nun in die Hände der evangelischen Pfarrgemeinde, die 'dort einmal Ordnung schaffen wollte'.

Meine Gewährsfrau aber weiß noch zu berichten, daß hier in den letzten Jahren des schleichenden Verfalls sich eine Schleiereule unter dem Gebälk eingenistet hatte, die auch — was wohl bekannt ist — in guter Gemeinschaft mit den Tauben leben und alte Gemäuer als Nistplatz bevorzugen. Manch Einer soll sie nächtens, aus unruhigem Schlafe erwacht oder spät heimkehrend, auf den Giebeln umliegender Häuser gesehen haben wie sie jagend umherstreifte oder mit gespreztem Gefieder im Mondenschein saß, wie um sich einen bescheidenen Abglanz der Sonnenwärme zu verschaffen.

Die nebenstehende Aufnahme entstand um das Jahr 1917. Als zweite von links ist Gertrud Wickler zu erkennen, rechts neben ihr Elli Reeh, ganz rechts eine Frau Krah, die in der 'Kaserne' wohnte und zehn Kinder hatte.

Meine Gewährsfrau weiß auch noch zu erzählen, wie beliebt eine Treppe war, die bei dem Haus Schreinerei Röbke (später Helm) zur Schulstraße hinabführte, dort, wo heute das Haus Geil steht. Diese Treppe war ein beliebter Spielplatz der Kleinen, zu deren Späßen es dazumal gehörte, Steinchen in die Speispfannen der Bauleute zu werfen, wenn gerade der Kalk gelöscht wurde. Gut in Erinnerung ist Berta Kolbe auch noch geblieben, wie sie mit ihren Geschwistern von ihrem Dachboden Wickler in jenen des angrenzenden Hauses Mosblech schlüpften, um sich dort in Lackners Apfelkammer zu versorgen! Heute ist der Ernst Jung'sche Garten hinter dem Kutscherhause Stein zum letzten Refugium für ein Käuzchen geworden, welches den Verfasser noch in der Zeit der Zusammenstellung dieses Buches in mancher Nacht durch sein anhaltendes Rufen 'Kiwitt, Kiwitt!' aus dem Schlafe gerissen hat.

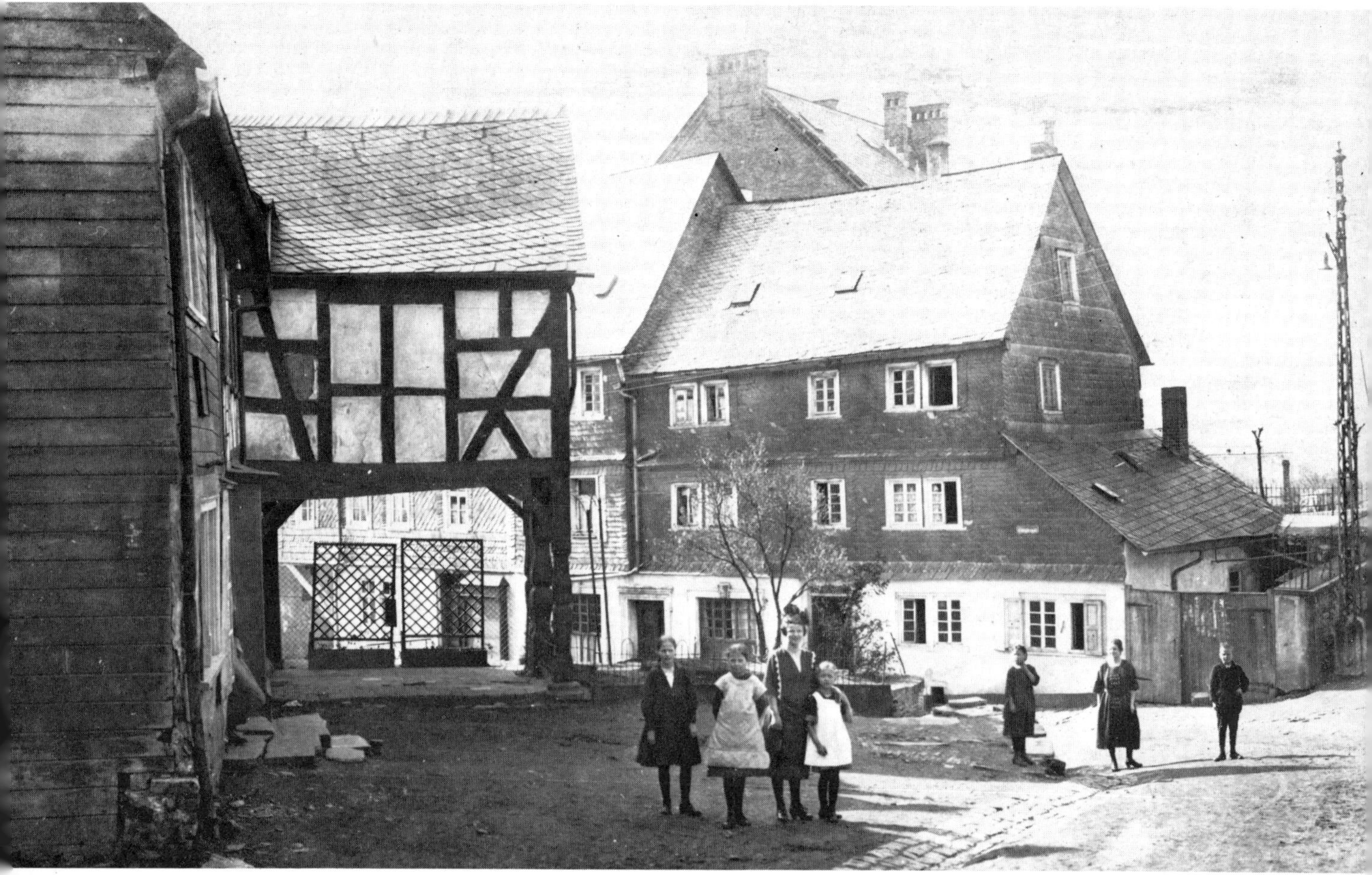

21. Noch eine Aufnahme der charakteristischen Szenerie mit der 'Kaserne' und dem Haus Lackner/Mosblech, diesmal aus einer anderen Perspektive. Obwohl die von Robert Kalleicher gefertigte Aufnahme beschädigt ist (Glasnegativ gesprungen), wollte ich diese dem Leser doch nicht vorenthalten. Nach zuverlässigen Unterlagen ist das Haus Mosblech im Jahre 1670 gebaut worden und spricht eine Eintragung in alten Schriftstücken, die sich auf das Haus bezieht, schon damals davon, daß selbiges eine 'Zierde des Ortes' sei. Ursprünglich als Bauernhaus konzipiert, diente es doch von Anbeginn an auch als Schule mit Lehrerwohnung. Das war zu einer Zeit, als die Dorfschulmeister hauptsächlich noch Landwirte waren. Hinter dem Haus reihten sich noch drei Scheunen an. In den Jahren von 1800 bis 1870 bewohnte das Haus eine Familie Strüder. Dieser war Bauer und Gewerke zugleich. Ihm gehörte die Mutung vom einstigen Steinbruch Quast (untere Lindenstraße) bis Alsdorf. Durch Einheirat kam um das Jahr 1876 der Schmiede- und Schlossermeister Josef Lackner in das Haus Strüder, der neben seinem handwerklichen Betrieb auch ein Eisenwarengeschäft führte. Der Sohn, 1882 geboren, wanderte 1928 nach Amerika aus, wo er um 1958 gestorben sein soll.
Der spätere Besitzer ist Oberingenieur Josef Mosblech, dessen Vater 1880 auf der Wanderschaft von Lüdenscheid nach Kirchen kam. Er betrieb neben dem Hause des Fuhrunternehmers Wilhelm Böhmer (ehemalige Höhere Töchterschule) ein Hut- und Kappengeschäft. Im Jahre 1890 zog der Kappenmacher Josef Mosblech in den seitlichen Flügel des heutigen Hauptgebäudes und führte hier jahrzehntelang ein Herren-Spezialgeschäft. Durch die Auswanderung von Josef Lackner d.J. war der Josef Mosblech in den Besitz des alten Patrizierhauses gekommen und hat mit viel Liebe versucht, das ehrwürdige Bauwerk in seiner Substanz zu erhalten. Ein alter Experte für Haus- und Siedlungsformen, dem nichts von den schriftlichen Unterlagen und dem Baujahr (1670) bekannt war, bestimmte das Baujahr ohne weiteres nach Art der Balkenlage in die zweite Hälfte des 16. Jahrhunderts. Die beiden schrägen Balken im Vorbau im ersten Stock neben den beiden geschlossenen Fenstern, von den Vorbau-Dachrinnen schräg zur Mitte zu und der kurze Stützbalken, der ein Dreieck im unteren Teil bildet, deuten auf das Symbol des 'Knechtes'. Die Balkenfigur zwischen den Fenstern ganz links im oberen seitlichen Flügel des Gebäudes im ersten Stock, das Dreieck mit der Spitze an der Dachrinne und in der Mitte das Kreuz, symbolisieren die 'Hausfrau'. (Kirchen in alten Ansichten, Band 1, Seite 13.)

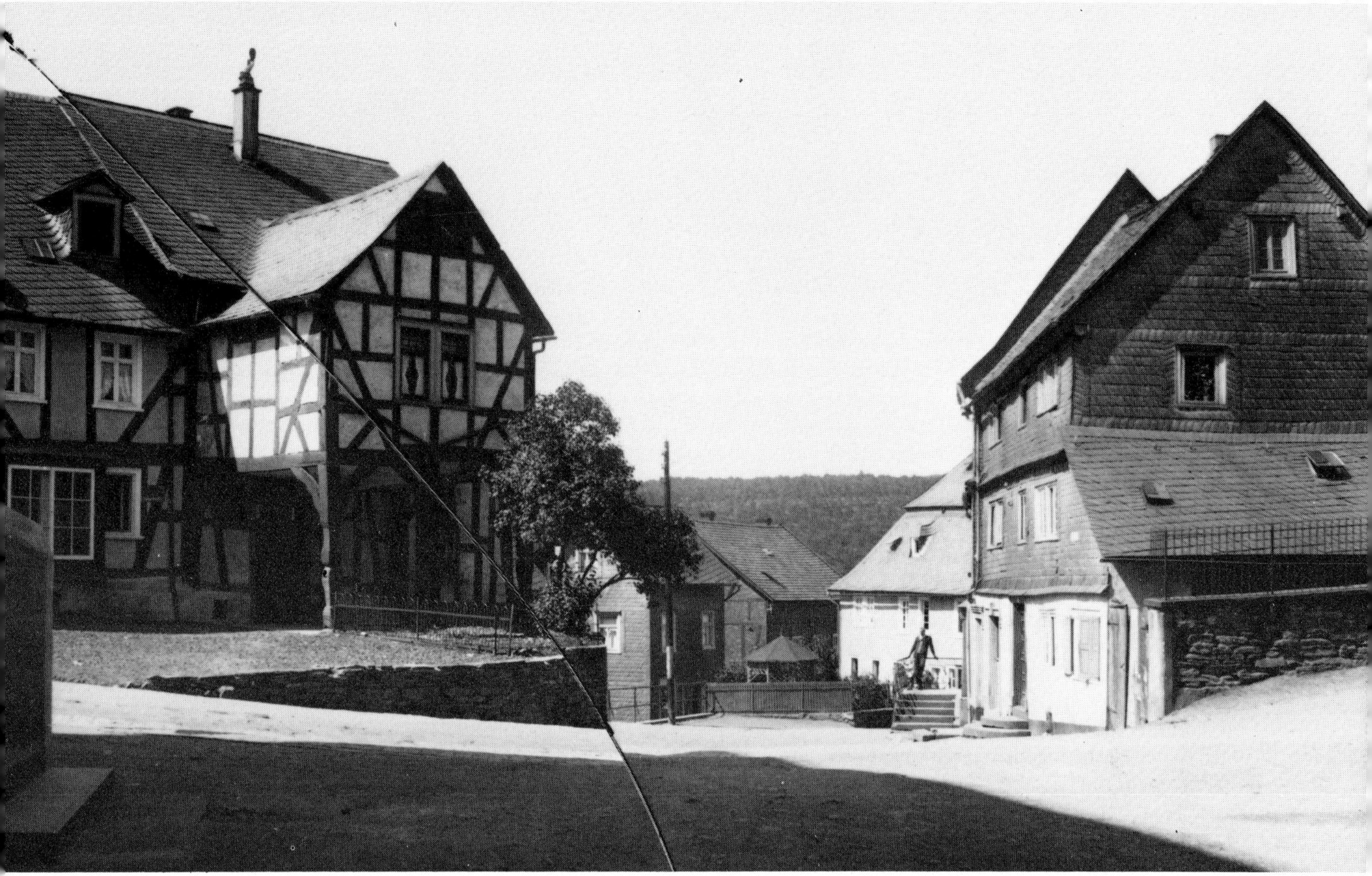

22. Unsere Bilder zeigen links die Kirche St. Michaelis Archangeli, deren Einweihung am 16. Juli 1889 begangen wurde und in deren Kuppel sich auch noch ein eingemauertes Schreiben mit Widmung von Heimatdichter Otto Kasch befinden soll. Die Rückseite der hier abgebildeten Postkarte trägt die Schriftzüge von Pfarrer Dickopf, der (mit Poststempel vom 8. Februar 1915) an 'Wachmann W. Wickler, II. Comp. 2. Landsturm-Infanterie Batailon, Wahn, Schießplatz, folgende Zeilen richtet: *Die von Ihnen und den Mitunterzeichneten übersandten Grüße erwidere ich bestens. Hoffentlich haben Sie sich alle in etwa in die dortigen Verhältnisse eingelebt. Ich werde in der nächsten Zeit einmal versuchen, auch in die dortige Gefangenschafft zu geraten, aber nur eines Besuches halber, Herzliche Grüße an Sie und alle Bekannten. Ihr Pf. Dickopf.*

Rechts im Bild die Martin-Luther-Kirche, deren 200-Jahresfeier am 1. Mai 1912 begangen wurde und die ich in meinem ersten Buch 'in alten Ansichten' (Seite 25 und 35) schon ausführlich behandelt habe. Die Aufnahme von W. Semmelrogge ist zwar noch nicht 30 Jahre (3. Juni 1955) alt, aber in mancherlei Hinsicht schon historisch. Links die Häuser Lang/Hermes (von 1788-1826 Posthalterstelle), Wilh. Jung/Karl Ermert, Eduard Müller/Otto Harlinghausen; rechts Alfred Stein (wo auch Paul Mildenberger seinen Frisiersalon hatte und worin 1931 Wilhelm Pitthan verstorben war), dann die Gastwirtschaft Balz (später Eckel), mittlerweile längst der 'Ortskernsanierung' zum Opfer gefallen. Der Kirchplatz präsentiert sich noch natur- und menschenfreundlich und nicht so kahl und schmucklos wie in unserer heutigen, dem rationalen Formalismus so ergebenen Zeit. Ein ähnliches Schicksal ist ja auch der Brückenstraße nicht erspart geblieben und manch Einer fragte sich bei allem Verständnis für das dem gesteigerten Verkehrsaufkommen angepaßte Ortsbild: warum mußten all die vielen Bäume fallen? Da bleibt uns nur die Gewißheit, daß nichts für die Ewigkeit gebaut ist!

Von Bäcker Hussing am Kirchplatz gibt es noch zu erzählen, daß die wegen ihrer wulstigen Lippen als 'Lippe-Tres' bekannte Frau Therese einmal am Bahnhof in den falschen Zug (sie wollte nach Siegen) gestiegen war. Durch das Gebimmel des Zuges bei Niederasdorf aufmerksam geworden, sprang sie auf und rief: 'Ojo, Zis, dä Zuch fängt joh aan zu bimmeln' und dann, zu den Umsitzenden gewandt: 'Ojo, Ihr Leu', mer han' ohs verfahrn', hat Ihr Üch och verfahrn!?' Bei ihr oder auch dem 'decken Willem' (Peter Jungs Wilhelm) holten sich die Wickler-Kinder für 5 'Penning' ihren Reihenwecken. Wicklers besaßen auch vor dem Bahnhof eine festante Verkaufshalle, wo während des Ersten Weltkrieges Milch ausgegeben wurde und die später dem passionierten Jäger Fritz Oswald (Brühlhof) als Gartenlaube willkommen war.

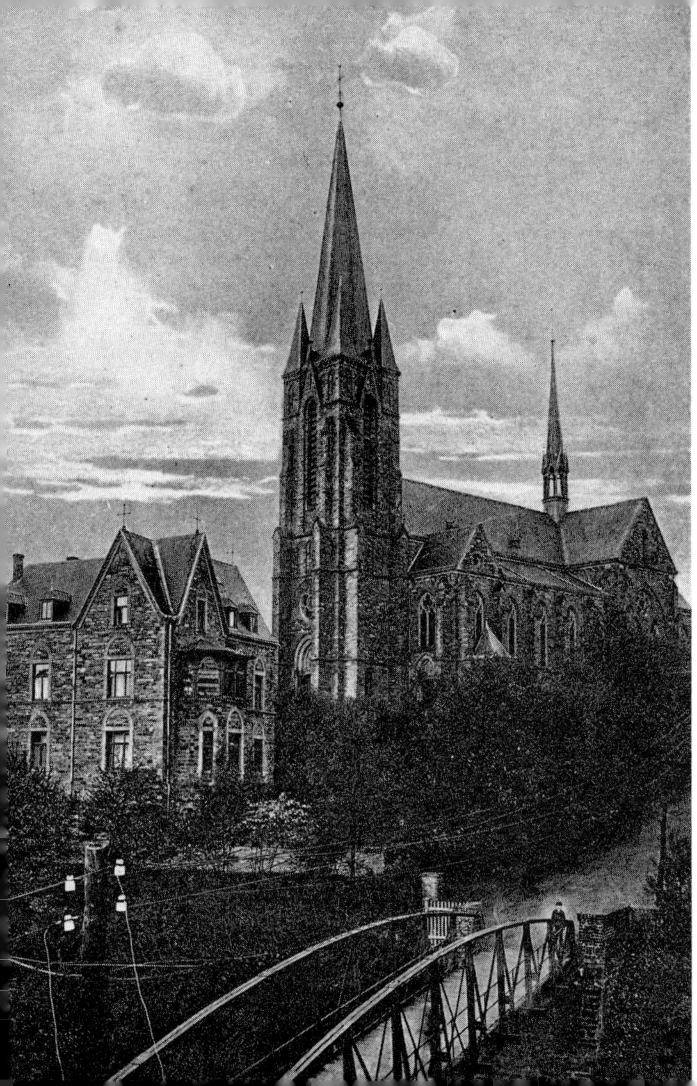

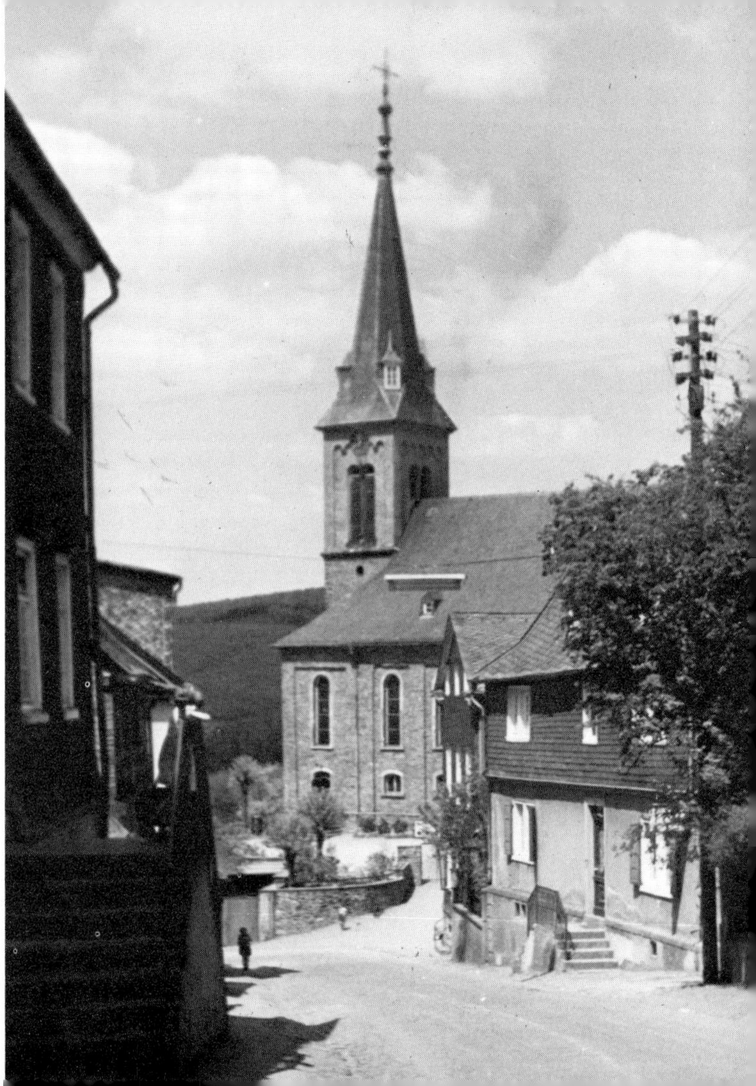

23. Noch eine andere Perspektive vom Haus Lackner/Wickler, und eine solche aus der Schulstraße. Beide datieren vom 21. April 1949, mit dem Haus von Schneidermeister Geil und Heinrich Pracht (Haushaltwaren). Walter Semmelrogge ist wieder der einfühlsame Fotograf, der die anheimelnde Beschaulichkeit des alten Kirchen aber auch und gerade noch in einer Zeit finden konnte, welche von einem kriegerischen Regiment beherrscht und gekennzeichnet war.

Wir finden in der 'Betzdorfer Zeitung' vom 7. Juni 1924, Samstag, die Ankündigung: *Nach alter Tradition wird der M.-G.-V. Liederkranz bei schönem Wetter am Pfingstmontag morgen früh auf der sogenannten Lorelei einige Lieder singen.*

In der Ausgabe des Blattes vom 10. Juni 1924, Dienstag, gibt es auch wieder interessante Meldungen: *Kirchen. 10. Juni. Der neue Fahrplan vom 1. Juni ist nun da, aber wer sich da der Hoffnung hingab, daß die Verbindungen besser würden, ist ziemlich enttäuscht worden. Die Mißstände, die die Zwischenstationen zu beklagen hatten, sind nicht beseitigt worden. Siegen und Betzdorf haben genügend Gelegenheit nach Köln und Bonn zu fahren. Aber alles, was zwischen diesen Stationen liegt, ist in keiner Weise berücksichtigt worden. Alle die Arbeiter, die sich mit Mühe und Not in Eitorf und Troisdorf usw. Arbeit verschafft haben, oder auch Kaufleute und dergl., die morgens zwischen 4 und 6 Uhr fahren wollen oder müssen, sind gezwungen am Abend vorher nach Betzdorf zu fahren oder in der Nacht bzw. morgens sehr früh den Weg nach Betzdorf zu Fuß zurückzulegen... Wie wir hören, kommen die schlechten Verbindungen dadurch, daß zwei Direktionen (Frankfurt und Elberfeld) da mitzubestimmen haben. Wenn diese zwei sich aber nicht einigen können, braucht man sich ja nicht zu wundern, wenn dies bei einigen Nationen der Fall ist.*

In der Ausgabe vom 3. September 1924, Mittwoch, wird das anhaltende Regenwetter beklagt, *das die Sieg schon fast überall über die Ufer treten läßt und vernichtet, was der Regen noch nicht verdorben hatte. Auf der Au stehen schon etliche Kornhausten im Wasser... nachdem das Korn auf den Feldern ausgewachsen, also verdorben ist, platzen nun auch die Zwetschen und Pflaumen auf und fallen ab, und das Obst, das gepflückt wird, ist ganz wässerig, es hat eben die Sonne gefehlt. Die ältesten Leute wissen sich nicht zu erinnern, daß im September noch das geschnittene Korn auf den Feldern stand... Die Kirchen haben Gebete um gedeihliche Witterung angeordnet und zwar mit Recht...*

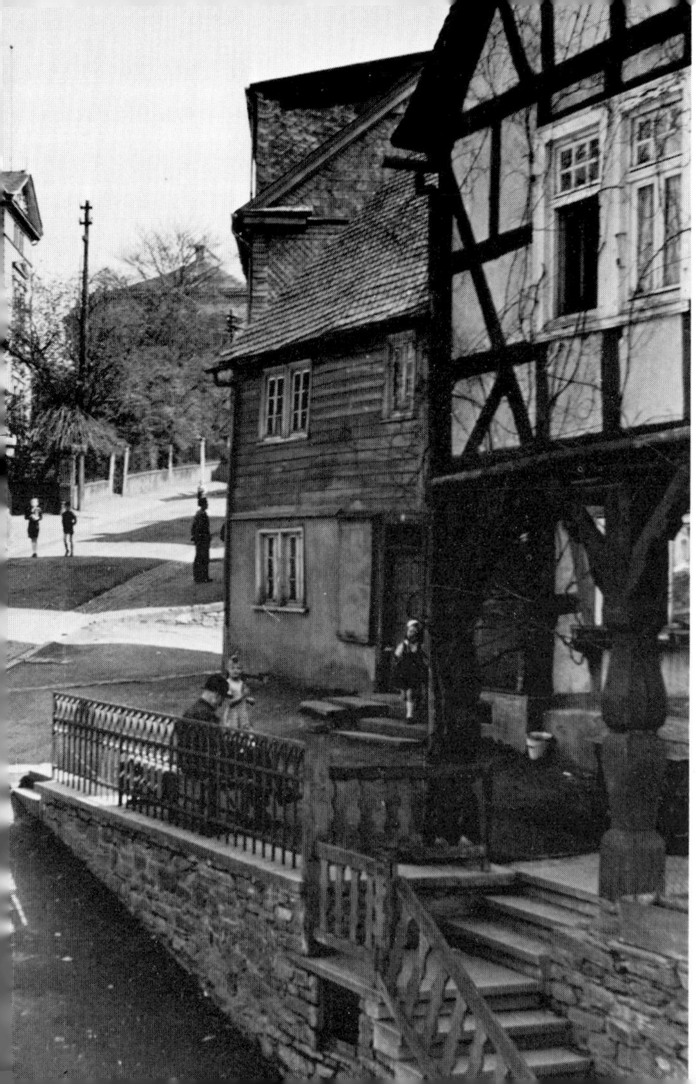
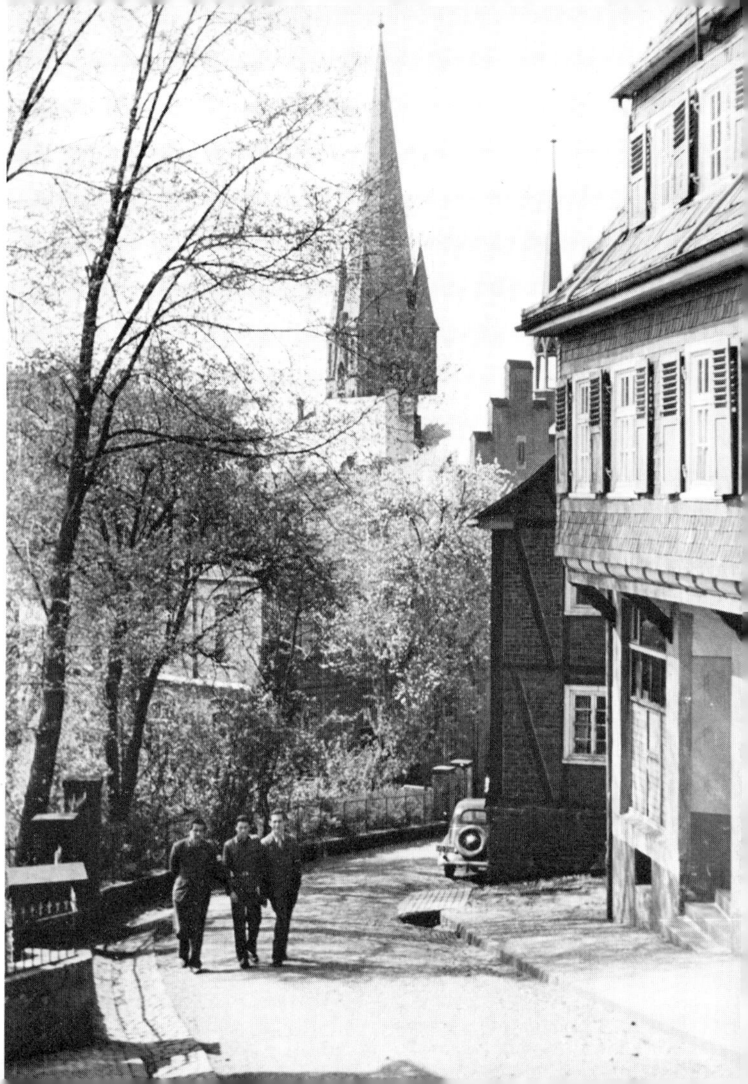

24. Die 'Betzdorfer Zeitung' vom 10. Juni 1924, Dienstag, berichtet aus Kirchen über Arbeitsmangel und Raubenplage: *Pfingsten soll das Fest der Rosen sein. Durch den so spät eingetretenen Frühling späht man leider vergebens in den Gärten nach der Königin der Blumen. Nur an einem Hause auf dem Schwelbel ist ein Rosenstrauch in voller Blüte und erfreut das Auge durch die roten Blumen. Sonst aber sieht es in den Gärten jetzt ziemlich blumenleer aus. Recht traurig sieht es an vielen Stellen mit den Beerensträuchern aus... Da werden bei manchen im Herbste die Gläser und Weinfäßchen arge Lücken aufweisen. Wollen wir der Raupen mehr Herr werden, dann müssen Meisenkästchen angebracht werden. Die Meise ist die Raupenpolizei, die die vielgefräßigen Raupen mit unerbittlicher Strenge in den Kasten bringen. Es kommt ihnen gar nicht darauf an, drei bis vierhundertmal am Tage ihres Amtes zu walten und ungebetene Gäste durch die Luftpost in Nummer Sicher zu transportieren. Das Korn steht im Felde und auch im Hauberg ziemlich schön, hauptsächlich dort, wo gedüngt wurde. Einen schönen Anblick geben die Gärten und Felder auf der Au. Da zeichnen sich besonders die Gärten der Schwestern vom Elisabethkrankenhause aus, ein wahrer Mustergarten. Haben wir bei der Heuernte gutes Wetter, dann wird auch der Ertrag ein sehr guter werden. Leider sehen die Arbeiter hierselbst einer schlechten Zeit entgegen. Wie wir hören, hat die Lokomotivfabrik Arnold Jung wieder neuerdings sehr vielen Arbeitern, man spricht von hundert und mehr, gekündigt. Daß dadurch auch die Geschäftsleute sehr in Mitleidenschaft gezogen werden, ist wohl gut verständlich. Sollte da wirklich die äußerste Möglichkeit erschöpft sein, den Arbeitern andere Arbeit zu verschaffen? Es wird sogar daran gezweifelt, ob die Jung'sche Fabrik im Herbst überhaupt noch arbeiten läßt. Das wäre allerdings ein schwerer Schritt, der die größten Folgen nach sich ziehen könnte. Denn wer nimmt die älteren Arbeiter, die dort 25 und noch mehr Jahre gearbeitet, also ihre ganze Kraft verschlissen haben, wieder in Arbeit?...*
Unsere Aufnahme entstand auf dem Gelände der vorgenannten Fabrik im Jungenthale. Der Inlandsmarkt war nach dem Ersten Weltkrieg, wenn man von der Scheinblüte in der Inflationszeit absieht, nur in geringem Maße für den Absatz an Lokomotiven aufnahmefähig. Insbesondere konnte der hierfür größte Besteller, die Deutsche Reichsbahn, infolge des von Jahr zu Jahr absinkenden Verkehrs nur noch verhältnismäßig geringe Bestellungen erteilen. Es ist dem seinerzeitigen Leiter der Firma, Paul Hintze, zu verdanken, daß das Arbeitsprogramm entscheidend erweitert und eine solide Produktionsbasis geschaffen wurde.

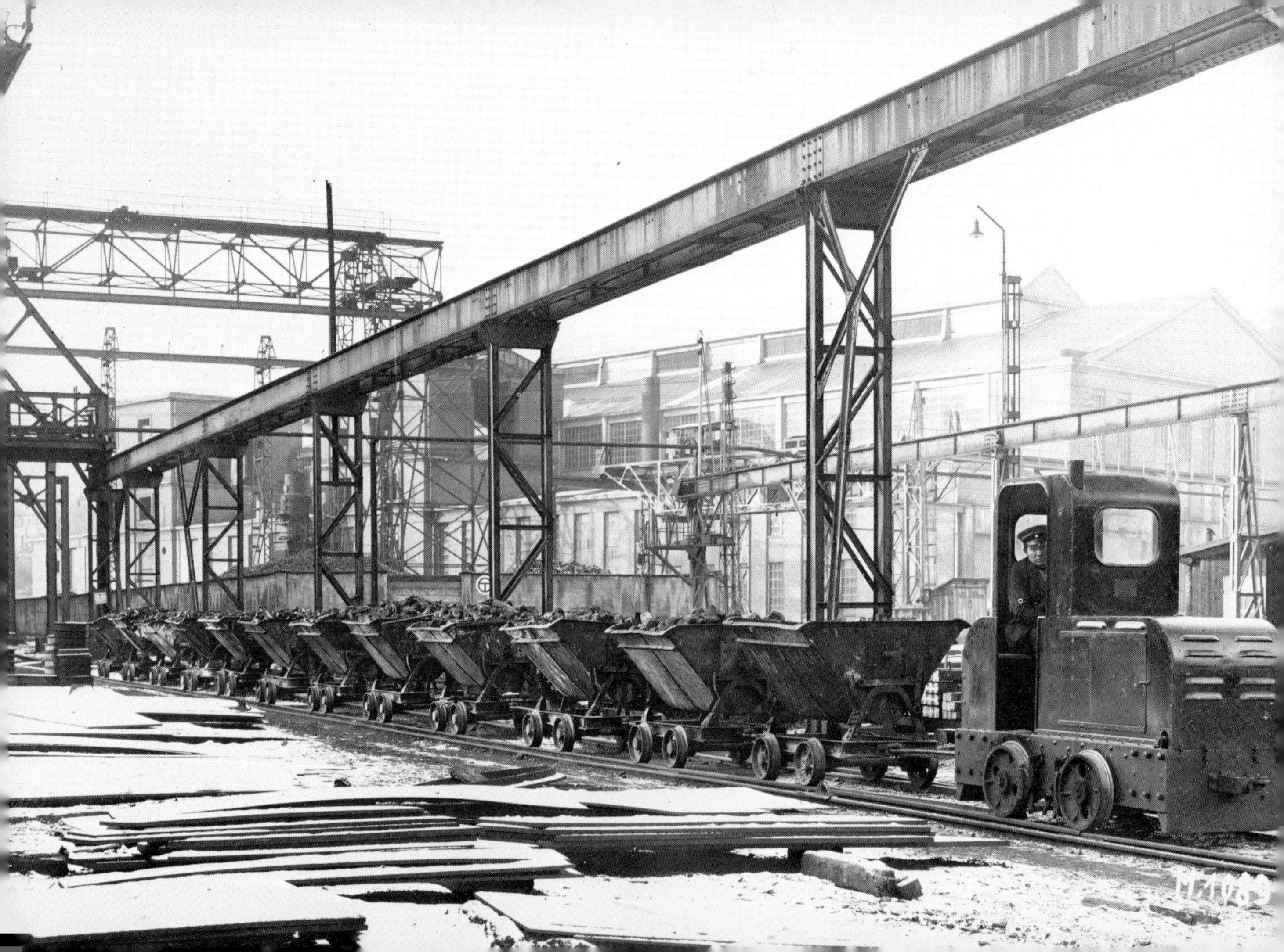

25. Unser Bild: In der richtigen Erkenntnis, daß der Explosions-Motor beziehungsweise der Dieselmotor sich nicht nur für den Lokomotivbau, sondern auch für viele andere Verwendungszwecke wegen seiner großen wirtschaftlichen Vorteile durchsetzen würde, nahm die Firma Jung im Jahre 1925 den Bau von Dieselmotoren eigener Konstruktion und zwar nach dem Zweitaktsystem mit gutem Erfolg auf. Diese dienten in erster Linie als Antriebskraft für die überall beliebten Jung-Diesellokomotiven. Sie wurden in Schmalspurausführung gebaut, sind aber auch als Regelspur-Verschiebe-Lokomotiven für den Rangierbetrieb auf Reichsbahn-Stationen und zur Bedienung von Anschlußgleisen in größeren Werken entwickelt und geliefert worden. Auch die Jung-Motoren als stationäre Antriebsmaschinen (Transmissionen) für Generatoren, Pumpen, Kompressoren, Steinbrecher, Straßenwalzen, und Mischer haben sich vorzüglich bewährt. Die hervorstehendsten Eigenschaften derselben sind größte Einfachheit und damit einfachste Bedienung bei sparsamstem Verbrauch sowohl beim Brennstoff als auch Schmieröl, die ein Funktionieren und Anspringen auch bei größter Kälte garantieren.

Die Betzdorfer Zeitung vermeldet am 6. September 1924, Samstag, unter anderem: *Einbruchdiebstahl. Vorgestern Nacht brachen Diebe in den Aufenthaltsraum der Rottenarbeiter auf der Strecke zwischen Scheuerfeld und Niederhövels ein und raubten dort sämtliche brauchbaren Ueberkleider, Handtücher, Geräte usw. Als Ersatz hierfür ließen sie eine schöne Empfehlung zurück, die sie mit Kreide auf den Tisch schrieben und nachstehenden Wortlaut hatte: 'Werte Anwesende! Ihr werdet wohl sehr erstaunt sein, wenn Ihr diese Überraschung findet, aber Ihr müßt verzeihen, denn wir sind arbeitslos.*

In den folgenden Wochen wird Kirchen vom größten Justizskandal seiner Geschichte erschüttert. Die auch in den Tageszeitungen ausführlich behandelte Kontroverse nahm ihren Anfang durch einen halbseitigen (!) Artikel: 'Was deutsche Richter fertig bekommen. Russische Zustände beim Amtsgericht Kirchen!' — veröffentlicht in der 'Rheinisch-Westfälischen Volkszeitung. Siegblätter', vom 23. September 1924, Dienstag. Unter der Rubrik 'Eingesandt. Für diese Rubrik übernimmt die Redaktion nur die preßgesetzliche Verantwortung', wurde dem Unternehmer Quirbach Gelegenheit zu einem beispiellosen Rundumschlag gegeben.

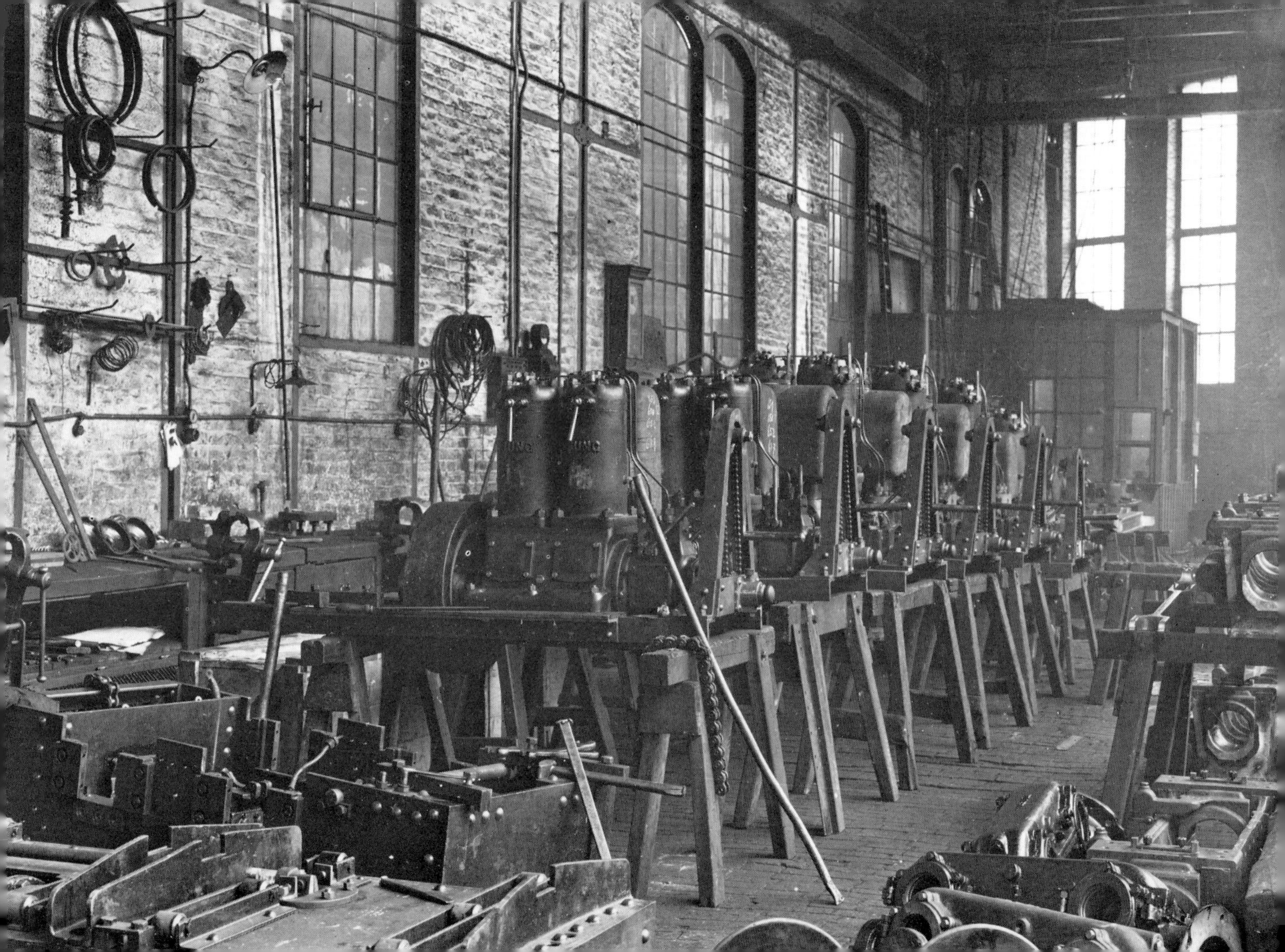

26. Die Erzeugnisse der Fabrik Jung waren hauptsächlich Dampflokomotiven für jeden Verwendungszweck, sei es für normalspurige Haupt- oder Nebenbahnen, Industriewerke, Schmalspurbahnen ähnliche Betriebe. Seit dem Jahre 1898 hatte die Preußisch-Hessische Staatseisenbahnverwaltung und späterhin ihre Nachfolgerin, die Deutsche Reichsbahn, regelmäßig Lokomotiven bezogen. Besonderer Wert wurde auf den Bau von Kleinbahn-Lokomotiven gelegt und so ist erklärlich, daß eine große Reihe inner und außerdeutscher Kleinbahnverwaltungen Jun-Lokomotiven besaßen. Bis 1935 hat die Reichsbahn mehr als eintausend Lokomotiven, davon über ein Drittel Heißdampf-Maschinen, aus dem Werk bezogen. Bis zum Jahre 1914 machte der Export an Lokomotiven mehr als die Hälfte des Umsatzes aus. Nach dem Ersten Weltkriege wurden in größerem Maße Lokomotiven nach Frankreich, Italien, Rußland, Niederländisch Indien (Sumatra), Dänemark, die Balkanstaaten, Holland, die südamerikanischen Staaten und in den Nahen Osten (Pilgerbahn Damaskus-Medina) ausgeführt. Daneben befanden sich im Bauprogramm Druckluft- und elektrische Lokomotiven, mit dem es dem Werk ebenso gelang, auf dem in- und ausländischen Markte Fuß zu fassen. Außerdem waren Straßenwalzen- und Lokomotivkessel, anderweitige Kesselschmiede- und Blecharbeiten, Behälter, Tanke und Rohrleitungen, die in genieteter, autogen und elektrisch geschweißter Ausführung hergestellt waren, in das Produktionsprogramm einbezogen. Und das neuzeitliche Hammerwerk ermöglichte die Herstellung von Schmiedeteilen bis zu einem Gewicht von 3 000 Kilo.

In den Frühjahrstagen 1887 ging die letzte Fahrt einer Dampflokomotive über die Pflasterstraßen von Jungenthal zum Bahnhofe in Kirchen. Ein Vierergespann von Pferden zog los, um die gefertigte Lok zum Anschlußgleis zu bringen. Später wurden die schwereren Lokomotiven über einen Schienenstrang an der Gastwirtschaft Lang vorbei über die Siegbrücke mittels der dampfgetriebenen Straßenlokomotive 'Hektor' bis zum Bahnhof gezogen. Erst im Jahre 1901 erhielt die Fabrik einen Werkgleis-Anschluß an die Staatsbahnlinie Kirchen-Wehbach-Olpe in Kircherhütte. Nach Erinnerungen des bekannten Kirchener Fotografen Robert Kalleicher, der seit 1891 über 50 Jahre bei der Firma Jung als Techniker und Zeichenlehrer tätig war, wurde der 'Hektor' in mehreren Exemplaren gebaut. Das eigentümliche Zugvehikel führte Probefahrten bis in den Giebelwald und in das Oberdorf Kirchen durch. Eine der Kalleicher-Skizzen zeigt diesen 'Geisterzug' auf dem Wege an der 1906 in Blendziegelwerk errichteten evangelischen Volksschule vorbei. 1908 beschäftigt die Firma rund 800 Arbeiter, zehn Jahre später sind es 1 670 Arbeiter und Angestellte; 1935 werden 'etwa 900 bodenständige Gefolgschaftsmitglieder' gezählt, 'die sich hauptsächlich auf die Gemeinden des Amtsbezirks Kirchen und das Nachbaramt Betzdorf verteilen'.

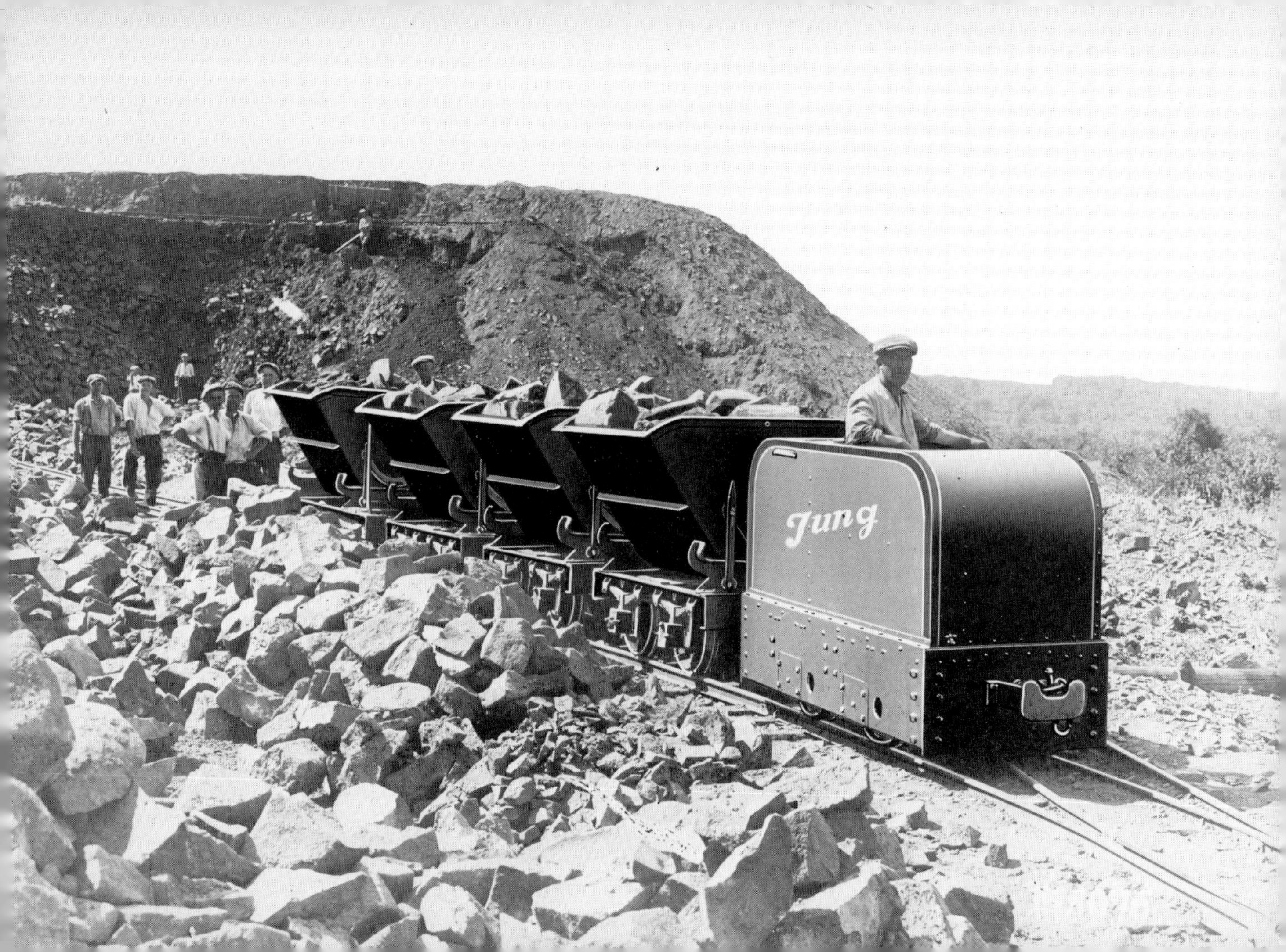
Jung

27. Wir kehren zurück zu der Affaire Quirbach, die wir mit einigen Ausführungen aus dem vorgenannten Artikel neu an das Tageslicht rücken wollen:

Im Frühjahr dieses Jahres (1924) kaufte die Fa. Quirbach die Firma Aug. Zeiß jr., Berlin, und verlegte deren Sitz nach Kirchen-Sieg. Zu diesem Zwecke kaufte die Fa. Quirbach die Sigambria, worin die Fa. Zeiß untergebracht werden sollte. Dieser Ankauf wurde zuerst von der Kirchener Behörde, unterstützt von gewissen prominenten Persönlichkeiten, hintertrieben und der Abschluß unmöglich gemacht. Da die genannte Behörde aber die dem Besitzer gemachten Versprechungen nicht erfüllte, wurde der Verkauf später doch getätigt. Auf Grund des nun getätigten Ankaufes des genannten Lokales setzte gegen die Fa. Quirbach ein Intriguenspiel ein, unterstützt von den Amtsgerichtsräten Flach, Schlüter und Höhl, das die Fa. Quirbach vollständig zu ruinieren drohte. Auf Grund des Geldverlustes durch die Franzosen (am 29. März 1924 war dem Quirbach am Mannheimer Brückenkopf Mk. 523 700 durch marokkanische Truppen beschlagnahmt worden) wurde der Fa. Quirbach ein Kredit durch die Reichsbank gewährt... Die Flüssigmachung dieser Mittel erfolgte durch Wechseldiskontierung, die, da sie bei Verfall nicht eingelöst werden konnten, von der Reichsbank als Stockwechsel behandelt wurden. Inzwischen stellte sich nun heraus, daß die neu gegründete Firma Zeiß sich in ganz kurzer Zeit zu einem bedeutenden Exporthaus entwickeln würde, und in Kenntnis unserer Notlage versuchte die inzwischen noch gewachsene Kirchener Gegnerschaft die Fa. Quirbach moralisch und finanziell unmöglich zu machen.

Durch Hintermänner wurde die Reichsbank angegangen, den der Firma Quirbach bewilligten Kredit zu kündigen mit der Angabe, die von ihr gestellten Sicherheiten genügten nicht. Die Reichsbank ging auf diese Machenschaften ein, umsomehr, als Amtsgerichtsrat Flach sich in amtlicher Eigenschaft an das Ministerium für die besetzten Gebiete wandte, und die Beschlagnahme des Geldes als Schwindel bezeichnete. Daraufhin leitete dieser Mann im Verein mit seinem Kollegen Schlüter ein Verfahren gegen die Fa. Quirbach ein, das der ganzen deutschen Justiz einen Schlag ins Gesicht versetzt, ein Fall, der wohl bis heute einzig in Deutschland dasteht.

Fortsetzung der Vorwürfe des Herrn Quirbach auf der nächsten Seite. Sicher ist wohl, daß die Kirchener die 'Sigambria' (hier während eines Kriegerfestes) nicht als Vergnügungsstätte missen wollten. Nach den Querelen um den Fall Quirbach, wurde das allseits beliebte Lokal im November 1926 von Franz Eckel (Gebhardshain) wiedereröffnet.

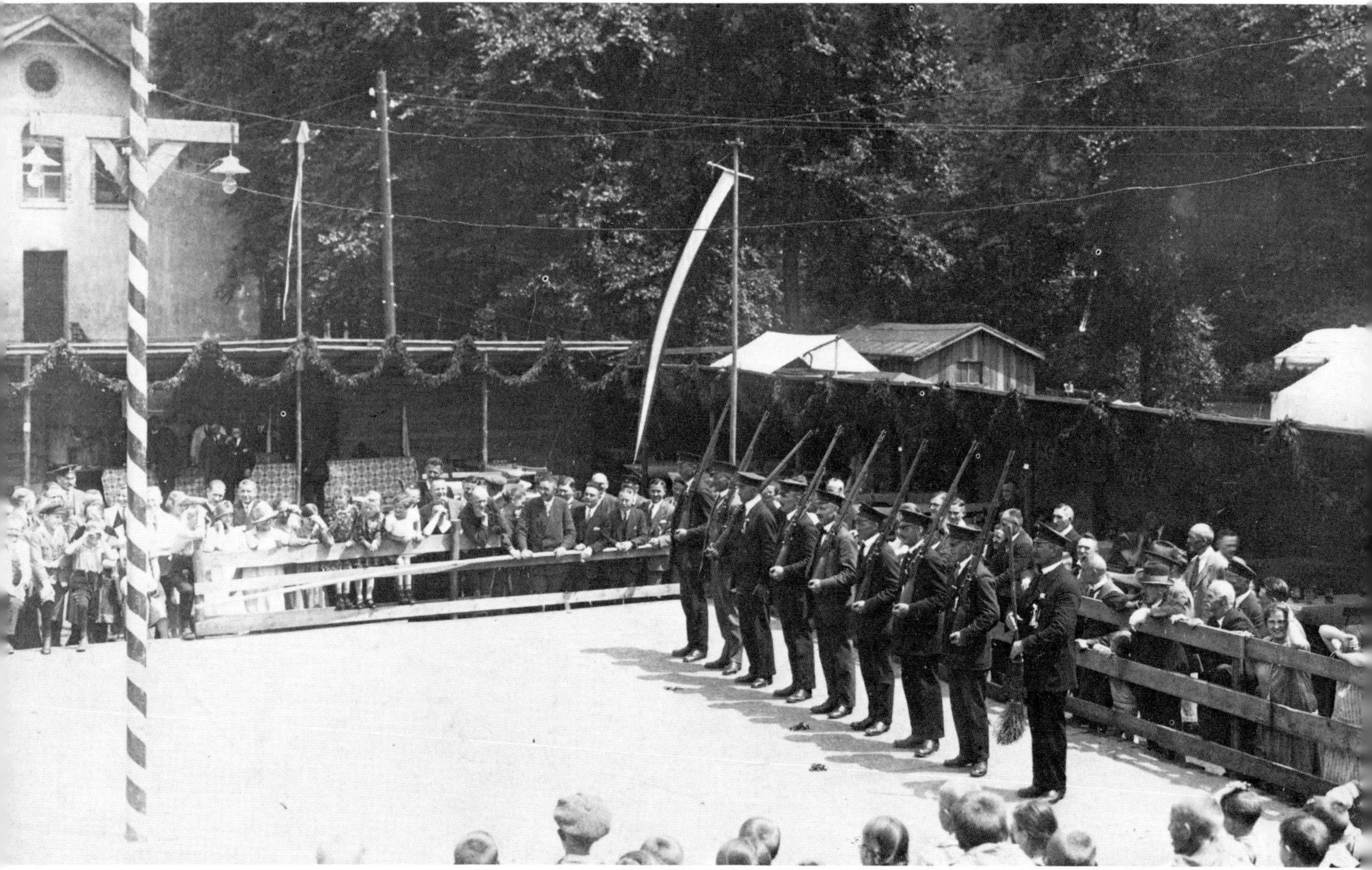

28. Der Inhaber einer Firma, die als Girant auf einem von der Firma Quirbach gezogenen Akzept steht, begibt sich zu einer Grundbuchhandlung auf das Amtsgericht in Kirchen und erklärte dort auch unseren Fall. Kurz darauf wurde einer der Inhaber der Firma durch den Gerichtsschreiber Rapp zum Amtszimmer des Amtsgerichtsrates Flach gerufen, wo ein Protokoll aufgesetzt wurde, welches eine Strafanzeige wegen Urkundenfälschung gegen den Mitinhaber der Fa. Quirbach, Carl Quirbach, enthielt und Michel Meyer wurde zur Unterschrift dieses Protokolls angehalten. Herr Meyer verweigerte zuerst die Unterschrift, worauf er quasi gezwungen wurde, mit dem Bemerken, er solle dieses unterschreiben, dann hätte er mit der Angelegenheit nichts mehr zu tun und drückte ihm den Federhalter in die Hand, worauf Herr Meyer dann die Unterschrift in Unwissenheit der daraus entstehenden Folgen vollzog. Darauf wurde dem Herrn C. Quirbach auf den 26. August 1924 eine Vorladung zugesandt. Dieser Vorladung konnte Herr Quirbach nicht Folge leisten, da er in der Geldangelegenheit zum Minister für die besetzten Gebiete befohlen war... Herr Quirbach kehrte am 28.8.24 vorm. 11 Uhr zurück und um 11.45 Uhr wurde das Amtsgericht telef. von der Rückkehr benachrichtigt. Statt nun einen neuen Termin zu bestimmen, wurde Herr C. Quirbach am nächsten Morgen auf Grund eines Vorführungsbefehls des Amtsgerichts in Kirchen vorgeführt und ihm folgendes eröffnet..., nämlich, daß er wegen Urkundenfälschung angezeigt... Er gab dem amtierenden Richter Schlüter zu erkennen, daß er in der Anzeige nur eine Construktion des Gerichtes erblicke, die nur darauf hinausliefe, ihn aus Kirchen zu vertreiben, worauf der Richter sich diese Äußerung verbat und den angeblichen Kläger (Michel Meyer) ins Verhör nahm. In einem dreistündigen Verhör habe nun der Gerichtsrat versucht, denselben unter Eid zu Aussagen zu verleiten, die zu einer sofortigen Verhaftung von Karl Quirbach führen sollten. Es gelang dem Richter aber nicht etwas Verdächtiges gegen diesen Herrn aufzubringen, worauf derselbe entlassen wurde. Während der Verhandlung kam der Amtsgerichtsrat Flach in das Amtszimmer des Herrn Schlüter und erklärte seinem Kollegen, wenn er nicht zurecht käme, stände er zu seiner Verfügung... Durch diese Anschuldigungen wäre nun die Reichsbank mißtrauisch gemacht und auf Grund 'vollständig erlogener Gründe und eines wissentlich unwahren Berichtes seitens des Amtsgerichtes in Kirchen' dem Eröffnungsbeschluß des Konkursverfahrens vom Landgericht in Neuwied stattgegeben.
Unser Bild zeigt ein Kriegerfest auf dem Platz bei der Sigambria. Ganz links Karl Pfeiffer, Tambourmajor der 'Knüppelchesmusik', vierter von rechts Eisenflechter Peter Zöller und fünfter von rechts Fuhrmann Felix Utsch.

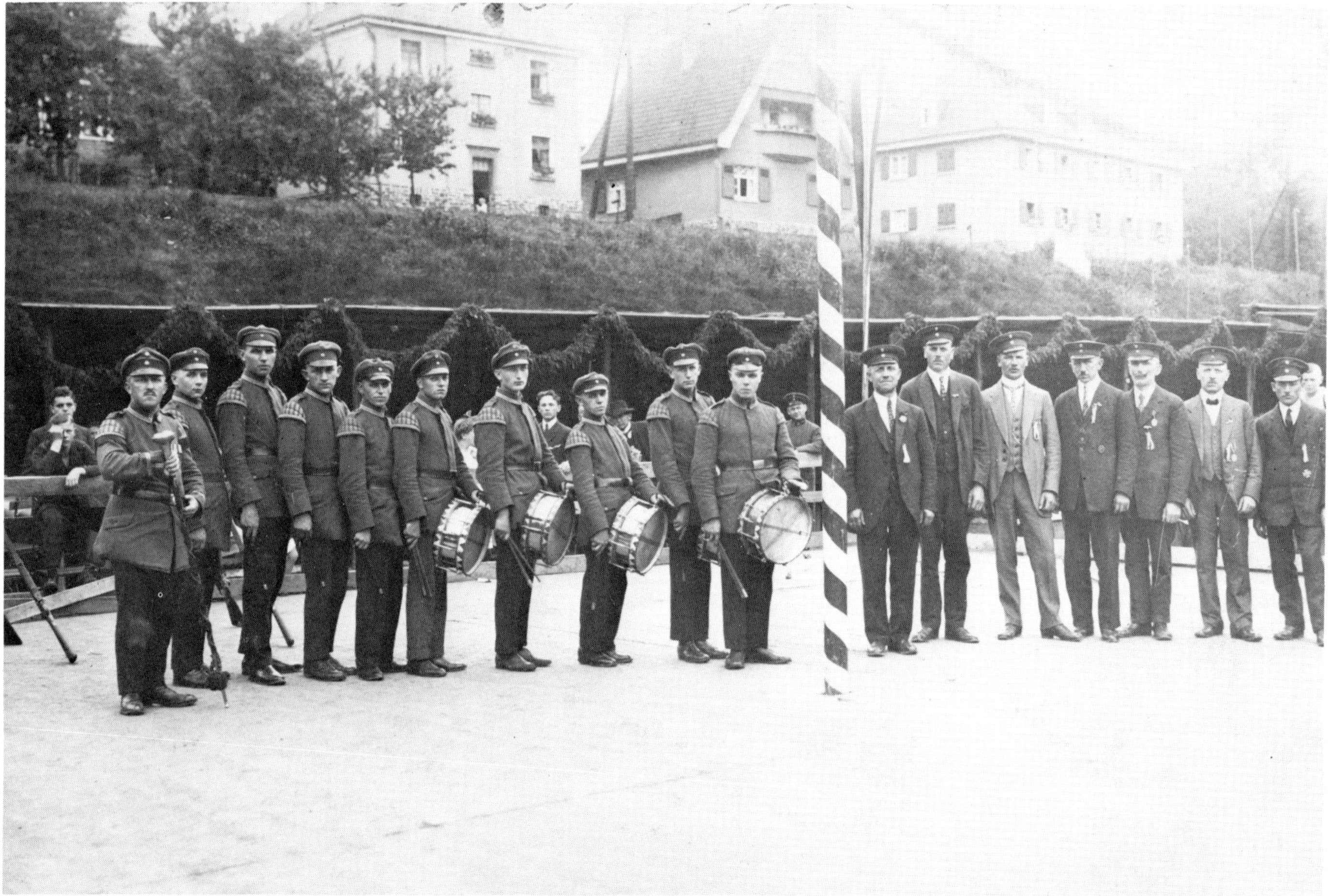

29. Die Äußerungen des Unternehmers Quirbach gipfeln darin, zu behaupten, ...*Die Einwirkung der Kirchener Richter war so stark, daß begreiflicherweise Minister Höfle trotz des gegenteiligen Leumundes der Heimatbehörde der Fa. Quirbach seinen Antrag auf Aufhebung des Konkurses zurückgezogen und somit die Fa. Quirbach dem Amtsgericht in Kirchen preisgegeben haben soll. Die Fa. Quirbach hat bereits Strafantrag gegen die Amtsgerichtsräte Flach und Schlüter wegen Verleitung zu falscher Aussage unter Eid und wegen Freiheitsberaubung unter Mißbrauch der Amtsgewalt gestellt. Gegen den in der Angelegenheit selbst mit der Fa. Quirbach noch nicht in Berührung gekommenen Amtsgerichtsrat Höhl ist ebenfalls Ablehnung wegen Befangenheit beantragt, da derselbe in öffentlicher Wirtschaft erklärt hat: 'Wir werden jeden Paragraph springen lassen, um das Etablissement (d.i. die Sigambria) wieder zu bekommen.' Ein ganzes Amtsgericht läßt sich von Kirchturmspolitik ins Schlepptau nehmen, um eine Firma, deren Inhaber den Krieg von A bis Z in der Front mitmachten und mit EK I und II ausgezeichnet sind, zu ruinieren, da es der Clique nicht gefällt, wenn aus dem Volk ein tüchtiger Handwerker es fertig bringt Betriebe zu öffnen und neue Arbeitsgelegenheiten für eine Reihe von Familienväter, die ohne dies auf der Straße liegen, schafft, während sie selbst von Tag zu Tag Arbeiter entlassen und brotlos machen... Es ist höchste Pflicht des Justizministeriums, schnellstens diese Angelegenheit zu untersuchen und dem Amtsgericht in Kirchen-Sieg energisch beizubringen, wie deutsche unparteiische Richter ihres Amtes zu walten haben, ohne sich in Ausübung ihrer Amtstätigkeit von einer Cliquenwirtschaft leiten zu lassen.*
Darauf findet sich am 25. September 1924, Donnerstag, in der 'Betzdorfer Zeitung', das folgende Inserat eingeschaltet. *Die unerhörten Beschuldigungen, die in Nr. 223 der Rhein. Westf. Volkszeitung gegen das Amtsgericht Kirchen und seine Richter und Beamten erhoben worden sind, sind vollständig unwahr und derart niedrig, daß sie keine Erwiderung verdienen. Es wäre unter der Würde der Behörde, der ich als dienstältester Richter vorzustehen die Ehre habe, wenn sie in der Sache auch nur mit einem Worte Stellung nähme. Ich halte es jedoch für meine Pflicht, der Oeffentlichkeit Kenntnis davon zu geben, daß die Angelegenheit dem Herrn Landgerichtspräsidenten in Neuwied zur weiteren Veranlassung, insbesondere zur strafrechtlichen Verfolgung des Kaufmanns Karl Quirbach und des Redakteurs Fuchs in Betzdorf übergeben worden ist. Kirchen, den 25. September 1924. Der aufsichtführende Richter des Amtsgerichts Hoehl, Amtsgerichtsrat.*

Rheinisch-Westfälische Volkszeitung

Betzdorf (Sieg)

Fernsprecher 431 u. 432 — Telegr.-Adr.: Siegblätter Betzdorf

Hauptgeschäftsstelle Poststraße 4

53. Jahrgang. Täglich erscheinend. Älteste Zeitung am Platze

Die hohe Auflage verbürgt den besten Erfolg der Anzeigen

Daher bevorzugtes Insertionsorgan

Großes Format: von allen Schichten der Bevölkerung am Eingangstor des gewerbereichen Siegerlandes, des landwirtschaftlichen Westerwaldes und eines großen Teiles des früheren Herzogtums Nassau gleichmäßig gelesen

Probenummern zum Vergleich mit anderen Blättern auf Wunsch

XIII. Gau-Turnfest
des
Siegerland-Turngaues
am 21. Juni 1908 in Kirchen a. d. Sieg.

Fest-Karte

für Herrn *Decku Christian*

vom Turnverein *Kirchen*

Preis 50 Pfg.

Diese Karte ist sichtbar zu tragen.

Druck von Philipp Dickerhof, Kirchen.

Betzdorfer Zeitung

Generalanzeiger für den Kreis Altenkirchen

Tageblatt für das Eingangstor des gewerbereichen Siegerlandes mit der ständigen reichhaltigen achtseitigen Wochenbeilage

„Die Zeit im Bild".

Der **Anzeigenpreis** beträgt pro Millimeter Höhe bei einer Zeilenbreite von 39 mm 10 Goldpfg. ◇ Der **Reklamepreis** beträgt 40 Goldpfennig das Millimeter Höhe bei einer Breite von 90 mm (nach Mosses Zeilenmesser Nr. 27).

Bei Wiederholungen entsprechenden Rabatt.

Betzdorf

hat 9000 Einwohner, ist Schnellzugstation an den Strecken Köln-Siegen-Gießen-Frankfurt und Köln-Siegen-Hagen, ist Ausgangspunkt der Westerwaldbahn nach Daaden und der Kreisbahn Betzdorf-Scheuerfeld-Gebhardshain-Nauroth, Sitz eines Eisenbahn-Betriebsamtes, eines Eisenbahn-Werkstättenamtes, eines Postamtes 1. Kl., eines Fernsprechamtes mit ca 400 Teilnehmern, eines Realgymnasiums, zweier höherer Mädchenschulen, zweier amtlicher Sparkassen, einer Reichsbanknebenstelle, eines Bergrevieramtes, eines Zollamtes, einer Kreisschulinspektion.

Am Platze befinden sich außerdem:

Waggonfabrik / Eisengießerei / Maschinenfabriken / Fahrzeugfabrik Krupp'sche Bergverwaltung / Bergverwaltung der Mannesmannröhrenwerke und Bergverwaltung der Gelsenkirchener Bergwerks-A.-G.

Zum Verbreitungsbezirk gehören:

Kirchen mit Lokomotivfabrik, Staatsoberförsterei, Aktiengesellschaft Storch & Schöneberg, Bergverwaltung des Bochumer Vereins;
Wehbach mit Friedrichshütte (Abt. Karl Stein);
Wissen mit Weißblechwerk und Wissener Eisenhütten (mehrere tausend Arbeiter);
Hamm (Sieg) mit Pulverfabrik (Köln-Rottweil);
Herdorf (Friedrichshütte) und der angrenzende Westerwald mit seinen vielen Gruben und Steinbrüchen;
Daaden und **Altenkirchen** mit landwirtschaftlichem Bezirk.

30. Unser Bild zeigt die Gastwirtschaft Balz am Kirchplatz um das Jahr 1930. Auf der Treppe der Wirt (mit Teckel); die Wirtin schaut aus dem Fenster. Die anderen Personen sind überwiegend Gäste aus dem Ruhrgebiet (Kinderlandverschickung).

In der 'Betzdorfer Zeitung' vom 25. September 1924 nimmt E. Böckelmann gleichfalls ausführlich Stellung zu dem *unerhörten Angriff auf die deutsche Rechtspflege, im besonderen auf die drei Richter des Amtsgerichts Kirchen, der in der im Verlag Siegblätter erscheinenden Rhein.-Westf. Volksztg. durch den Kaufmann Karl Quirbach verübt wurde. Die Zeitung bringt den Angriff zwar als Eingesandt, um den Eindruck hervorzurufen, daß sie moralisch keine Verantwortung trage, aber das ändert nichts an der Tatsache, daß sie damit einen Weg gegangen ist, den kaum eine Zeitung im Deutschen Reiche gehen würde. Schon der Umfang des Angriffs, der ein Achtel des Blattes in engem Schriftsatz einnimmt, und sein Arrangement durch zwei fett gedruckte Ueberschriftzeilen läßt darauf schließen, daß der Schriftleiter nicht allein für die Aufnahme zuständig gewesen ist, sondern daß der Verlagsleiter und die Vorstandsmitglieder Dr. Althoff und Pfarrer Steil darum gewußt haben. Unter Nennung der Namen der drei Amtsrichter... wird diesen vorgeworfen, daß sie ein Intriguenspiel trieben, daß sie mit allen Mitteln die Existenz Quirbach vernichten wollten, daß sie den Brennereibesitzer Meyer-Elben zum falschen Eid hätten verleiten wollen, daß sie falsche Unterschrift erzwungen hätten, Akten unterschlagen, falsche Berichte gegeben, Freiheitsberaubung unter Mißbrauch der Amtsgewalt verübt und daß Gerichtsrat Hoehl erklärt habe, 'sie ließen jeden Paragraphen springen'. Der Angriff hat eine ungeheure Erregung in der Bevölkerung hervorgerufen, denn der Durchschnittsmensch sagt sich, wenn ein Mann den Mut aufbringt, solche Dinge zu behaupten, dann muß wohl etwas wahres daran sein. Nur die wenigsten sehen die Sache gleich an, was sie ist: der Verzweiflungsschritt eines aus allen seinen fein ausgetüftelten Berechnungen geworfenen Mannes, der alles, was gegen ihn geschehen ist, als Intriguenspiel und Amtsverletzung angesehen hat. Er mutmaßt, daß in Kirchen eine Clique wäre, welche ihn vernichten will, weil er das den Kirchenern liebe Vergnügungslokal Sigambria für industrielle Zwecke erworben hat. Wir wissen nicht, ob es eine solche Clique gibt, aber daß es deutsche Richter geben sollte, die sich in den Dienst solcher stellen und ihr Amt, auf das sie den Eid abgelegt haben, dazu mißbrauchen, das wird doch wohl kein vernünftiger Mensch glauben. Der ganz unqualifizierte Angriff auf die Integrität der Kirchener Richterschaft wird Herrn K. Quirbach teuer zu stehen kommen...*

Irle Bier

31. Unsere Aufnahme zeigt den Kriegerverein auf dem Wege zum Festplatz auf der Sigambria. Im Hintergrund das Gebäude der 1906 in Blendziegelwerk errichteten Volksschule. Ganz links ragt noch ein Stück des Hauses Anton Höfling in das Bild, wo Paul Mildenberger später seinen ersten eigenen Frisörsalon eröffnete. Vorne links sehen wir Henner Lixfeld mitmarschieren, der für sein forsches Auftreten bei den Exerzierübungen bekannt war. Diese Aufgabe oblag ihm immer dann, wenn der Vorsitzende Neitzert erkrankt oder anderweitig unabkömmlich war.
Wir schalten uns jetzt wieder in den Vorgang der Affaire Quirbach ein, der in der Rheinisch-Westfälischen-Volkszeitung vom 26. September 1924, Freitag, folgendes Inserat bringt: *Zur Aufklärung! In einer in gestriger Nummer der Betzdorfer Zeitung befindlichen Polemik behauptet das Blatt, dass die Rheinisch-Westfälische-Volkszeitung meine Erklärung nur deshalb als Eingesandt gebracht habe, um den Eindruck zu erwecken, dass sie moralisch keine Verantwortung trage. Ich erkläre hiermit ausdrücklich, dass ich nach jeder Richtung hin allein die volle Verantwortung für das Eingesandt trage. C. Quirbach.*
In der 'Betzdorfer Zeitung' vom folgenden Samstag heißt es dazu: *Es ist unwahr, dass der Reichsminister für die besetzten Gebiete, Höfle, einen Anspruch der Fa. Quirbach auf reichsseitige Erstattung der angeblich gestohlenen 523.000 Mark anerkannt hat. Er steht auf dem Standpunkt, dass ein Ersatz dieses Geldes der Fa. Quirbach nicht zusteht und hat alle Anträge auf Erstattung abgelehnt. Das Reich ist überhaupt nicht in ein Ermittlungsverfahren bezüglich des angeblichen Anspruchs eingetreten... Quirbach behauptet weiter, dass ohne Eingreifen der Kirchener Richter der Antrag auf Eröffnung des Konkursverfahrens zurückgezogen worden sei. Nach dem Gesetz ist dies absolut unzulässig. Fest steht soviel, daß die Fa. Quirbach mit Hilfe des Verlags der Rh.-Westf.-Volksztg. eine unerhörte Beeinflussung der öffentlichen Meinung und der höchsten Regierungsstellen durch Verschickung des Eingesandts an politische Tageszeitungen, Abgeordnete und Regierungsstellen versucht hat, um von vornherein die Kirchener Richter bei den vorgesetzten Behörden madig machen und die Öffentlichkeit für sich einzunehmen. Weiterer Zweck dieses Vorgehens sollte der Zusammenbruch des beim Kirchener Amtsgericht schwebenden Konkursverfahrens sein, dadurch, dass die Kirchener Richter erledigt werden sollen... Gestern nachmittag wurden im Verlag der Volkszeitung Haussuchungen durch die Staatsanwaltschaft abgehalten und nach unseren Informationen die zur Herstellung des Artikels nötigen Platten beschlagnahmt. Offenbar verfolgt der Verlag bei seinem Vorgehen und Eintreten für den va banque spielenden Geschäftsmann ein ganz bestimmtes System... Alle in ihrer Ehre geschändenden Herren haben sich der durch die Kirchener Richter eingelegten strafrechtlichen Verfolgung angeschlossen...*

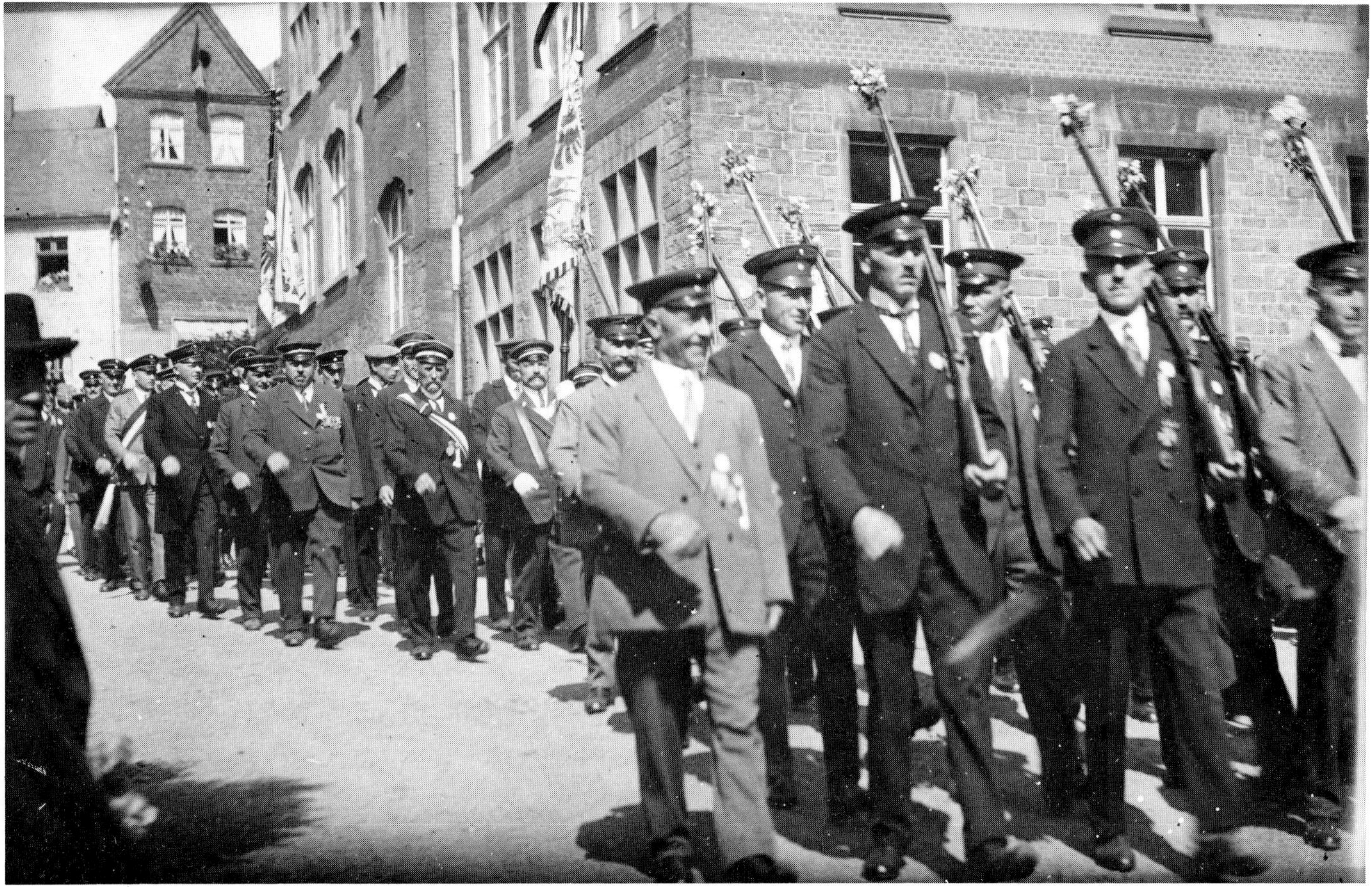

32. Zur Abwechslung seien an dieser Stelle einige andere Meldungen aus jenen Tagen gebracht. Die Volkszeitung am 26. September 1924: *Kotzenroth. Zigeunerplage. Zu einer wahren Landplage entwickelt sich das stete Kommen und Gehen der Zigeunergesellschaften, die mit ihrem Wagentross mit Vorliebe die Dörfer unseres Westerwaldes, dem Randgebiet an der Besatzungszone heimsuchen. Man liesse sich noch alles gefallen, wenn diese Menschen, besonders sind es die Vertreterinnen des schönen Geschlechts, nicht mit einer Dreistigkeit und Unverschämtheit, die an das Fabelhafte grenzt, bettelten, ja man darf schon bald sagen, sich Gegenstände erpressten. Vor allem sind die Häuser, wo alte und alleinstehende Personen wohnen, vor ihnen nicht sicher. Was man ihnen nicht gibt, bekommen sie schliesslich doch. Es ist an der höchsten Zeit, dass die Behörden dem fahrenden Volke besser auf die Finger sehen und dafür sorgen, dass es allmählich unsere Westerwaldhöhen mit seinem 'werten Besuche' verschont.* (Hier möchte der Verfasser noch einflechten, daß bei allem Verständnis für die mannigfachen Verfolgungen, denen die Sinti zur Zeit des Dritten Reiches ausgesetzt waren, es noch in den fünfziger und sechziger Jahren vorgekommen ist, daß sie den kleinen Textilladen meiner Großtante Gustel Ihle in der Schulstraße regelmäßig heimsuchten und dort jedesmal etliche Textilien mitgehen ließen.)

Am 27. September meldet die Betzdorfer Zeitung: *Kirchen. 25. Sept. Die Theaterabteilung des kath. Jünglingsvereins bringt am 5. und 12. Oktober im Saale des Hermann Heikaus das Volksstück 'Noch ist die blühende goldene Zeit' zur Aufführung. Die Eintrittskarten sind von Samstag vormittag bis Donnerstag abend nur bei Friseur Krause Kirchen, zu haben. Ein Verkauf bei den Mitgliedern findet nicht mehr statt. Um ein Ueberfüllen des Saales zu vermeiden, wird darauf hingewiesen, dass nur eine bestimmte Anzahl Karten und zwar numerierte Pläte ausgegeben werden. Es wird daher zu empfehlen sein, sich frühzeitig einen guten Platz zu sichern. Der Eintrittspreis ist auf Mk. 0,75 festgesetzt.*

Kirchen, 27. Sept. Zu dem am kommenden Mittwoch stattfindenden grossen Kirchenkonzert, in dem 80 Sänger des Potsdamer Madrigalchores mitwirken, sind die Vortragsfolgen mit Textbeilage in den Buchhandlungen und an der Abendkasse für 20 Pfg. zu erstehen... Die Pläte in der Kirche sind nicht numeriert. Die Dauerkarten für Kirchen zu 6 Mark und Schülerkarten zu 4 Mark (die in zwei Raten bezahlt werden können), berechtigen zum Eintritt. Einzelkarten kosten 1 Mark.

Unser Bild: Fasching im Saale Heikaus. Wer sich von bekannten Gesichtern hinter den Masken verbirgt, es wird für immer ein Rätsel bleiben.

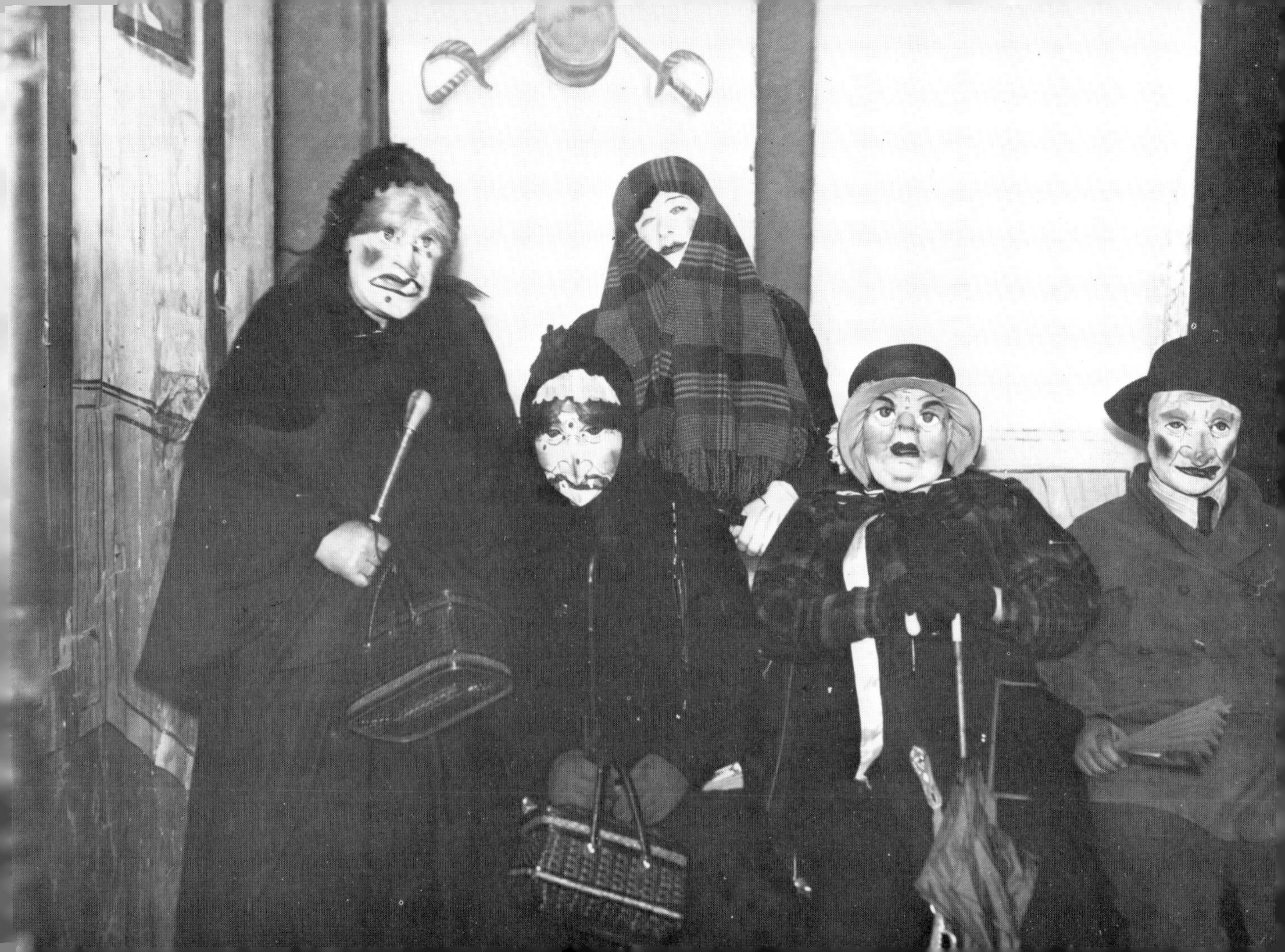

33. Von Gretchen Dietz in der Hardt, bei der ich noch anläßlich der Zusammenstellung dieses Buches an einem schönen Spätsommernachmittag auf dem Bänkchen vor ihrem Hause saß, erhielt ich das Bildchen vom Salatlesen und Kartoffelschälen in der Küche des Gasthof 'Zum Bahnhof', Hermann Heikaus.
Von links Helene Immel, dann eine gewisse Lotte (nach Amerika ausgewandert), Gretchen Dietz (von 1931 bis 1942 bei den Heikaus beschäftigt) und Agnes Volz.
Bevor wir uns wieder der 'Affaire Quirbach' zuwenden, sei hier noch eine heitere Meldung aus der 'Betzdorfer Zeitung' vom 27. September 1924 nachgetragen: *Herdorf, 27. Sept. (Jugendstreiche).* In letzter Zeit machen junge Burschen sich einen Spass daraus, dass sie an Haustüren Eimer mit Wasser, Besen oder andere Gegenstände anlehnen, die beim Oeffnen der Türe in den Hausflur fallen oder die betreffende Person treffen. In einem Falle wurde die Haustüre von aussen mit einem Stricke an eine querliegende Stange festgebunden. Obwohl an und für sich solche Streiche harmlos sind, wird es von den einzelnen Betroffenen doch unangenehm empfunden.
Am Montag, den 29. September, heißt es in der Rheinisch-Westfälischen-Volkszeitung zum *Fall Quirbach,* worüber nicht nur unserer Meinung nach nur die anhängige gerichtliche Untersuchung Aufklärung geben kann, wird trotz dieser Einsicht unter kaum misszuverstehenden Anwürfen gegen unseren Verlag und auch gegen die Redaktion in der 'Betzdorfer Zeitung' eifrig weiterbehandelt. So viel uns an einer raschen und restlosen Klärung im eigensten Interesse gelegen sein muss, so erscheint uns dafür der Weg der Presseauseinandersetzung nicht geeignet. Und dann: so schön die Pose des Unschuldsengels im allgemeinen auch wirken mag, man sollte sich hüten, mit Steinen zu werfen, wenn man selbst im Glashause sitzt. Für uns ruht die Angelegenheit so lange, bis das Gericht dazu das Wort nimmt.
Herdorf, 28. Sept. (Obst- und Gartendiebstähle). Wie bisher in jedem Jahre, so haben auch dieses Jahr die Feld- und Gartenbesitzer wieder Gelegenheit, sich über gestohlene Sachen zu ärgern. Dem einen plündert man des Nachts einen Obstbaum oder räubert ihm seinen Birnbaum, dem anderen hackt man seine Kartoffeln, kurz die Art der Diebstähle ist sehr mannigfaltig. Man scheut sich sogar nicht, aus Gärten, die dicht beim Hause liegen, zu stehlen. Einmal ist es bis jetzt gelungen, einen Kartoffeldieb auf frischer Tat zu ertappen und ihn der Strafe zuzuführen, die meisten Diebe aber bleiben unbekannt. Zu wünschen wäre allerdings, dass alle die nächtlichen 'Plünderer' ihre Strafe ereilte.

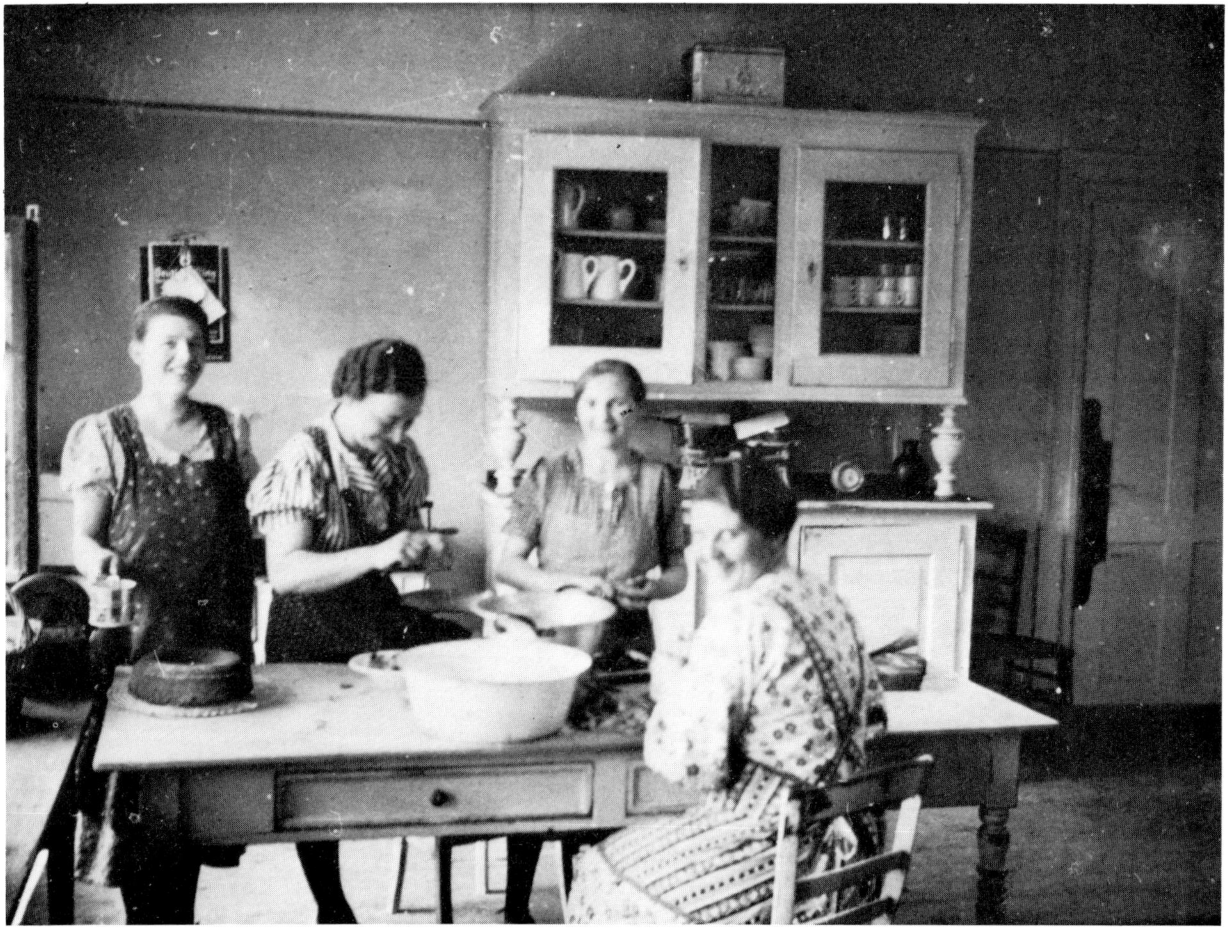

34. Gustav Haubrich (links im Bild) mit Frau Paula, geborene Stricker (Brachbach), war ein ortsbekanntes Original. Bevor derselbe in der Bahnhofstraße sein Feinkost-Geschäft eröffnete, unterhielt er in einem Nebenraume bei Heikaus einen kleinen Laden. Einmal soll er Maikäfer am Badfenster gefangen und in etwas Alkohol getaucht haben und die beschwipsten Viecher seien dann schwerfällig bei Walter Hebel in der Brückenstraße an die Schaufensterscheiben geflogen. Es ist auch bekannt, daß er einmal des Sonntags, anstatt zur Kirche zu gehen, ein vorübergehend am Ortsrande befindliches Zigeunerlager aufsuchte und den Leuten uneigennützig Essen und andere Leckereien zusteckte.

Paula Haubrich, einer zwölfköpfigen Familie entstammend, war wegen ihres liebenswürdigen Wesens und Mutterwitzes gerühmt und führte das Geschäft nach dem Ableben ihres Mannes im März 1935 bis zum Jahre 1958 weiter. Frau Sanitätsrat Kintz gehörte zu den guten Kunden und an schönen Tagen sah man oft Vincenz Euteneuer, das Faktotum vom St.-Elisabeth-Krankenhaus, gegenüber vor dem Gebäude sitzen. Derselbe machte gerne seine Runde in den umliegenden Gastwirtschaften und erwarb sich durch das Imitieren von Lokomotivgeräuschen und Vorträgen anderer Scherzereien den liegengebliebenen Rest 'truijer Deilscher' (trockener Teilchen) oder 'een Stöck Wurscht'. Unter heiterem Himmel spielten die Kinder gerne vor dem Geschäft und lugten durch die Scheiben, wo die schönen farbigen Tüten mit ihrem 'Schluch' darinnen in wundersamem rot, blau, grün und gelb aufleuchteten. Und wenn sie gar zu lange sich die Nasen vor Staunen platt drückten, dann öffnete die liebe Tante Paula ganz plötzlich ein Fenster oder trat vor die Türe, um der Schar ein paar der 'Knüppchen' zu spendieren.

In der 'Betzdorfer Zeitung' vom 27. September 1924, inseriert der Veranstalter auf *Sonntag, den 28. September, ein Grosses Konzert (Infanteriemusik) im Saal des H. Heikaus, Kirchen. Anfang 4,30 Uhr. Musikverein Herkersdorf-Offhausen.* Am 6. Oktober, Montag, sind im gleichen Saale volkstümliche Vorträge angesagt: *Am Dienstag beginnt die eigentliche Vortragsreihe für das kommende Winterhalbjahr. Den Beginn macht der beliebte und gern gelesene Schriftsteller Walter Bloem. Seine deutschen Romane gehören zum eisernen Bestand des deutschen Hauses. Walter Bloem wird aus seinen besten Werken, zum Teil unveröffentlicht, vortragen und uns so in seine Welt tiefer einführen. Dauerkarten zu 6,– bzw. 4,– Mark bei Marx-Kirchen und an der Abendkasse. Einzelkarten 1.50 Mark.*

Sommerfrische Kirchen Sieg.

35. Im Jahre 1925 eröffnete Gustav Haubrich sein neues Geschäft in der Bahnhofstraße. Die Kundschaft fühlte sich nicht zuletzt auch durch die Schaufensterauslagen besonders angesprochen, deren Prunkstücke Wild und Geflügel waren, zeitweise auch ein beleuchtetes Aquarium.
Auf der Gesamtansicht (oben links) sehen wir von links: eine Verkäuferin, Gustav, Paula, Hilde Haubrich und Gustav Junior. Das Bild (oben rechts) zeigt uns Paula Haubrich nebst zwei Verkäuferinnen in ihrem Geschäft; unten rechts präsentieren sich die Damen Hilde Haubrich, Wilhelmine Aporta, Hildegard Stock, Bertel Meyer (von April 1937 bis August 1958 dort tätig) und Agnes Köhs dem Betrachter. Die Verdunkelung um die Lampen hat ihre kriegsbedingten Ursachen. Die Aufnahme unten links entstand am 1. Januar 1928 im 'Saynischen Hof' vom 'billigen Gustav'. Vorne links Albert Christ, hinter ihm gruppieren sich Toni Schmidt, Josef Decku, Willi Decku, Paul Flick (der Dorfschmied), Fritz Göbel und Willi Christ.
Am 15. Oktober 1924, Mittwoch, spricht Graf Luckner, der volkstümliche Seeheld im ausverkauften 'Germaniassaal' zu Betzdorf, wo dem Grafen bei seinem Eintritt eine begeisterte Begrüßung zuteil wurde: *...Eine sehnige, blauäugige Gestalt in schlichtem grauen Zivilanzug steht dann auf der Bühne, natürlich und ungezwungen sind ihre Bewegungen, frei und ohne Künstelei ist sein Vortrag, der in seinem dramatischen Aufbau, seiner bildreichen Sprache und seinem aus tiefstem Herzen quellenden Inhalt schön und einzigartig zu nennen ist...*
Der Graf schließt seinen Vortrag mit den beziehungsreichen Worten: *Wir haben etwas verloren und das ist die Liebe zueinander. Möge der Kerl kommen, der den Hass in uns zu einander austreibt und dann muss der Mann an das Steuer des schwankenden Reichsschiffes, der es mit starker Hand geraden Kurs steuert; ein Kerl, kein Lavierfritz, der links und rechts schaut und steuert. Und auch die 'Betzdorfer Zeitung' stimmt ein in das Gesagte und wünscht dem Grafen, der für ein Heim für kranke Seeleute plädiert, weiterhin 'Gute Fahrt!'*
Am 13. November, Donnerstag, meldet die 'Betzdorfer Zeitung' von einer Geschäftsveränderung in Kirchen, daß am 10. dieses Monats das Gasthaus 'Zur Post' (Franz Bender) von Gastwirt Franz Eckel übernommen worden ist. Derselbe bringt das auch am 15. November durch ein Inserat allgemein zur Kenntnis: *Den Bewohnern von Kirchen und Umgebung zur gefl. Kenntnisnahme, dass ich den 'Gasthof zur Post', Kirchen, übernommen habe. Es wird mein Bestreben sein, meine Kundschaft gut und reell zu bedienen und bitte um geneigten Zuspruch Gut eingerichtete Fremden- und Gesellschaftszimmer stehen zur Verfügung. Franz Eckel, Kirchen. Telefon 222.*

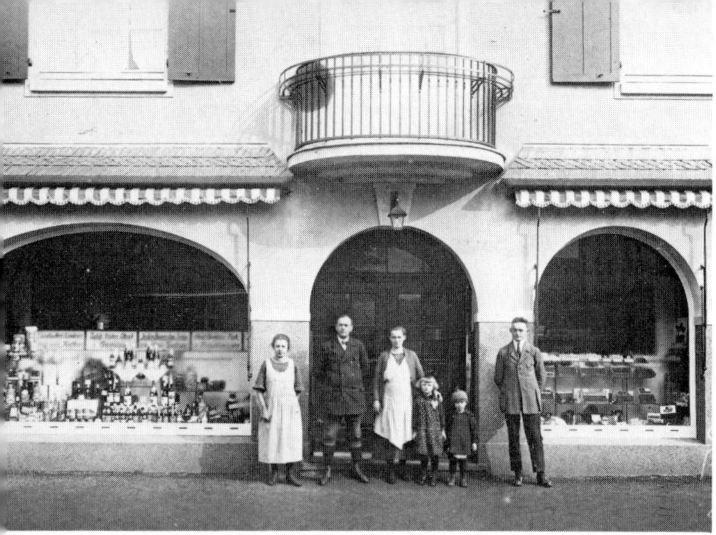

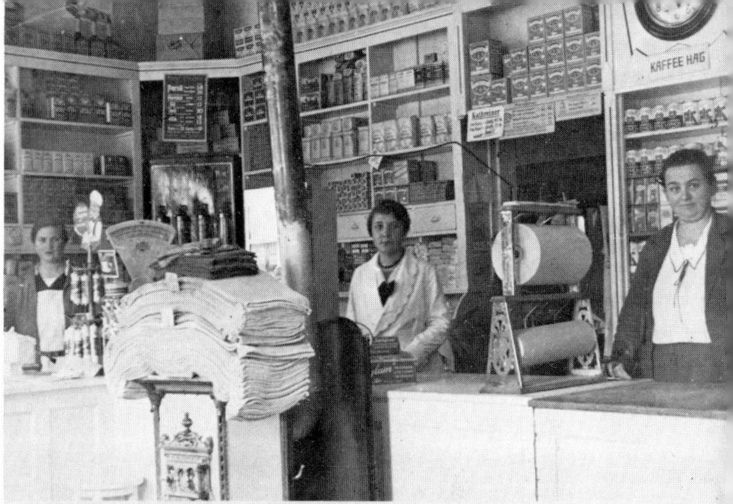
KAFFEE HAG

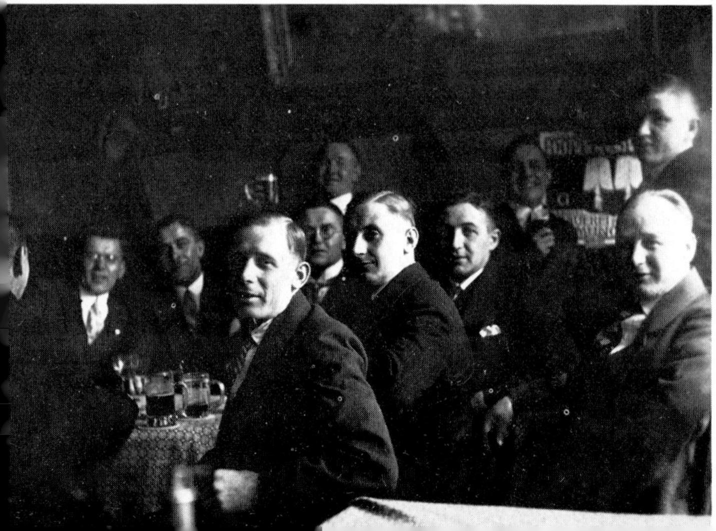

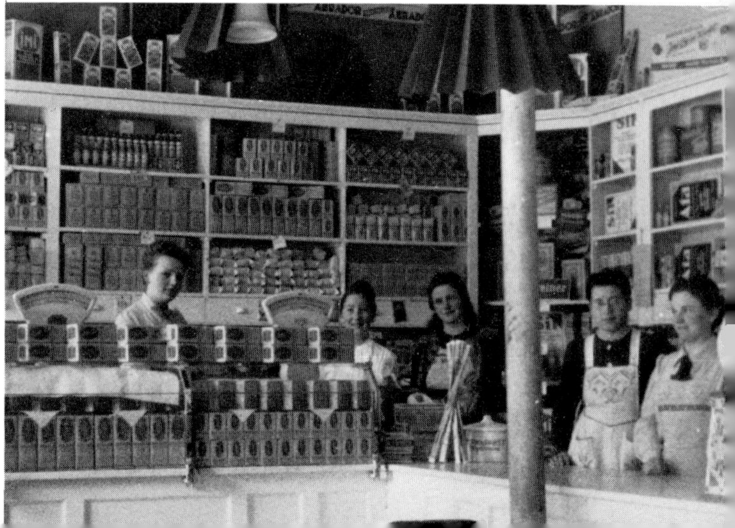

36. Dieser wohl schönsten Aufnahme vom Laden Haubrich (rechte Hälfte) soll eine ganze Seite gewidmet sein. Hierbei möchte ich auch zugleich noch einmal auf Band 2, Seite 45, verweisen. Leider wußte mir auch Bertel Meyer die Namen der dort abgebildeten Verkäuferinnen nicht mehr zu nennen.
In der 'Betzdorfer Zeitung' vom 15. November 1924, finden sich mehrere auf Kirchen bezogene Meldungen:
Kirchen, 15. Nov. Auf die von der Kriegsbeschädigten-Vereinigung veranstalteten beiden Konzerte des Meisterquartetts 'Orpheus'-Essen heute Abend 8 Uhr im Heikaus'schen Saale und morgen nachmittag 4 Uhr im Jungschen Saale wird nochmals empfehlend hingewiesen.
Kirchen, 14. Nov. Jedes Jahr, sobald es kalt wird, muss der MGV-Liederkranz sein Vereinslokal wechseln. Der Grund ist der, dass ein grösserer Saal nicht für eine Gesangstunde in der Woche geheizt werden kann. Zwei Jahre fand der Verein Unterkunft im evangelischen Gemeindehaus. Da aber in diesem Jahre dasselbe jeden Abend durch andere Vereine besetzt ist, musste sich der Liederkranz um ein anderes Lokal bemühen. Entgegenkommender Weise ist ihm das katholische Vereinshaus zur Verfügung gestellt worden. Die Gesangstunden finden nunmehr jeden Montag abend statt.
Kirchen, 14. Nov. Unser Ort hat eine Neuerung erfahren. Hinter dem Bahnhof ist eine grosse Tafel errichtet, die in der Mitte einen Lageplan von Kirchen aufweist mit den eingezeichneten Geschäftshäusern an den Strassen, die mit Nummern versehen sind. Um den Lageplan sind die einzelnen Namen der Geschäftsinhaber nebst den wichtigsten Artikeln, die bei ihnen zu haben sind, angeführt. Jetzt fehlt nur noch das nötige Kleingeld, damit auch die Kunden in den Geschäften tüchtig kaufen können. Das Schild hat ein Kirchener Malermeister angefertigt.
Wehbach, 12. Nov. Nach längeren Verhandlungen ist es dem Vorstand des Kirchenbauvereins gelungen, einen Platz für die zu erbauende Kirche zu sichern. Dieser befindet sich 'Auf dem Acker' oberhalb der katholischen Schule. In hochherziger Weise hat die Familie Witwe Friedrich Morgenschweis dazu ein Grundstück in der Grösse von 140 Ruten geschenkt. Ferner hat am 9. November der Vorstand den an das Grundstück anstossenden Hauberg 'Auf dem Acker' in der Grösse von 300 Ruten (à 4 Mark) käuflich erworben. Allerdings muss von diesem Hauberg noch ein Teil gegen anderes notwendiges Gelände eingetauscht werden, um eine gewisse Abrundung zu erzielen... Der ganze Plan ist so gedacht, dass nicht nur für den Platz der Kirche gesorgt werden soll, sondern dass auch in späteren Zeiten auf dem Gelände ein Pfarrhaus mit Garten errichtet werden kann...

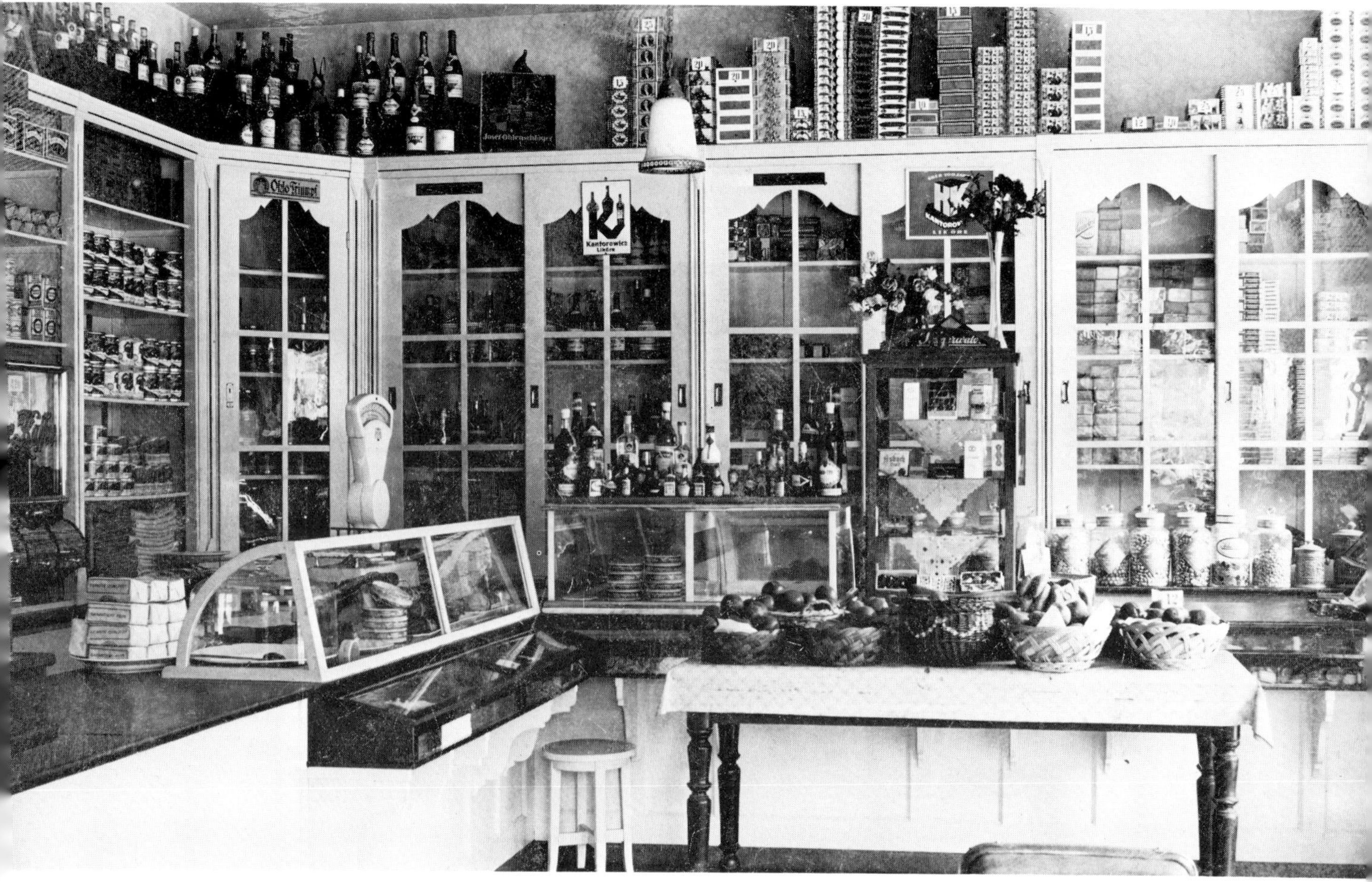
Kantorowicz
Liköre

37. Unsere beiden Aufnahmen entstanden im Winter 1943/44 (W. Semmelrogge) und zeigen die Szenerie an 'Langs Ecke' mit Blickrichtung Siegbrücke, wo die Parole 'Was mich nicht umbringt macht mich stärker', bereits die Endzeit des Deutschen Reiches ankündet.

Die 'Betzdorfer Zeitung' vom 13. November 1924 bringt auch keine guten Nachrichten: *Niederfischbach, 12. Nov. Nachdem auch die Firma Hirz aus Struthütten jetzt ihre auf der Grube Fischbacherwerk erbaute elektromagnetische Aufbereitung abgebrochen hat, ist von dem früher so bedeutenden Betriebe nichts mehr übrig geblieben, als einige schiefe Schornsteine und eine mächtige Halde, die an den Fleiss der Bergleute und an den Erzreichtum der Grube erinnern. Die Grube Fischbacherwerk hat eine grosse Vergangenheit. Bereits zu Anfang des vorigen Jahrhunderts wurden dort Blei- und Silbererze gewonnen. In der Nähe unseres Ortes wurden die Erze geschmolzen. Aus dem dort gewonnenen Silber sind Fischbacher Taler gemünzt worden, von denen heute noch einige vorhanden sind. Ein Fischbacher Silbertaler wird im Museum zu Essen aufbewahrt.*

Bereits am 29. September 1924, Montag, hatte die Volkszeitung von der Betriebseinstellung bei der Grube Wilhelmine berichtet, die ihren Arbeitern zum 1. Oktober wieder gekündigt hatte. Als Grund wurden Absatzmangel angegeben. Durch die Betriebseinstellung werde die große Zahl der Arbeitslosen wiederum größer, heißt es dort weiter.

In der 'Betzdorfer Zeitung' vom 3. November wird über die Gefallenehrung in Kirchen berichtet: *Trotz des Regenwetters liess sich der hiesige Kriegerverein nicht abhalten, am Sonntag vormittag auf die beiden Friedhöfe zu gehen zu einer kleinen Gedächtnisfeier an den Kriegergräbern. Nach einem schönen Gesangsvortrag des M.-G.-V. 'Liederkranz' hielt der Vorsitzende, Amtsgerichtsrat Dr. Schlüter, die Gedächtnisrede... Anschliessend wurden die von den Damen des Fechtvereins angefertigten Kränze von diesen an den Gräbern niedergelegt. Als die Gewehrsektion eine dreimalige Salve abgegeben, sang der 'Liederkranz' noch das Lied 'Ich hat einen Kameraden'.*

Im gleichen Blatt wird vor Schwindlern gewarnt, die seit einigen Tagen durch das Heimatgebiet zögen und religiöse Bücher zum Kaufe anböten. Die angeblichen 'Buchhändler' suchten sich durch Vorzeigen einer Beglaubigung, die die Unterschrift eines Paterpräses des Klosters St. Ingbert im Saargebiet trage, Vertrauen zu erwecken...

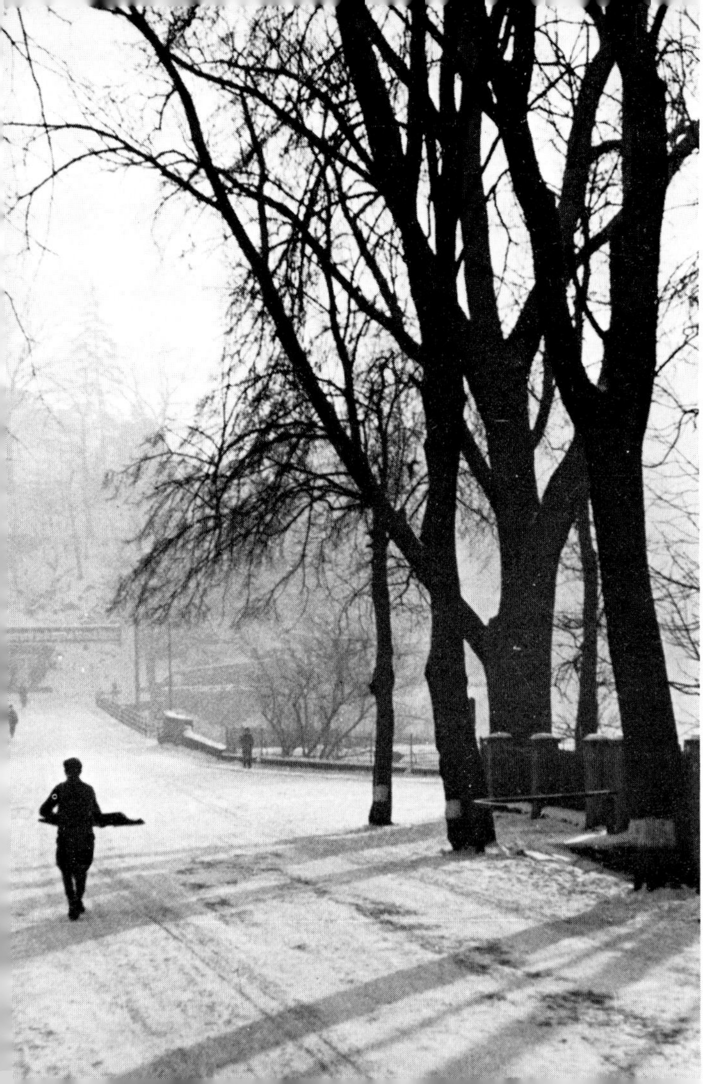

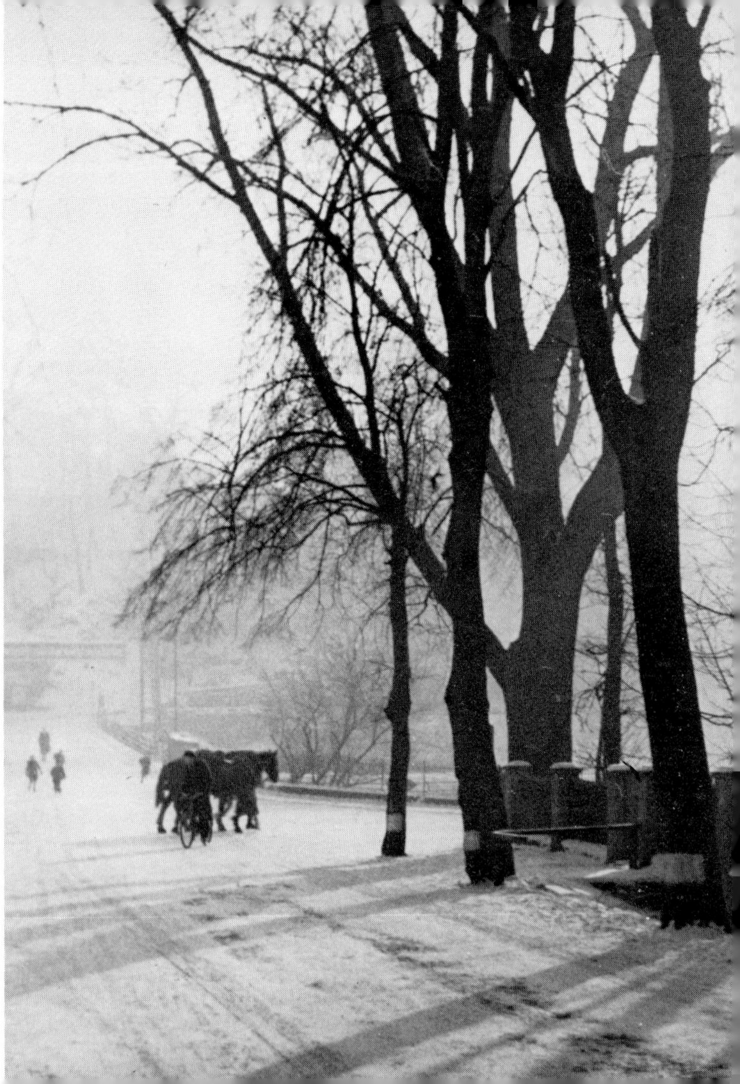

38. Unsere Aufnahme aus den frühen dreißiger Jahren zeigt, wie beschaulich schön es zu der Zeit noch am Tüschebachs Weiher war. Die Kahnpartien gehören mittlerweile auch bereits der Vergangenheit an. Der Fotograf ist Otto Harlinghausen.
Die 'Betzdorfer Zeitung' vom 3. November 1924 ist voll der Berichte über die Hochwasserschäden. Da heißt es aus Niederfischbach: *Der Asdorfer Weiher sollte am Dienstag und Mittwoch in dieser Woche ausgefischt werden. Schon Ende der vergangenen Woche hatte man das Wasser abfliessen lassen, um den Weiher allmählich zu entleeren. Dadurch waren die Wiesentäler bei unserem Dorfe schon zum grössten Teil überschwemmt... Auch die tieferliegenden Strassen unseres Ortes, wie die Siegener Strasse, die Mühlenhardt und ein Teil der Schlesingstrasse stehen unter Wasser. Die Bewohner der genannten Strassen waren bereits am Sonntag morgen genötigt, ihr Vieh in den Stallungen der höher gelegenen Strassen unterzubringen. Auf der nahen Fischbacherhütte haben gleichfalls die Bewohner an der Hauptstrasse ihre Ställe räumen müssen. Auch dort steht die Provinzialstrasse unter Wasser... Den Anwohnern war es nicht möglich am Sonntag morgen zur Kirche zu gelangen, um ihre religiösen Pflichten zu erfüllen. Ein junger Mann wusste Rat. Er setzte die Leute auf sein Fahrrad und fuhr sie durch das Wasser, eine edle Tat... Auf der Au in Kirchen musste das Vieh aus den Ställen geschafft werden. Bis in die späten Abendstunden ist das Hochwasser fortwährend gestiegen. Nachmittags ertönte die Sirene der Arn. Jungschen Fabrik, die die Wehrleute zur Hilfeleistung rief, da das Wasser über die Schutzmauer getreten war. Abends musste die Wehr noch zu einem, von den Fluten besonders umbrausten Hause vordringen, da sich die Bewohner in höchster Gefahr befanden... Am heutigen Sonntag abend standen alle Häuser der Austrasse im Wasser, so dass man nicht mehr ohne Nachen in die Wohnungen kommen konnte. Stall und Keller mussten leer gemacht werden und alles Gemüse, welches noch in den Gärten stand, ist überschwemmt. Leider stehen die vielen Bohnen, die dem Krankenhause gehören, auch im Wasser und sehen von der Ferne aus wie eine Insel. Die Obstbäume über der Siegbrücke neben dem Geschäfte Henrich standen bis an Kronen in den Fluten und der Asdorfbache ging fast nicht mehr unter der Brücke bei der Firma Arn. Jung her... In Betzdorf musste das Zentral-Theater seine Pforten geschlossen halten. Der Verkehr in der Hellerstrasse wurde gestern nachmittag durch ein eilig hergestelltes Floss aufrechterhalten. Eine Unmasse Holz, darunter meterlange Balken, führte das schlammiggelbe Wasser mit, von denen sich einige gefahrdrohend an der Brücke der Linie Wissen-Waldbröl festlegten und so die gewaltigen Wassermassen dort stauten. Eine in Reparatur befindliche Eisenbahnbrücke bei Oppertsau senkte sich etwas, so dass die Züge nur langsam und mit grösster Vorsicht diese Strecke passieren konnten. Der ½ 5 Uhr-Zug gestern nachmittag traf mit fast zweistündiger Verspätung hier ein...*

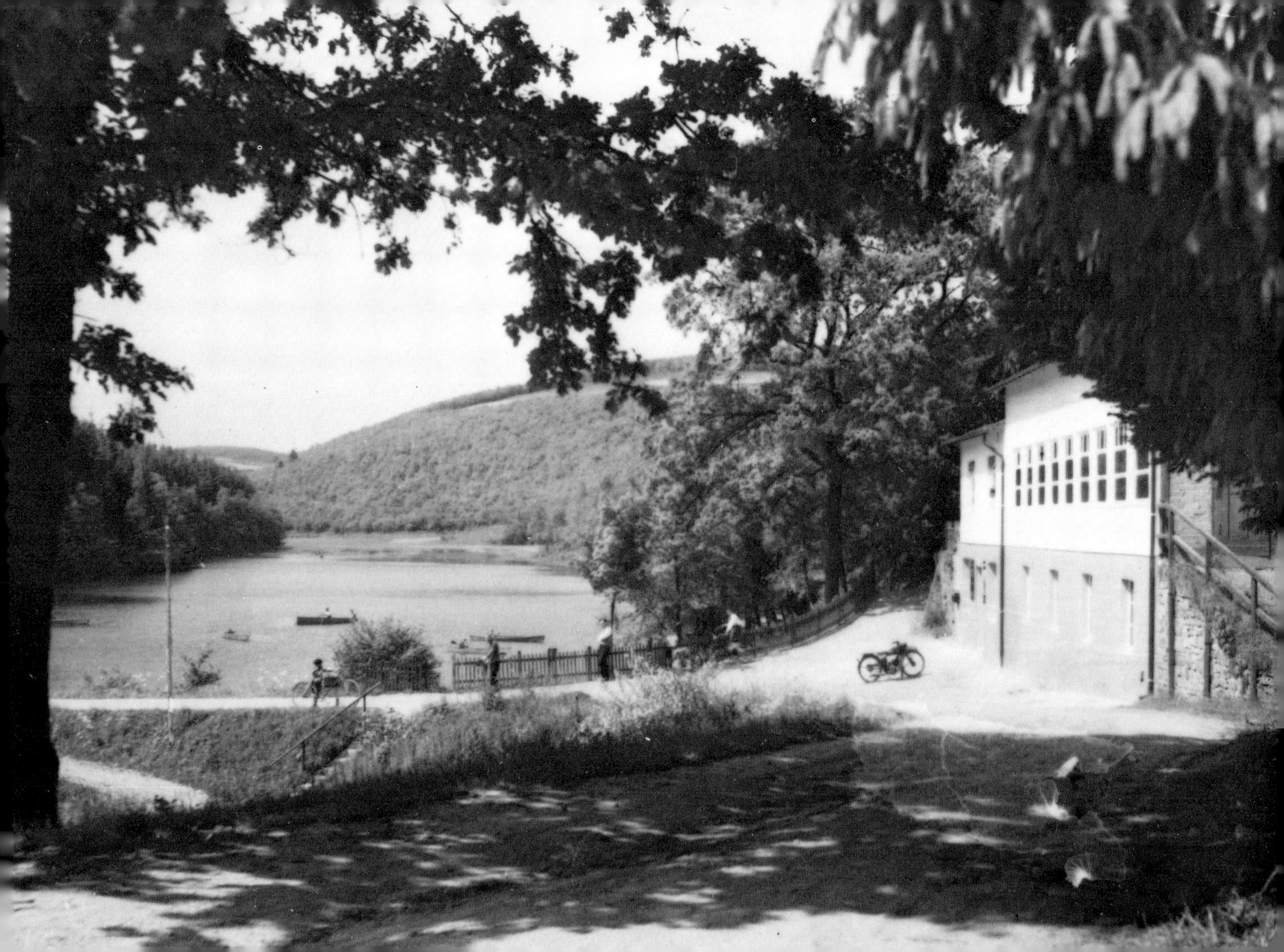

39. Bei den neuerlichen Reichs- und Landtagswahlen, vermeldet die 'Betzdorfer Zeitung' am Montag, 8. Dezember 1924, das folgende Ergebnis für die Bürgermeisterei Kirchen: Sozialdemokraten 1 418; Deutschnationale 1 052; Zentrum 4 669; Kommunisten 210; Deutsche Volkspartei 550; Demokraten 173; Wirtschaftspartei 158; Bauernliste -; Häusserbund -; Deutsch Soziale 12; Aufwertungspartei 8; Volkswohlfahrt 7.
Dazu wird noch vermerkt: *Scheuerfeld. 9. Dez. (Ein frommer Wunsch) Bei der Wahl am Sonntag wurde neben einem roten Stimmzettel für die Landtagswahl ein weisser Zettel mit abgegeben, auf dem folgendes geschrieben stand: 'Ich wähle hiermit die, die uns untenstehendes täglich geben: Morgens ¼ Pfund Jagdwurst mit 3 Brötchen, um 10 Uhr Gebäck mit Tee, mittags Schweinebraten mit Zubehör, nach dem Essen ein paar Humpen Münchener, eine Zigarre zu 50, nach dem Mittagsschlaf Kaffee mit Brot und Schinken, abends kalte Küche. Zum Schluss eine Schlafmütze, so wie der Michel bis heute hatte. Frdl. Gruss.' Von einem weiteren Wähler wurde ein ähnlicher Zettel nur mit etwas gemildertem Begehren abgegeben.*
Brühlhof. 24. Dez. Die Wanderervereinigung 'Möwe' veranstaltet am 2. Weihnachtstage im Ernst Jungschen Saale in Kirchen eine Weihnachtsfeier, die um ¼ 4 Uhr nachmittags beginnt. Freunde und Gönner des Vereins sind eingeladen.
Am 31. Dezember 1924, Mittwoch, schreibt die 'Betzdorfer Zeitung' über *(Das Meteor), von dem wir gestern berichteten, ist auch in Siegen beobachtet worden. Die 'Siegener Zeitung' schreibt darüber: Eine eigenartige Lichterscheinung zeigte sich dem nächtlichen Wanderer gestern Abend 11 Uhr 50 Minuten in Siegen. Die Hänge des Fischbacherberges erstrahlten plötzlich während einiger Sekunden in blendend heller Beleuchtung. Dem Auge bot sich in fast senkrechter Höhe am Himmel ein prächtig silberfarbener Lichtbüschel und teilte sich wie eine Rakete, rötliche Feuergarben hinter sich her ziehend. Die Flugbahn erschien ungefähr parallel zur Erde von Süden nach Norden. Nach einigen 20 Sekunden hörte man in der Ferne ein langgezogenes, dumpfes Donnergrollen, ob in Verbindung mit der Lichterscheinung, konnte nicht genau festgestellt werden. Es wäre interessant, wenn anderweitige Beobachtungen mitgeteilt werden könnten. Auch in Gummersbach ist das Meteor beobachtet worden und wird von dort folgendes berichtet: Der Fall eines Meteorsteins ist Montagabend gegen 11.45 Uhr beobachtet worden. Während des Falles, dessen Spur man genau habe verfolgen können, sind verschiedene Stücke abgesprungen. Kurze Zeit danach, etwa 1½-2 Minuten später ist eine starke Detonation gehört worden.*
Blick auf Freusburg und Kirchen. Späte dreißiger Jahre.

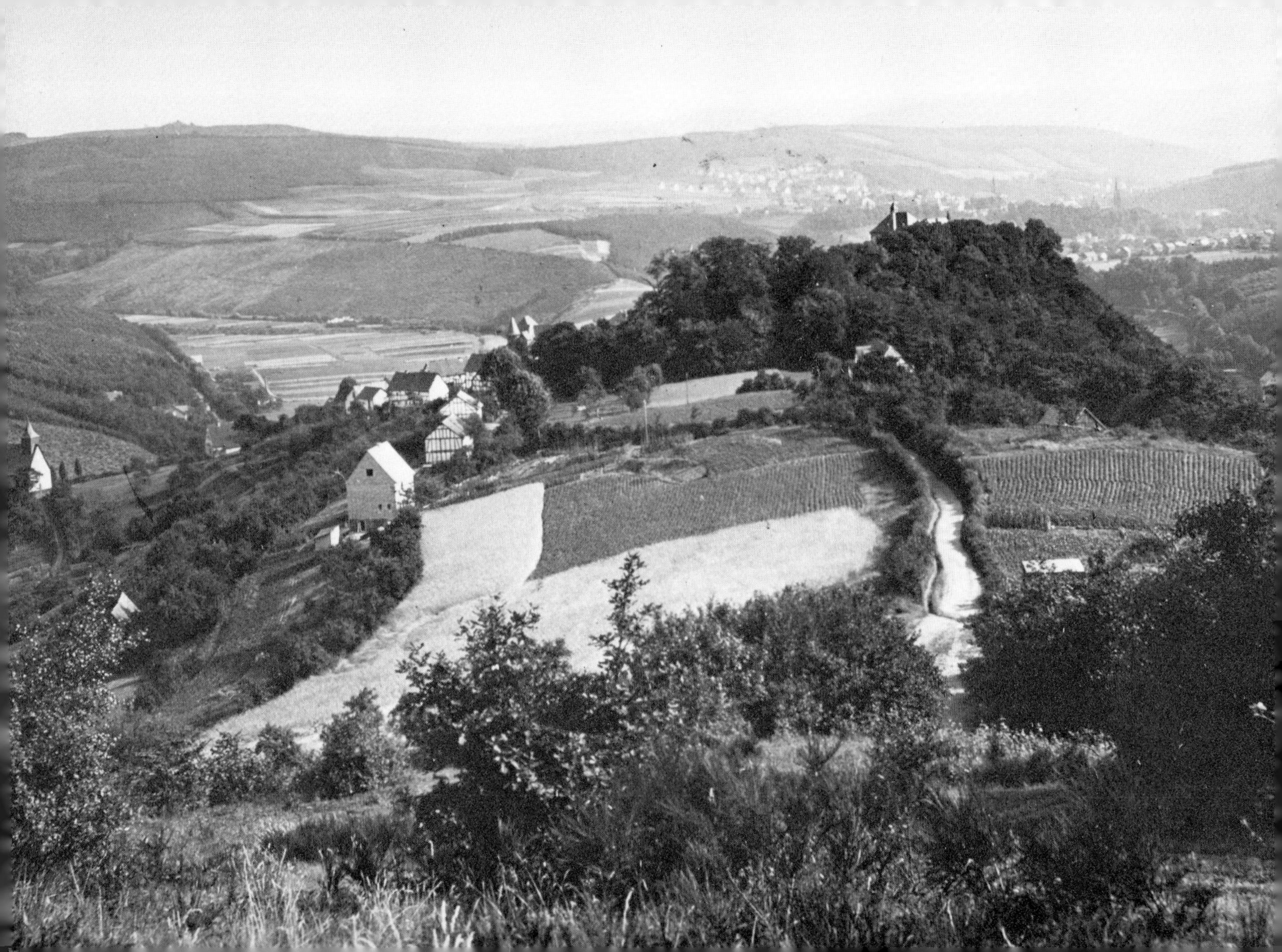

40. Unsere Aufnahme: eine Klasse der Höheren Töchterschule im Frühjahr 1931. Im Hintergrund links das Haus von 'Heissmangel-Pfeifers', ganz hinten die 'Heringsburg', von der es heißt, sie habe ihren Namen von den ehemals umwohnenden Leuten erhalten, die so arm gewesen seien, daß sie nur vom Hering hätten leben müssen.
Erste Reihe, von links: Anneliese Lang, Gisela Rauschenbusch, Gretel Hoffmann, unbekannt, Gertrud Ermert, Anneliese Utsch, Gretel Horn, Gudrun Steglitz (deren Vater Herbergsvater auf der Freusburg), Else Veith, Ursel Bracke, Anneliese Lohse, Liesel Lotz, Erika Krah und Elfriede Gurth.
Zweite Reihe, von links: Emmy Semmelroth, Fräulein Lange, Hilde Müller, Marie Schmidt, Edith Kunze, Fräulein Lohmann, Helga Rauschenbusch, Hilde Haubrich, Gertrud Seekatz und Fräulein Fischer.
Dritte Reihe, von links: Lisa Siebel, Hildegard Kraemer, Ilse Bohn, Irmgard Rauschenbusch, Emmeliese Bender, Hilde Lake, Maria Melchers, Gretel Kinz, Liselotte Söhngen, Wilh. Benner, Henny Fritz, Lieselotte Frübing und Gisela Utsch.
In der 'Betzdorfer Zeitung' vom 5. Januar 1925, Montag, findet sich im Zusammenhang mit neuen Hochwasserschäden noch manch erstaunliches Phänomen verzeichnet: *Keller und Ställe der Kolonie Betzdorf waren mit ganzen Schwärmen kleiner Fische angefüllt, die den Hausbewohnern die Grundbegriffe eines Aquariums à la Hermann Löns veranschaulichten... Bei Scheuerfeld brachen die Wassersgewalten einen starken Schutzdamm, der die Felder in der Muhl vor Ueberflutung schützen sollte. Die durch Ortsschelle alarmierten Einwohner schufen dann den bereits vordringenden Wassermassen freien Abzug...*
Kirchen. 4. Jan. Durch das Hochwasser sind die Anwohner der Austrasse wieder von allen Strassen abgeschnitten, so dass vom Samstag nachmittag ab nur mit Nachen an die Häuser herangekommen werden konnte. Wenn diese Ueberschwemmungen so rasch aufeinanderfolgen, sollte doch einmal ernstlich erwogen werden, ob sich diese nicht durch Anbringung eines Dammes an der Sieg vermeiden lassen. Es ist nämlich nicht genug damit, wenn das Wasser wieder abgezogen ist, denn der Schaden, der durch dasselbe den Häusern zugefügt wird, ist fast unberechenbar, weil durch das Wasser die Wohnungen feucht und gesundheitsschädlich werden. Auch die Gärten werden ruiniert und die Kornsaat vernichtet. Kaum sind die Felder von dem Geröll und Steinen der letzten Flut gesäubert, hinterlässt die jetzige die gleichen Spuren. Einen schönen, wenn auch traurigen Anblick bot am Sonntag morgen das Siegtal mit dem Brühlhof. Als das Morgenrot im Osten erschien, sandte die blasse Sonne ihre Strahlen über den See bis hinauf zum 'roten Hahn' und tauchte alle Häuser in ein mattes Rot; nur die weissen Linien der Steinhäuser zeigten die einzelnen Stockwerke an. Der Sturm fegte dieses schöne Bild bald wieder fort und es dauerte nicht lange, da prasselte der Regen wieder an die Fensterscheiben und machte die Hoffnung auf Besserung zunichte.

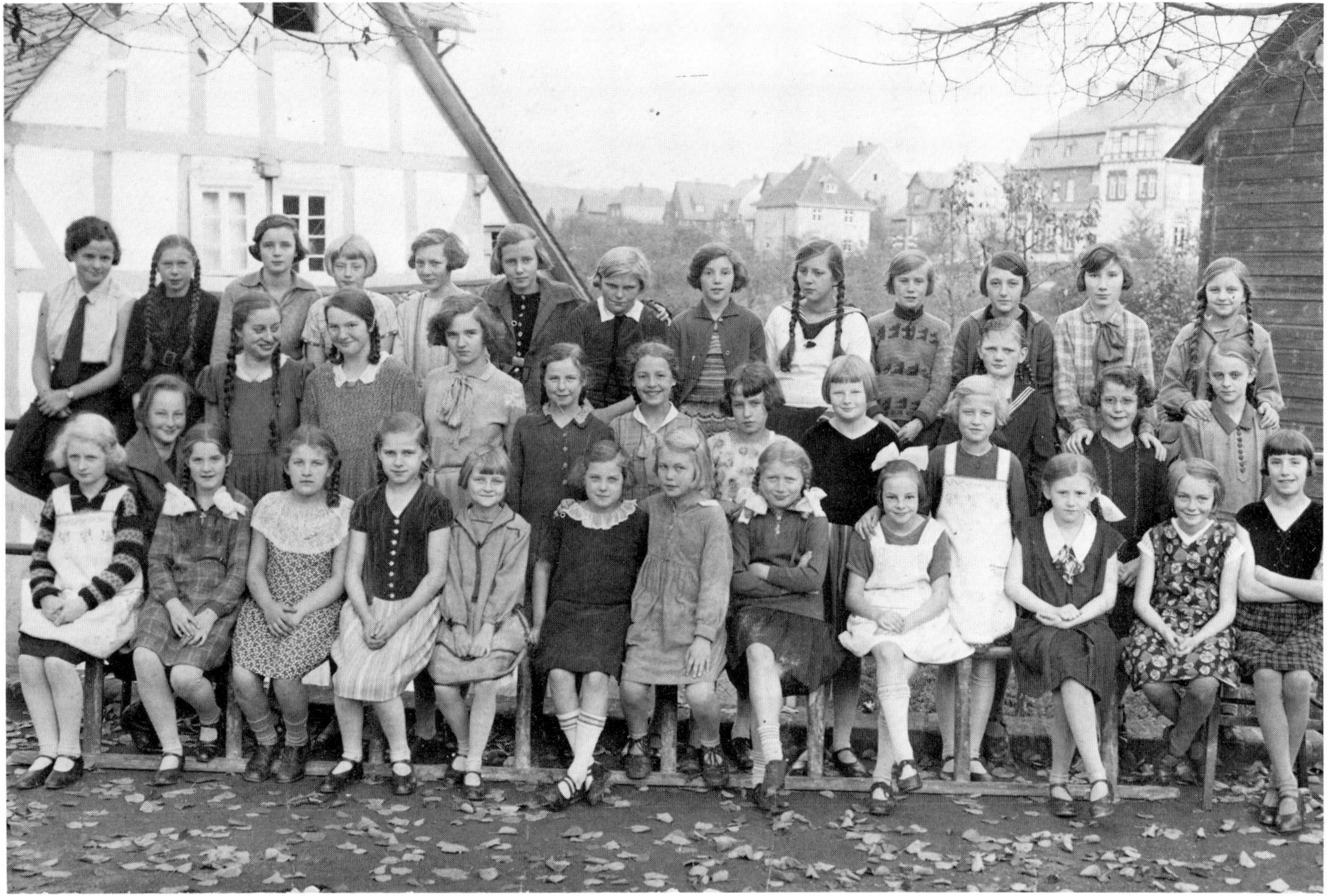

41. Unsere Aufnahme zeigt die Vorturnerschaft des Turnvereins Kirchen im Jahre 1910 vor dem Eingang zur Sigambria.
Sitzend von links nach rechts: Robert Kohlhaas, Gustav Strunk (1. Vorsitzender 1908-1934) und Emil Gliss. Zweite Reihe, dritter von links Turnwart Acher und sechster von links Eduard Panthel. Dritte Reihe, erster von links Otto Hege. (Siehe auch Kirchen, Band 1, Seite 41, und Kirchen, Band 2, Seite 51 mit den Vorturnerschaften der Jahre 1901 und 1905.)
Die 'Betzdorfer Zeitung' beginnt in ihrer Ausgabe vom 12. November 1925, Donnerstag, mit einem Vorbericht von dem Prozeß Quirbach vor dem Schwurgericht Neuwied: *...Die Feststellung der Personalien ergibt: Carl Quirbach, 35 Jahre alt, verheiratet, Kaufmann in Betzdorf. Auf die Frage des Vorsitzenden, ob schon vorbestraft und weswegen, erklärt Quirbach, keine Ursache zu haben, dies zu sagen. Vom Vorsitzenden wird daraufhin aus dem Strafregister verlesen, dass Quirbach am 4. März 1912 vom Schwurgericht in Bonn wegen Strassenraubs zu 1 Jahr 6 Monaten Gefängnis verurteilt worden ist. Der Angeklagte befindet sich seit 29. September 1924 in Untersuchungshaft... Bezüglich des unter 'Eingesandt' veröffentlichten Pamphlets in der Volkszeitung bekennt Quirbach sich voll und ganz zu den darin gegen das Amtsgericht in Kirchen gerichteten Beschuldigungen. Es würde hier zu weit führen und wäre auch verfehlt, den Prozess hier auch in Auszügen noch einmal aufzurollen. Am Fünften Verhandlungstage wird Amtsgerichtsrat Hoehl vernommen und erklärt zunächst, dass er dem Zeugen Baerwolf gegenüber sich über den Ankauf der Sigambria dahingehend geäussert habe, dass diese schöne Einrichtung für Kirchen verloren gehe. Er weist aber die Verdrehungen und Entstellungen Quirbachs entschieden zurück. Auch von einer Klique, die sich gegen Quirbach gestellt und ein Intriguenspiel betrieben habe, demselben den Kauf der Sigambria unmöglich zu machen, sei ihm nie etwas bekannt geworden. Gleichwohl sei das Gerücht im Umlaufe geblieben, der Angeklagte solle eine halbe Million Mark aus Reichsmitteln erhalten. Auf den Strassen hätten die Leute gestanden und auch in den Wirtschaften bis spät in die Nacht über die Vorwürfe Quirbachs debattiert. Zwischenruf Quirbach:* 'Kaputt machen wollt ihr mich im Gefängnis!'

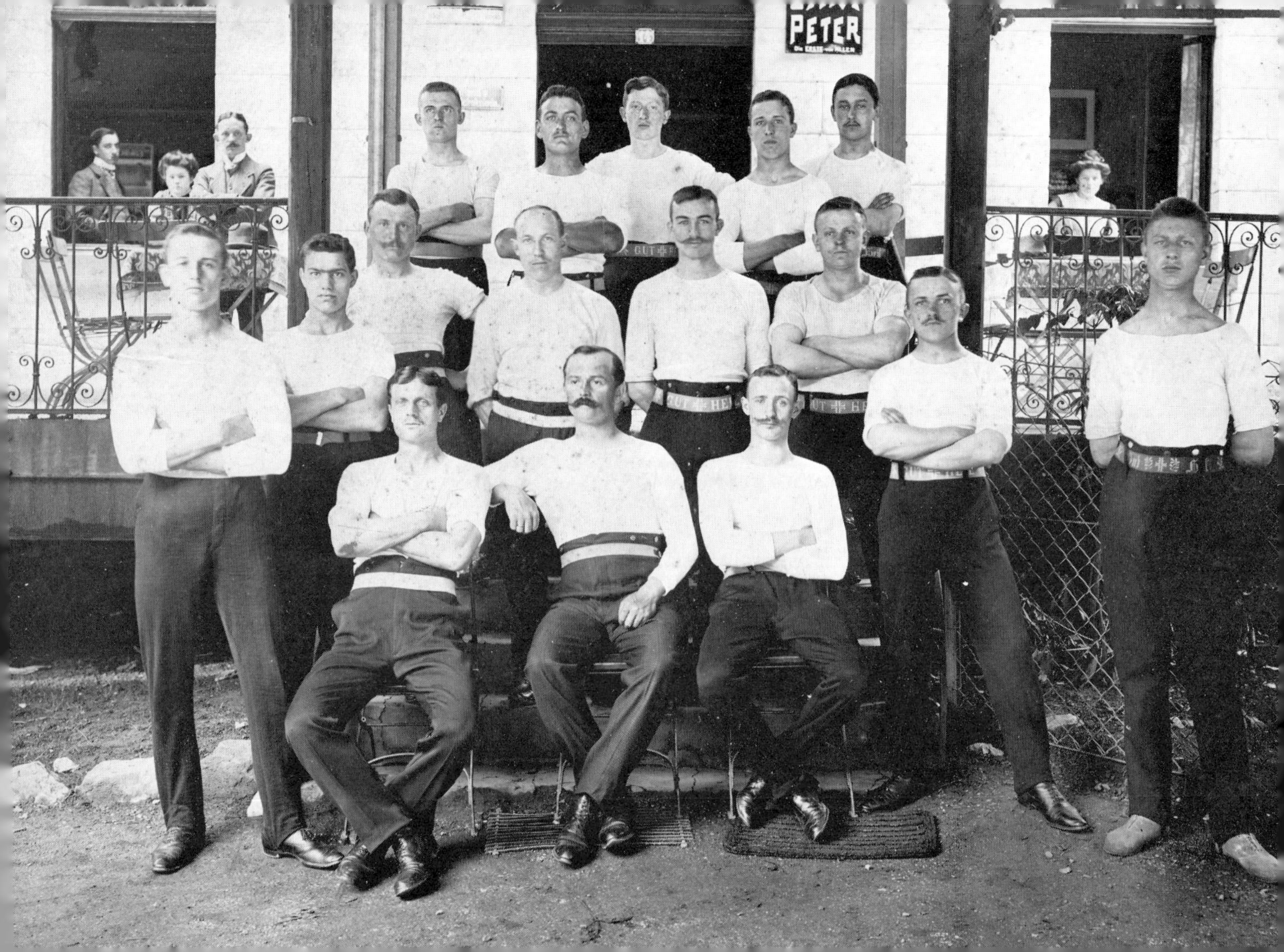
PETER

42. Eine weitere schöne Aufnahme des Turnvereins Jahn Kirchen zeigt denselben anläßlich einer Ausflugsfahrt vor dem Torgebäude des Schlosses Crottorf. Amateurfotograf Robert Kalleicher hat die Aktiven hier für die Heimatgeschichte bildlich festgehalten, wenngleich es dem Verfasser nicht gelungen ist, alle der dargestellten Personen namentlich zu ermitteln.
Vordere Reihe, dritter von links August Schaumann und erster von rechts Otto Wolf. Hintere Reihe, zweiter von links Fritz Becher, sechster von links Emil Gliss, siebter von links Wilhelm Christ, zehnter von links Gustav Strunk und am Tor links oben Heinrich Schäfer.
Die 'Betzdorfer Zeitung' meldet am 2. April 1925, Donnerstag, in Buchenhof bei Wehbach ein Schadenfeuer: *Kurz nach 3 Uhr wurden heute morgen Buchenhofs Einwohner durch anhaltendes Hupen eines Personenautos aus dem Schlafe geweckt. Ein zur Frühschicht gehender Arbeiter hatte in der Werkstatt des Herrn Klemm unterhalb der Brauerei Feuer bemerkt und schnellgefasst durch solche Ruhestörung auf die Brandgefahr aufmerksam gemacht. Die sofort herbeigerufene Wehbacher Feuerwehr bekämpfte den Brand mit aller Energie, musste sich aber bald auf den Schutz des anliegenden Wohnhauses beschränken, da das Feuer in der Werkstatt schon längere Zeit geschwelt haben muss und infolgedessen zu stark um sich gegriffen hatte. Es fielen ihm sämtliche Werkzeuge, Maschinen und Vorräte zum Opfer...*
Daß man schon vor 60 Jahren einen Begriff vom Naturschutz hatte, beweist uns eine Meldung vom 11. April 1925, in der es heißt: *(Schont die Hecken!) Wie in jedem Frühjahre so kann man auch diesmal die Beobachtung machen, dass an Wegen und Bächen die Hecken und Sträucher abgehauen werden. Durch diese unverständliche Massnahme wird die Landschaft nicht nur einer prachtvollen Zierde beraubt und dadurch kahl und öde gemacht, sondern auch, was noch wichtiger ist, die kleinen Singvögel ihrer Nistplätze beraubt. Bei ihrer Wiederkehr finden sie ihre alten Plätze nicht mehr und verlassen die Gegend. So oft ist schon darauf hin gewiesen worden, und doch hilfts nichts. Ja, was das Schlimmste ist, das Abhauen der Hecken geschieht mancherorts auf Anordnung der Gemeindebehörden.*
Bei der Reichspräsidentenwahl entfallen aus der Bürgermeisterei Kirchen auf den gewählten Hindenburg 2 616 Stimmen, auf Marx 6 157 Stimmen und auf Thälmann 88 Stimmen. Die 'Betzdorfer Zeitung' feiert den Erfolg des Haudegens von Tannenberg am 27. April 1925 mit der Überschrift: 'Sieg! Fahnen heraus! Heil unserem Reichspräsidenten Hindenburg!'

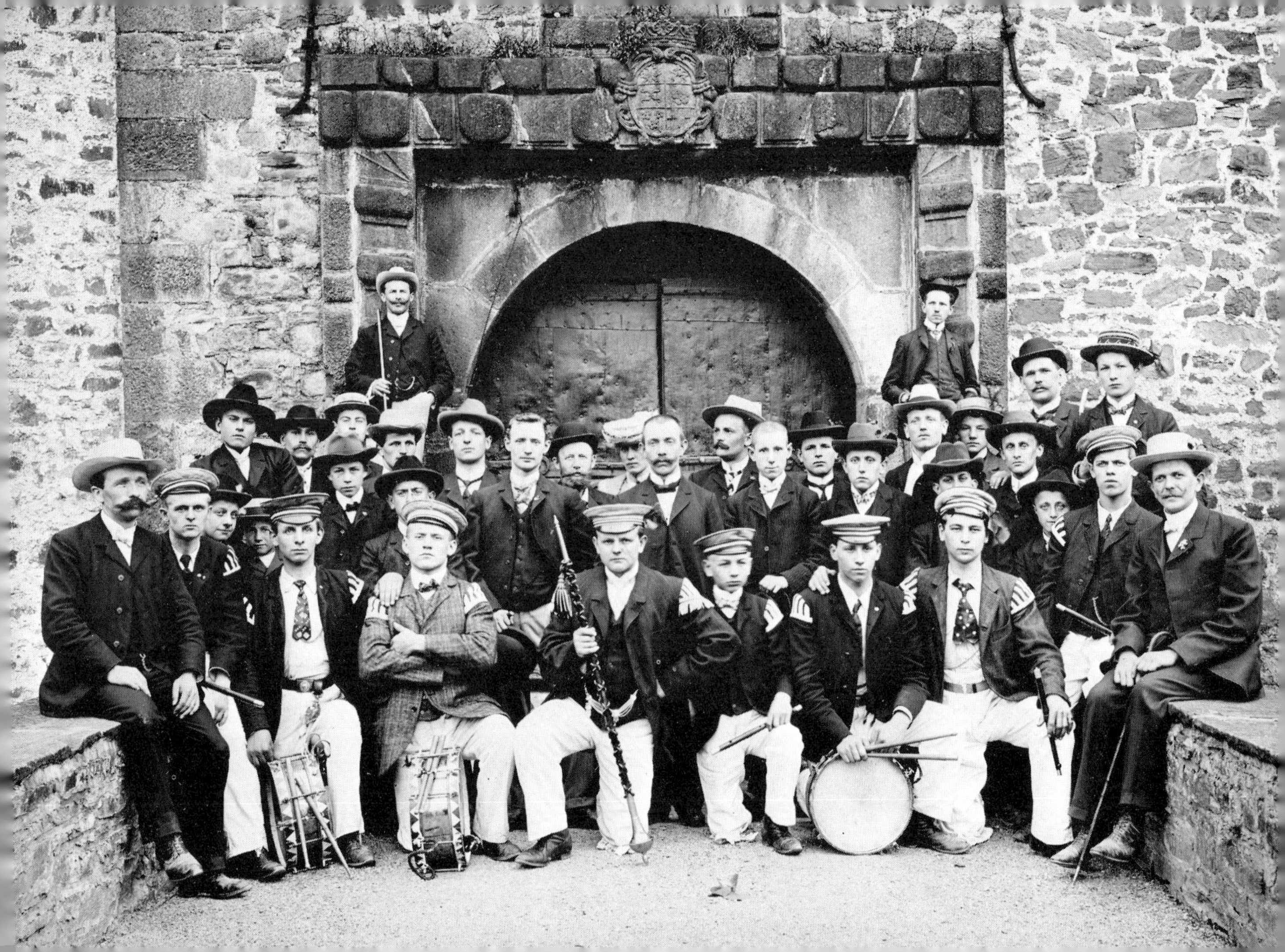

43. Die Aufnahme oben links entstand um das Jahr 1927 auf der Viehweide auf dem Riegel oberhalb des Obstbaumgartens von Hintze. Sie zeigt den Kutscher der Familie, Pezinna aus Ostpreußen, der zuvor schon Lakai bei den Siebels war. Der kuhmelkende Knabe ist Albert Rothenpieler, der sich hier ein paar Groschen verdiente, bevor er für Viehhändler Moses die Ochsen zum Metzger trieb.

Die Aufnahme oben rechts zeigt uns Postzusteller Walter Semmelrogge bei der Briefkastenleerung.

Das Bild unten links entstand am 10. September 1926 bei dem Besuch des Bischofs Bornewasser vor dem Hause von Baumeister Quast an der unteren Lindenstraße.

Rechts unten die Einführung des neuen katholischen Seelsorgers, Pfarrer Schunk, am 31. März 1925.

Hierzu meldet die 'Betzdorfer Zeitung': *Der 31. März war für die Pfarrgemeinde Kirchen ein aussergewöhnlich grosser Freudentag. Die schöne Ausschmückung der Lindenstrasse und die Ehrenpforten waren Ausdrücke der Dankbarkeit und des Willkommens, den die Pfarrkinder ihrem zu erwartenden Seelsorger entgegenbringen wollten. Böllerschüsse meldeten die Ankunft desselben an, und nach kurzer Zeit entstieg der Limousine, von Betzdorf kommend, Ehrendomherr Dechant Eberhardy, Pfr. Schunk und Pfr. Finkler. Bei Eintritt in die Prozession wurde der neue Pastor durch ein Gedicht, welches ein Schulmädchen sehr schön zum Vortrag brachte, begrüsst. In der Pfarrkirche angekommen, betrat, nachdem Pfr. Schunk das Glaubenbekenntnis abgelegt und die kirchlichen Zeremonien beendigt waren, Dechant Eberhardy die Kanzel, um in beredten Worten die Einführungszeremonien zu erklären... Was der neue Pastor sich von seinen Pfarrkindern hoffe, das sei: Die Kinder sollten seine Freude sein, die Jugend solle ihm nicht zu grosse Sorge machen, die Frauen sollen seine Stütze und die Männer sein Stolz sein... Eine grosse Anzahl geistlicher Herren, auch der hochw. Abt von Marienstatt wohnten dem Gottesdienste bei. Eine aussergewöhnlich imposante Festversammlung fand am Abend in der grossen Turnhalle statt... Stunden vorher schon eilten von den Ortschaften Besucher herbei, um sich ein Plätzchen zu sichern. Aber alle konnte der geräumige Saal nicht aufnehmen...*

Der Bericht schließt mit den Worten 'Auf viele, viele Jahre!' aber bereits vier Monate später war der neue Seelsorger tot.

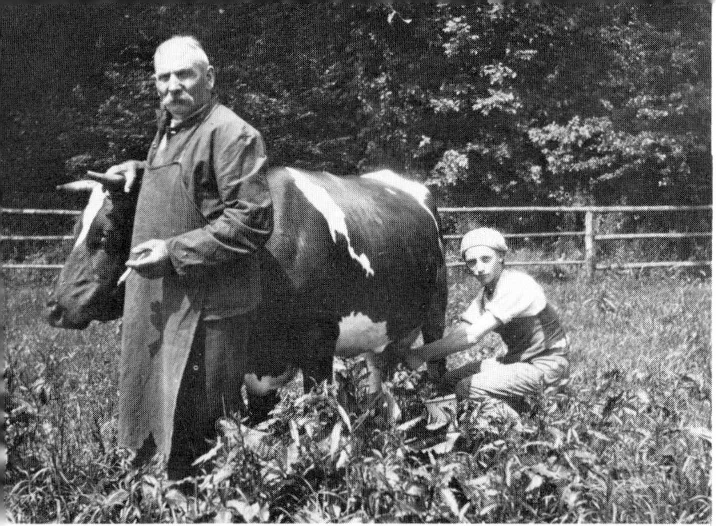
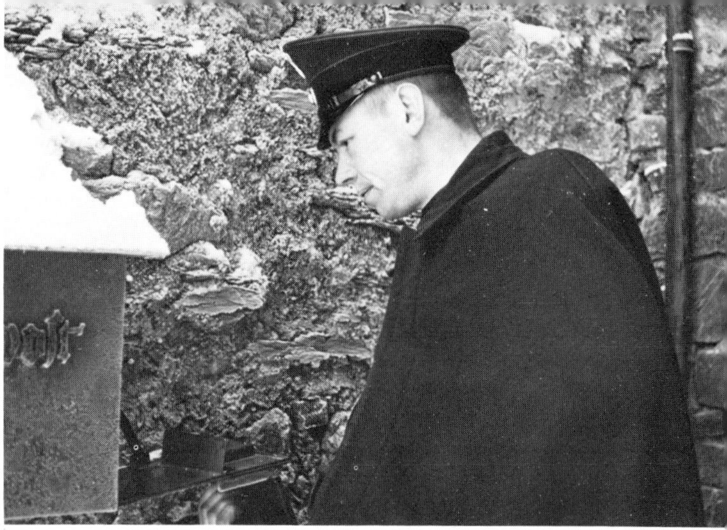
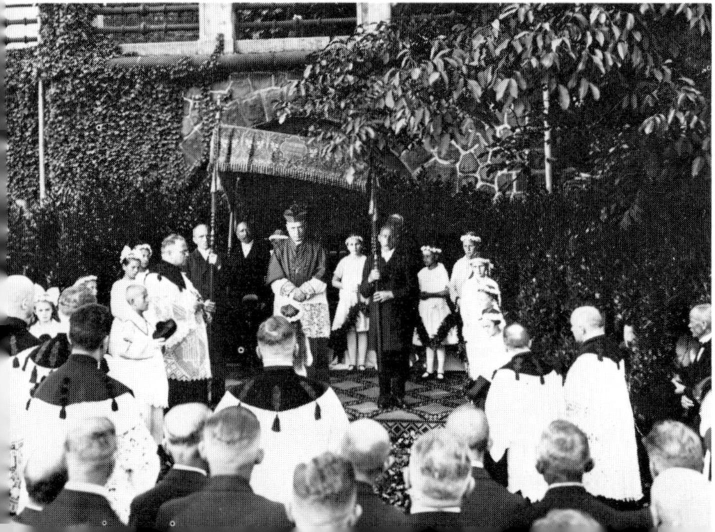
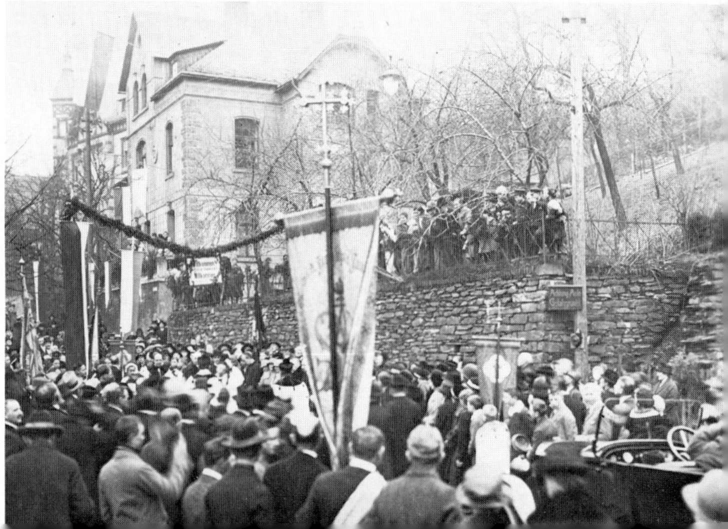

44. Unsere Aufnahme zeigt den Kegelclub Kirchen bei dem Haus Gustav Schneider, erbaut 1907/09. Links auf dem Faß Heinrich Schneider, rechts auf dem Faß Julius Moses und ganz hinten rechts Heinrich Weber. Zweite Reihe vierter von links Gendarm Nicklaus, Daniel Vetter, Karl Bender, unbekannt, Otto Wolf und Karl Krall. Hinten links Gustav Schneider.

Am Freitag, den 20. November 1925, bringt die 'Betzdorfer Zeitung' das Urteil im 'Quirbach-Prozess', wo am sechsten Verhandlungstag, dem 17. November, das Urteil gesprochen wurde; Herausgeber E.A. Böckelmann bringt in seiner Beurteilung zum Ausdruck: *Das Urteil ist gesprochen! und es ist so ausgefallen, wie es gar nicht anders ausfallen konnte für jeden, der sich des rechten Denkens erfreut. Quirbach wurde zu 4 Jahren Zuchthaus verurteilt, Reichsbankrat Hilpmann zu 3 Jahren Gefängnis, Fuchs und Dr. Althoff, Vorstandsmitglieder der Siegblätter, zu 6 Monat Gefängnis... Der unerhörte Angriff auf die drei Amtsgerichtsräte Hoehl, Dr. Schlüter und Flach hätte für jeden Zeitungsmann die grössten Bedenken erregt, wir glauben unterstellen zu dürfen, dass es niemanden im Bereiche der deutschen Zeitungswelt gegeben hätte, der nicht erkannt haben würde, welche Ungeheuerlichkeiten, welche geradezu frivolen Anschuldigungen darin enthalten waren. Die Herren Fuchs und Althoff aber waren so harmlos, alles zu glauben und, wie sie zu ihrer Rechtfertigung vor Gericht bekundeten, 'wahrhaft entsetzt' über solche 'Rechtsbeugungen' durch alle Richter eines Amtsgerichts und gingen hin und veröffentlichten den Artikel schnell und mit aller Eile... Mit einer sogenannten Klique, das hat die Gerichtsverhandlung erwiesen, hat die Angelegenheit Quirbach nichts zu tun. Auch mit einem konfessionellen Hintergrunde von dem der zu 200 Mark Geldstrafe verurteilte Redakteur Niggemann sprach, ist es nichts – zwei der Amtsrichter sind katholisch – bleibt mithin nur übrig, dass sie von Quirbach, Fuchs und Althoff so aufgezogen werden sollte und wie weit ihnen dies gelungen ist, zeigt der Vorfall, dass heute nacht das Geschäftslokal der Betzdorfer Zeitung an der Bahnhofstrasse, nachdem dort das Urteil des Schwurgerichts um 10 Uhr abends ausgehängt worden war, mit roter Oelfarbe über und über besudelt worden ist... Wie kommt es nun, dass gegen die Betzdorfer Zeitung so etwas geschah? ... Auswärtige äusserten, wie erschrocken sie sind über ein solches Ausmass der Verhetzung, das man gar nicht für möglich gehalten hat...*

Unserem allverehrten Kegelbruder
Riemen-Ingenieur
Fritz Müller
zur frdl. Erinnerung.
Kegelclub „Kirchen"

45. Carl Lohse (links im Bild) und seine Frau kamen mit einem Handwägelchen, darauf ihre ganze Habe verstaut war, nach Kirchen und entdeckten im Wiesengrund oberhalb des Klotzbachtales die wärmste Stelle des Dorfes, wo sie im Jahre 1885 eine Baumschule mit Gartenbaubetrieb gründeten. Um die Jahrhundertwende ist der einfallsreiche Unternehmer bereits ein 'gemachter Mann'. Rechts im Bild Bergassessor Walther Siebel, Rittmeister der Reserve und 1. Vorsitzender des Kriegervereins von 1913 bis 1917.

In der 'Betzdorfer Zeitung' vom 28. März 1925, Samstag, kommen im Rahmen einer Kirchener Gemeinderatssitzung am 24. März einige interessante Themen zur Sprache: *...2. Ein Antrag auf Anstellung eines Nachtwächters wird bis zur Etatberatung zurückgestellt... 4. Dem Kreuzwegbauverein wird auf seinen Antrag die Hälfte der Vergnügungssteuer erlassen... 6. Um den Anwohnern der Wiesen- und Hochstrasse Gelegenheit zum Bleichen zu geben, soll unter Aufhebung eines bestehenden Pachtverhältnisses, die beim Hochbehälter an der Hochstrasse belegene Gemeindewiese gegen eine jährliche Gebühr zum Bleichen zur Verfügung gestellt werden... 8. Ein Antrag der Gemeinde Betzdorf, die verlängerte Heinrich-Kraemer-Strasse bis zur Betzdorfer Gemeindegrenze auszubauen, wird vorläufig abgelehnt. Der Gemeinderat ist der Ansicht, dass es dringlicher ist, dass beide Gemeinden den von der Provinzialstrasse – in der Nähe des Gymnasiums – zum oberen Ortsteil Kirchen führenden Weg instandsetzen. Für den Spaziergängerverkehr genügt der Zustand des nicht ausgebauten Teiles der Heinrich-Kraemer-Strasse völlig...*

Daß während des Ersten Weltkrieges russische Kriegsgefangene vorübergehend in den Kirchener Wäldern zur Arbeit herangezogen wurden, habe ich bereits in Kirchen, Band 1, Seite 72, berichtet. Dazu findet sich eine Meldung in der 'Betzdorfer Zeitung' vom 20. November 1925: *Herdorf. Im Jahre 1919 heiratete eine hiesige Einwohnerin einen russischen Kriegsgefangenen, der auf einer Grube als Bergmann tätig war. Die beiden lebten etwa 3 Jahre in glücklicher und zufriedener Ehe, aus der ein Kind entspross. Plötzlich bekam der Ehemann Heimweh und nach kurzem Entschluss reiste er in seine ehemalige Heimat (Ural) an, mit den teueren und heiligsten Versprechen, sobald wie möglich nach hier wieder zurückzukehren. Bis zur Stunde ist er noch nicht wieder zurückgekehrt und hat auch weiter noch kein Liebenszeichen von sich gegeben. Ob ihm ein Leid zugestossen ist oder er absichtlich nicht zu Weib und Kind zurückkehrt, ist nicht festzustellen.*

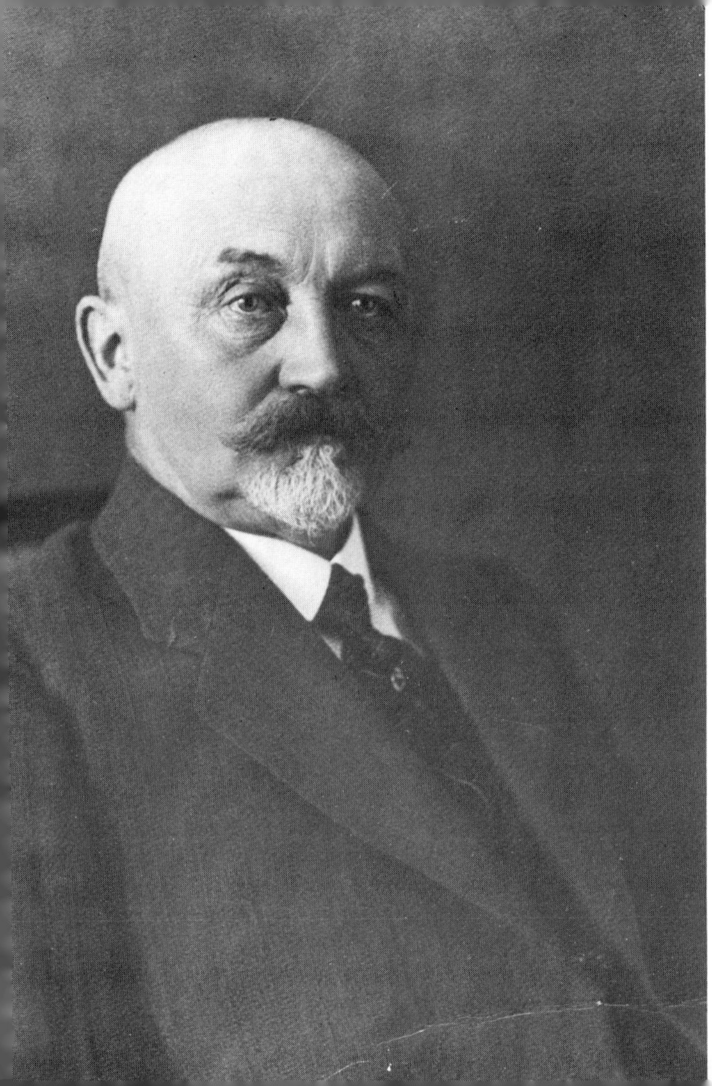

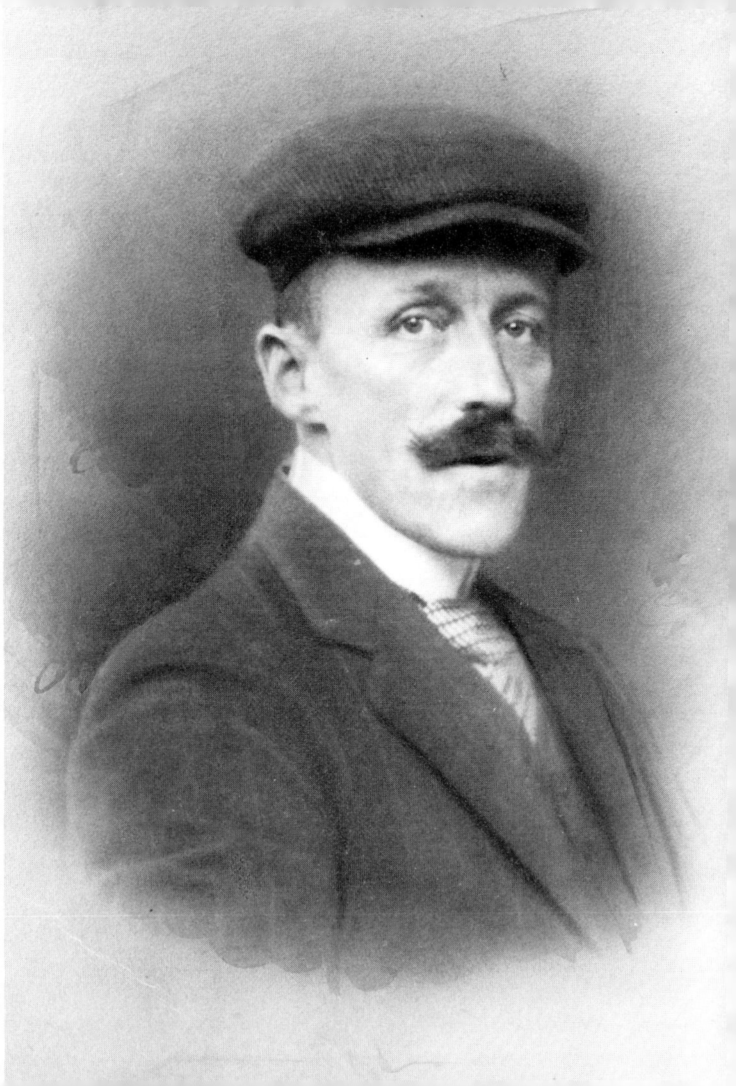

46. Ebenfalls in der Ausgabe vom 20. November findet sich Bericht aus Herdorf über eine Tierquälerei: *Vergangene Woche konnte man beobachten, wie ein Hund, dem eine alte Kaffeekanne an den Schwanz gebunden war, über die Strasse lief. Das Tier raste mit seiner Last mehrere hundert Meter weit bis es von einem Tierfreund aus seiner misslichen Lage befreit wurde. Es ist nicht das erste Mal, dass man derartige Tierquälerei beobachtet, aber es ist noch nicht gelungen, die Rohlinge zu ermitteln, damit sie der verdienten Strafe zugeführt werden können.*
Eine interessante Amtsgerichtssitzung hatte am 29. September 1925 in Kirchen stattgefunden: *Statt zur Arbeit, wurde die kaum aus der Schule entlassene Tochter der Eheleute Aug. Kl. von ihrer Stiefmutter, der Ehefrau Aug. Kl. aus Betzdorf, zum Betteln und Stehlen angehalten. In verschiedenen Dörfern der Umgebung Betzdorfs wurde das Kind bettelnd angetroffen. Als sich mitleidige Nachbarn des Kindes annahmen und der Polizei Mitteilung machten über fortgesetzte Kohlendiebstähle, die das Mädchen auf dem Freiladegeleis in Betzdorf ausgeführt hatte, wurde den Eltern das Erziehungsrecht entzogen... Das Gericht sah in dem Kohlendiebstahl, da die Kohlen nur zum täglichen Gebrauch dienten, nur Mundraub. Wegen Verleitung zum Mundraub wurde gegen die angklagte Ehefrau Kl. auf eine Strafe von 50 M. erkannt, an Stelle von nicht gezahlten 5 M. soll ein Tag Gefängnis treten. – Falsche Zehnbillionenscheine waren im April d. Js. in Niederfischbach im Umlauf. Die Scheine waren sehr täuschend nachgemacht, und von echten kaum zu unterscheiden. Auch in dem Geschäft des Metzgermeisters B. waren diese Scheine als Zahlung gegeben worden. Der Genannte war beschuldigt, die als falsch erkannten Scheine wieder in den Verkehr gebracht zu haben. B. war wegen Vergehens gegen das Münzgesetz angeklagt, wurde jedoch freigesprochen, da ihm nicht mit Bestimmtheit nachgewiesen werden konnte, dass er die Scheine als falsch erkannt hatte.*
In der 'Betzdorfer Zeitung' vom 4. Januar 1926, gibt es wieder Grund, über die Schäden des Hochwassers zu klagen: *Brühlhof. 3. Jan. ...So stand das Wasser auf der Au über einen Meter hoch in den Häusern und bildete von der Siegener Strasse bis zur Mühlenhardt eine See von über 400 Meter Flächenbreite. Den notwendigsten Verkehr vermittelten zwei Boote, die nebst Bemannung von der Behörde zur Verfügung gestellt waren... Man kann nicht umhin, der Strombauverwaltung einen Vorwurf zu machen, da sie es nicht verhinderte, dass ein Bogen der Siegbrücke bei Henrich zugebaut wurde. Auch der Fussgängerweg zur Freusburgermühle ist unsachgemäss angelegt...*
Unser Bild: Um die Jahrhundertwende standen noch acht Pferde im Stall der vorgenannten Mühle. (Aufnahme Rohde.)

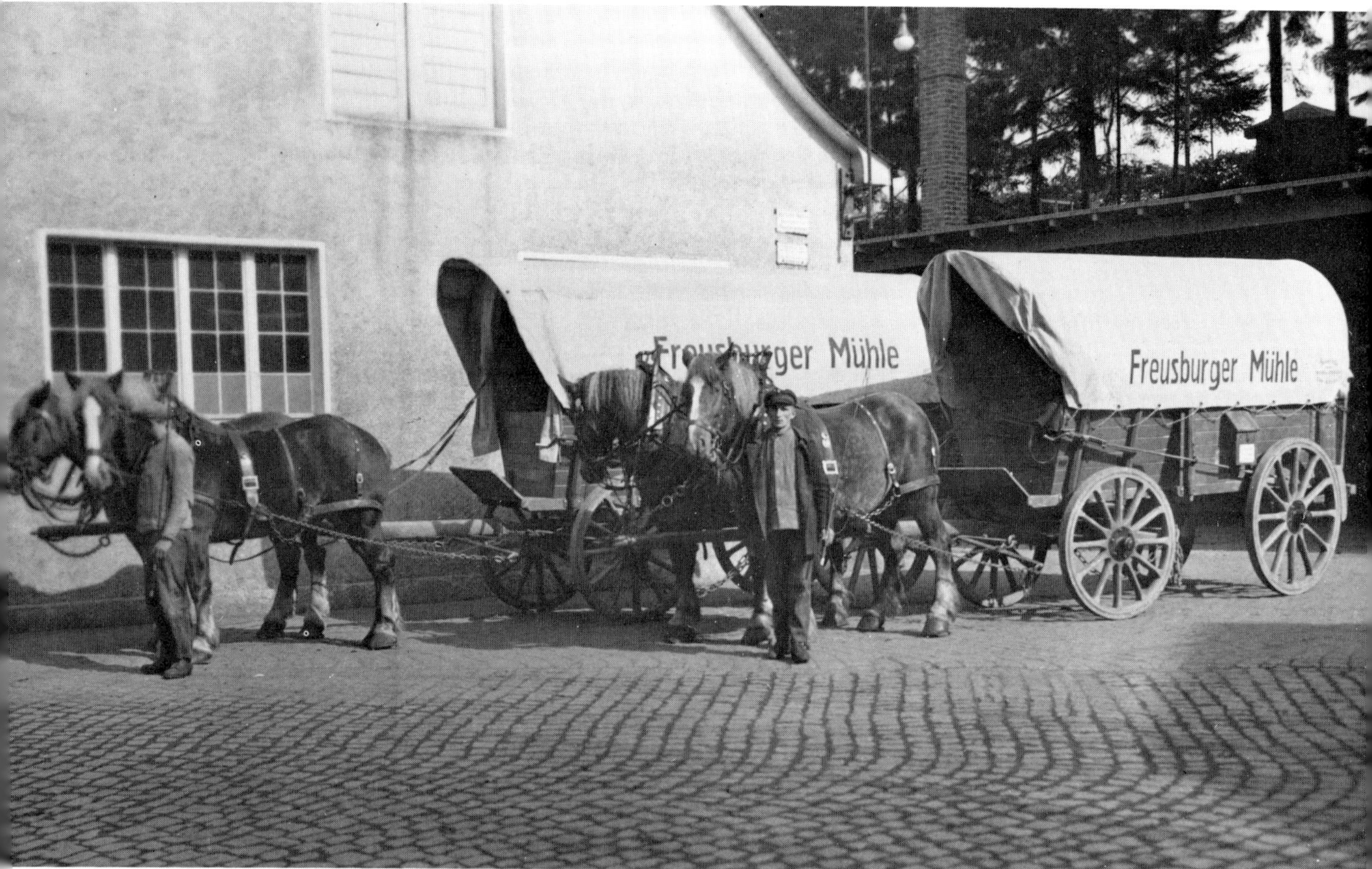
Freusburger Mühle
Freusburger Mühle

47. Unser Bild: Winterfreuden am Freusburger Burgberg. (Aufnahme W. Semmelrogge Ende der dreißiger Jahre.) Von einem schönen Weihnachtsbrauch berichtet die 'Betzdorfer Zeitung' in ihrer Ausgabe vom 28. Dezember 1925: *Biersdorf, 27. Dez. (Das Tellertragen an Weihnachten.) Eine schöne alte Sitte ist hier wieder lebendig geworden, die in der Not des Krieges zuletzt schon verschwunden schien. Am Tage vor Weihnachten, nachmittags um 4 Uhr, läutet das Glöcklein auf der alten Schule gewissermassen Weihnachten ein. Mit dem ersten Ertönen der Glocke beginnt dann ein lustiges Leben auf der Strasse. Aus allen Häusern sieht man schon festlich geputzte Kinder herauskommen mit grossen Tellern in der Hand, meist in ein Tuch eingebunden. Wer diesen Kindern ins Gesicht schaut, wird von ihrer fröhlichen Stimmung angesteckt. Sie wollen den Weihnachtsteller zum Paten, zur Gote, zu Onkel oder Tante oder auch zu den Grosseltern tragen, um sich vom Christkindchen etwas recht Schönes bescheren zu lassen. Die Kinder wünschen recht frohe Weihnachten und geben den Teller ab, um ihn sich am nächsten Morgen voller Gaben wieder abzuholen. Wer sich eine besondere Freude machen will, der mag dann am ersten Weihnachtsmorgen auf die Strasse gehen, um die hin und her eilende Kinderschar zu beobachten. Allenthalben fröhliche Gesichter, auch in diesem so schlimmen Jahr! In diesem Jahre hatte der Himmel ein Einsehen und hat den Kleinen auf diesem für sie so wichtigen Gange schönes trocken-kaltes Wetter beschert bei verhältnismässig angenehmer Temperatur. Wenn das Wetter es einmal weniger gut meint, gibt es auch manch kleinen Unfall auf diesem Wege zum Christkindchen. Wie mancher Teller ist schon zerbrochen, wenn das Kind auf dem Glatteis zu Fall kam! Doch an diesem Tage ist die Mutter nicht so strenge, und die Tränen, die es dann gibt, sind rasch wieder getrocknet. Reges Leben herrschte auf der Strasse Biersdorf-Daaden, da die Bewohner dieser beiden Ortschaften vielfach verwandt sind. In Daaden wird das Tellertragen sogar von allen gilt, wer will es den Kleinen verdenken, dass zunächst wenigstens am Tage vor Weihnachten das Tellertragen für sie Hauptsache ist!... Die Haubergsgesellschaft hat das Ihre getan, jedem Kinde auch in diesem schlimmen Jahre einen Lichterbaum zu verschaffen, indem sie das Schlagen eines Weihnachtsbaumes schon gegen eine Gebühr von 20 Pfennigen gestattete, so dass selbst der arbeitslose Familienvater in der Lage war, sich auf rechtmässige Weise ein Weihnachtsbäumchen zu verschaffen.*

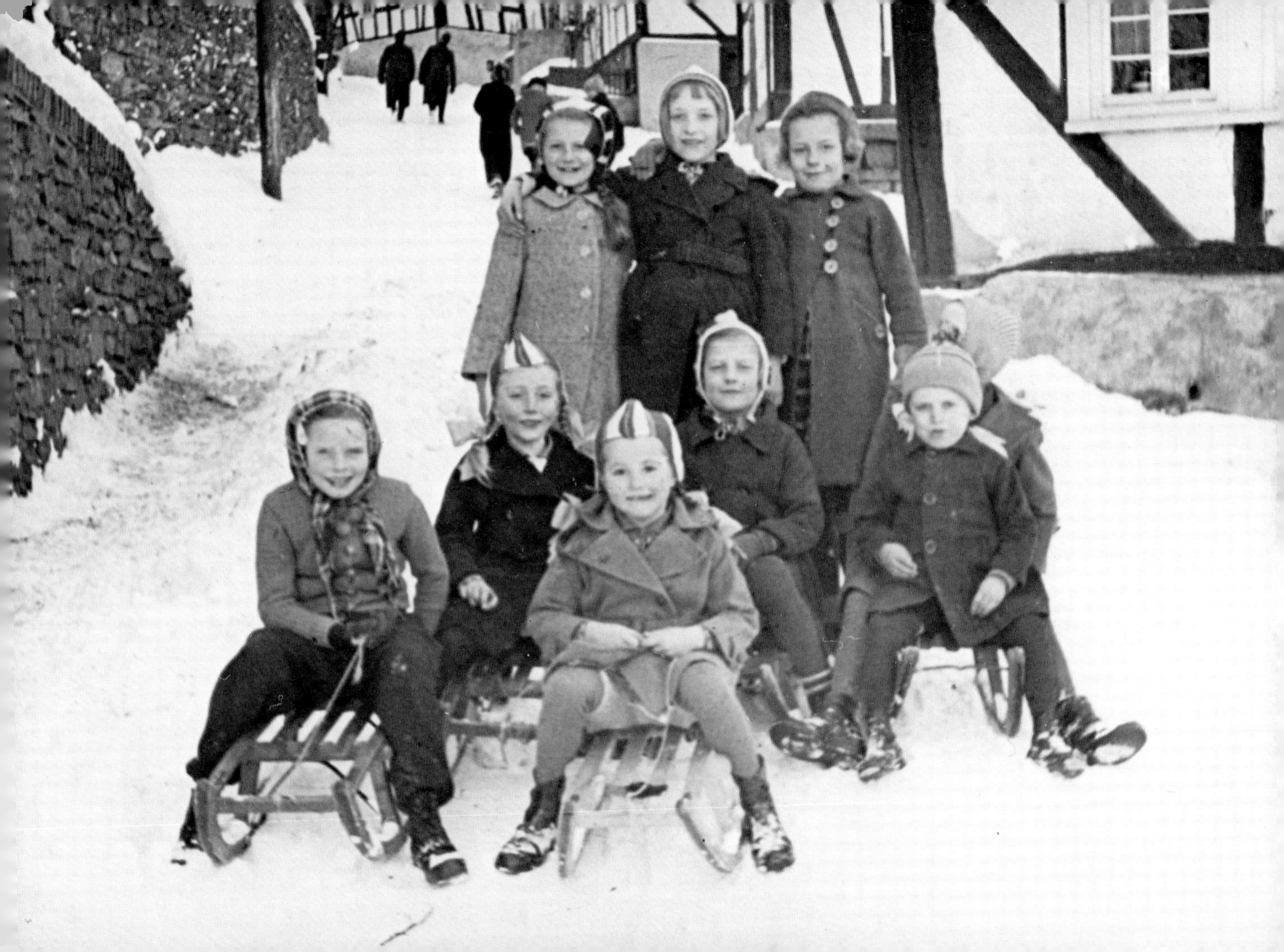

48. Die 'Betzdorfer Zeitung' berichtet am 7. Juni 1926 von dem Sänger-Bundesfest in Freusburg: *Freusburg, 6. Juni. Wohl selten hat man bei uns so wie die letzten Tage hindurch die Wetterberichte gelesen und zitiert, wohl selten so den Lauf der Wolken und des Windes verfolgt, gehofft und gezweifelt. So zeigte sich denn der Wettergott am Samstag abend zur Einleitung des Sänger-Bundesfestes gnädig und beglückte mit einem schönen, wenn auch kühlen Juniabend. – Der Samstag war hauptsächlich dem fünfundsiebzigsten Geburtstage des M.-G.-V. Eintracht (unser Bild), der dieses gewiss seltene Jubiläum mit dem Fest verbinden konnte, geweiht... Ein recht stattlicher Festzug unter Vorantritt der für die Tage verpflichteten Wehbacher Feuerwehrkapelle bewegte sich zu den am Turnierplatz aufgeschlagenen Zelten. Die Zugangstrassen und der Festplatz selbst waren unter den rührigen Händen der Freusburger wie gewandelt. Ehrenpforten mit den üblichen Sprüchen bewillkommneten die Teilnehmer, schmuckes Tannengrün säumte die Wege, wehende Fahnen und Wimpeln grüssten von Dächern und Giebeln. Nach einem von der Wehbacher Feuerwehrkapelle vorgetragenen schneidigen Marsch, hörte die Festversammlung die Ansprache des 1. Vorsitzenden Hartmann des festgebenden Vereins... Der greise Dirigent der Freusburger Sänger, Hauptlehrer Weyel, der den M.-G.-V. Eintracht ein halbes Menschenalter hindurch geführt hat, sprach in herzlichen Worten von den Zeiten des Aufschwungs und der Krisen, die gleicherweise aber auch zum Segen gereicht und Dirigent wie Sänger näher zusammengebracht hätten... so wickelte sich das Programm in bester Weise ab und fröhliche Zwiesprache hielt alle Festgäste noch recht einträchtig beisammen. – Wer hätte am Schluss dieses Abends bei dem sternklaren Himmel geglaubt, dass der Hauptfesttag ganz zu Wasser werden soll. Dichte Nebelschwaden verdeckten schon am Sonntag morgen die Sonne und ein feiner Regen ging nieder, der aber bald wieder nachliess. Doch blieb den ganzen Vormittag das Wetter zweifelhaft, so dass man nur mit Schirm und Regenmantel ausgerüstet den Weg nach Freusburg anzutreten wagte. Im Laufe des Vormittags trafen 22 Bundesvereine, teils zu Fuss oder per Wagen ein. Kurz nach ein Uhr setzte sich von der Gastwirtschaft Scholl aus der Festzug in Bewegung, an dem etwa 30 Vereine (ca. 1000 Sänger) mit ebenso viel Fahnen teilnahmen, ferner zwei Musikkapellen und ein Trommlerkorps. 14 weissgekleidete Ehrenjungfrauen schritten an seiner Spitze. Leider sollte er die Ungunst des Wetters zu kosten bekommen, denn leichter Regen setzte ein und begleitete ihn bis zum Festzelt; dann fing es in Strömen an und hörte nicht auf bis gegen 5 Uhr... bei dem ständigen Kommen und Gehen war der Festplatz im Nu ein Morast. Das Singen musste sich deshalb auf die beiden Festzelte beschränken, die zwischen diesen errichtete Sängerbühne konnte nicht benutzt werden... Gegen 5.30 Uhr war das Singen beendet...*

Männer-Gesangverein Eintracht Freusburg gegr. 1851

49. Wir sehen Friedrich Karl Düsberg (1. März 1846-28. November 1912) und seine Frau Anna, geborene Schneider (6. April 1856-10. März 1920). Rechts oben ihr erstes Eisen- und Haushaltwarengeschäft im Oberdorf (heute Euteneuer), rechts unten das später in der Bahnhofstraße eingerichtete Geschäft. (Aufnahme aus den zwanziger Jahren.)

Folgende kleine Notiz aus der 'Betzdorfer Zeitung' vom 6. April 1926 möchte ich nicht unerwähnt lassen: *Herdorf. Ein Bubenstreich, durch den ein grosses Unglück hätte geschehen können, wurde in vergangener Woche ausgeführt. An einer steilen Stelle in der Berghardt wurde ein mehrere Zentner schwerer Stein ins Rollen gebracht. Dieser sauste zu Tal und schlug auf ein am Abhang stehendes Bienenhaus, das schwer beschädigt wurde. Kurz vorher hatten in der Nähe des Bienenhauses noch Kinder gespielt. Man sollte solche Bubenstreiche nicht für möglich halten.*

Am 23. Juni kommt in dem oben angeführten Blatt eine weitere heitere, aber gänzlich ungefährliche Begebenheit zur Sprache: *Niederschelderhütte. (Nachtigallgesang.) Sogenannte 'erwerbslose Nachtigallen' am Bahnhof Brachbach. An dieser Stelle wurde vor einiger Zeit berichtet, dass sich in dem Gebüsch gegenüber dem Bahnhof Brachbach eine Nachtigall niedergelassen habe, die allnächtlich durch ihren herrlichen Gesang die Aufmerksamkeit vieler Menschen auf sich lenkte. Nun wird in der Rh. Westf. Volkszeitung versucht, die Tatsache des Aufenthalts der Nachtigall und ihres herrlichen Gesanges in lächerlicher Weise als eine Täuschung durch zwei erwerbslose Burschen hinzustellen, die sich den Spass gemacht haben sollen, 'Nachtigall zu spielen'. Und als man ihnen auf den Leib rücken wollte, seien die 'grossen' Nachtigallen auf und davon geflogen. Diese lächerliche Tatsache hat man selbstverständlich auch hier kolportiert. Jedoch sind die die 'Hereingefallenen', die sie für wahr gehalten haben. Merkwürdigerweise beteiligte sich auch die Siegener Ztg. an dem dummen, sicherlich unsere Vogelpflege nicht fördernden Zeitungswitz. An sich ist es schon kaum glaublich, dass zwei Xbeliebige Erwerbslose auf einer Wasserpfeife den schönen Gesang der Nachtigall vortäuschen können – und zwar tagelang von 11-2 Uhr nachts – besonders auch Leuten, die sangeskundig sind. Und gerade solche Leute haben sich in grosser Zahl am Brachbacher Bahnhof eingefunden, um dem herrlichsten Liede zu lauschen, das eine Vogelkehle hervorzubringen vermag. An die Täuschung denkt hier kein Mensch mehr, aber die Nachtigall, die ihren Sang bekanntlich bis Mitte Juni erschallen lässt, ist noch bis vor 8 Tagen zwischen 11 und 2 Uhr nachts gehört worden.*

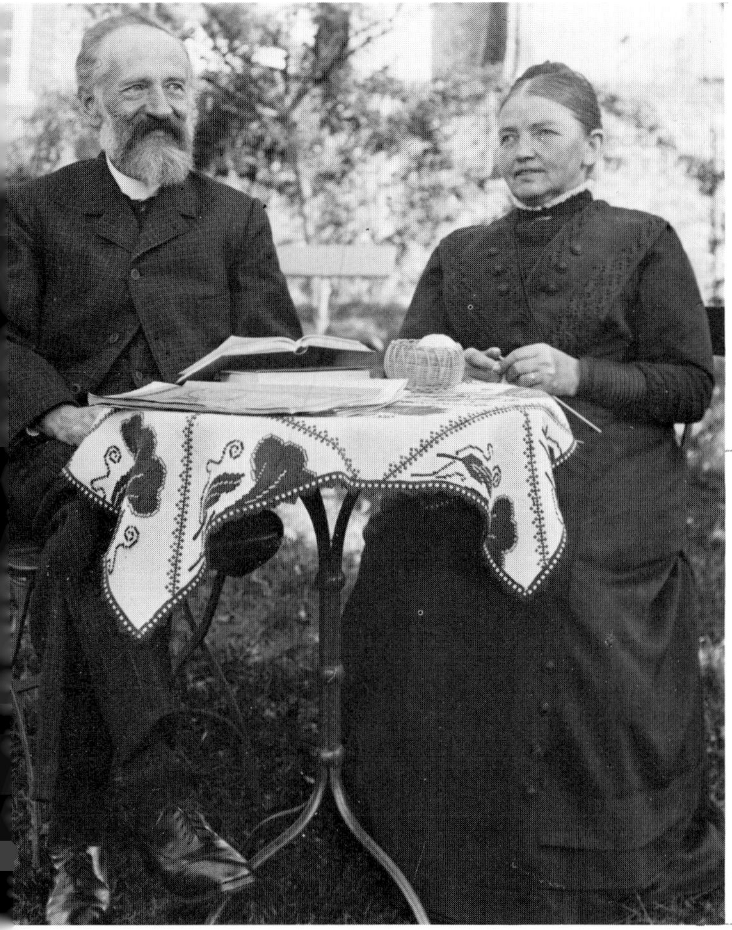

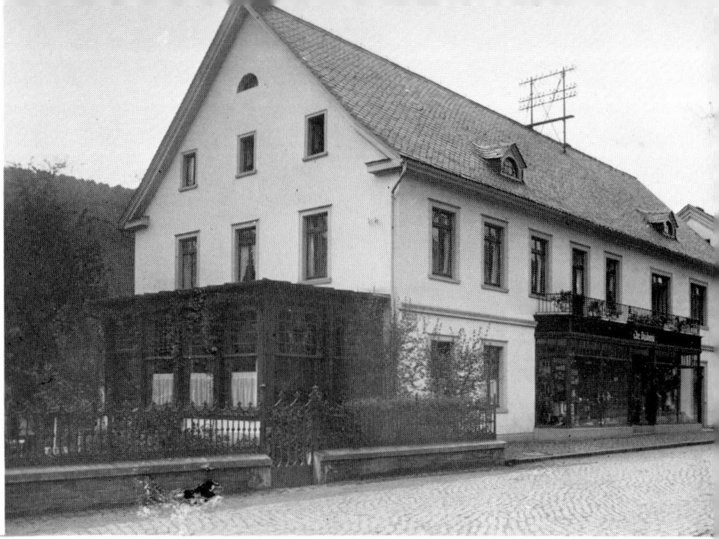

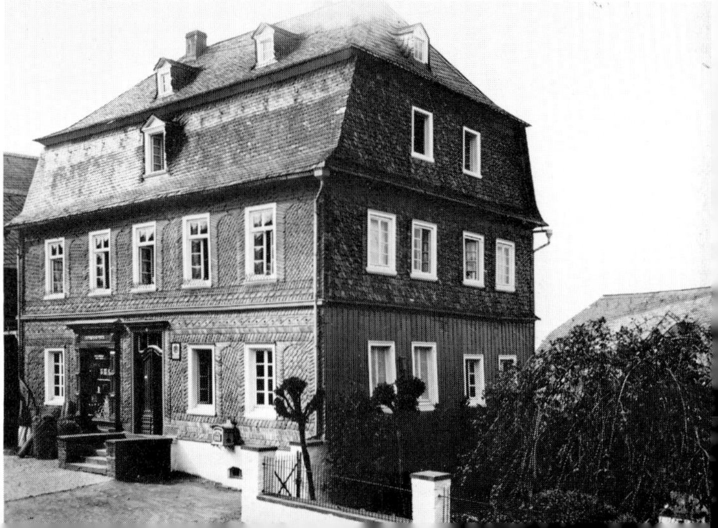

50. Die 'Betzdorfer Zeitung' meldet am 21. August 1926 einen schweren Unglücksfall in der Freusburger Mühle, der sich gegen 7 Uhr abends in der Schlosserwerkstatt Gustav Brockhaus zugetragen. Der Schlosser Fritz Schmidt war mit einer Reparatur an einem leeren Benzolfaß beschäftigt, als eine weithin hörbare Detonation erfolgte. Nachbarn fanden den Verunglückten schwer verletzt vor und der herbeigeeilte Arzt Dr. Weber vermochte dem Bedauernswerten keine Hilfe mehr zu bringen. Ohne das Bewußtsein wiedererlangt zu haben verstarb der Mann und hinterließ Frau und zwei Kinder.
Am Dienstag, den 19. Oktober 1926 waren über 150 Personen im Saale Ache, Freusburg, versammelt, um den Tag der 150jährigen Zugehörigkeit der Freusburger Mühle (Firma Gustav Brockhaus) zur Familie Bender zu feiern. Der Erbpachtbrief von 1774, der von Christian Friedrich Karl Alexander, Markgraf zu Brandenburg usw. ausgestellt und später von Friedrich, Fürst zu Nassau, Graf zu Saarbrücken usw. erneuert wurde, kam im Laufe der Feier zur Vorlesung. Elf Jubilare, die zum Teil über 37 Jahre bei der Firma sind, wurden durch Diplome, silberne Denkmünzen und Geschenke ausgezeichnet.
Über die Feier wird von anderer Seite noch berichtet: ...*Der Inhaber der Firma, Herr Bender, wollte von diesem Tage, entsprechend der Tradition seines Hauses, nicht viel Aufhebens machen, aber ganz achtlos vorübergehen wollte er doch nicht an dem Tage und so hatte er dann seine Angestellten und Arbeiter, sowie alle die Arbeitsveteranen, die früher in der Mühle tätig waren, mit ihren Familien zu einer Feier im Saale von Ache eingeladen... Die Saal- und Tischdekoration war prachtvoll vom Gartenbaubetrieb Karl Braun in Kirchen ausgeführt. Nachdem alle mit Kaffee und Kuchen bewirtet und ein frohe, gesellige Stimmung aufgekommen, ergriff Herr Bender das Wort, um die Entwicklung der Firma bis auf den heutigen Tag zu schildern... In Lichtbildern zog dann die ganze, reiche Zeit der Vergangenheit an den Augen der Versammelten vorüber, liess die Alten noch einmal im Dienste der Firma jung werden... Zuvor hatte Herr Bender als Zeichen der Dankbarkeit und für treue, langjährige Dienste den Prokuristen Herrn Reinhold Schneider, Herrn Ludwig Nies und Gerhard Schmidt je eine wertvolle Uhr, den Herren August Klein, Gustav Lenz, Josef Latzel, Peter Staudt, Heinrich Schmidt, Karl Ache und Walter Schmidt je ein künstlerisch schönes Diplom überreicht...*

Freusburger Mühle

51. Unsere Aufnahme zeigt die Schmiede von Meister Otto Flick (22. März 1865-26. Oktober 1957) in der Sandstraße. Seine erste Werkstatt hatte er 1910 im Keller der Gastwirtschaft Jakob Harr (Heikaus), wo er auch Bäcker Gustav Schneider eine Arbeitsstätte einrichtete. Derselbe war für seine wohlschmeckenden 'Berliner' (Pfannekuchen) ortsbekannt. 1912 bezog Otto Flick von Baumeister Heinrich Quast einen Rohbau in der Sandstraße, den er von einem in Konkurs gegangenen Bauunternehmer übernahm.

Wir lesen in der Weihnachtsausgabe der 'Betzdorfer Zeitung' vom 24. Dezember 1926 von einem Besitzwechsel in Kirchen: *Durch Tausch ging das an der Siegbrücke stehende, der katholischen Kirchengemeinde gehörende Haus in den Besitz des Fahrrad- und Maschinenhändlers Martin Schlechtriemen hierselbst über. Die Pfarrgemeinde erhält dafür das auf dem Schwelbel stehende Wohnhaus mit Ladenneubau. Herr Schlechtriemen wird in dem Haus an der Siegbrücke (Klotzbachstrasse) sein Fahrradgeschäft weiter führen, sobald dies dazu hergerichtet ist. Die Auflassung des Tausches ist bereits getätigt.*

4. Juni 1927, Samstag, Schladern. (Bettlerfrechheit). Einem Spaziergänger, der von Schladern nach Waldbröl auf der Landstrasse spazieren ging, stellte sich ein Bettler in den Weg und verlangte von ihm in drohendem Tone Geld. Erst als der Herr dem Bettler ans Leder ging, verdrückte sich dieser in den Büschen.

Über die Schönheit der Natur im 'ander Mai', wie unsere Vorfahren den Juni zum Unterschied des 'erst Mai' bezeichneten, schreibt die 'Siegener Zeitung' vom 4. Juni 1927, Pfingsten: *Schöner kann es nimmer werden, wenn an Hecken und Rainen die wilde Rose und in den Gärten ihre vornehme Schwester, die stolze 'Hundertblättrige', in allen Farben blühen, wenn sich der Holunderstrauch mit seinen weissen Blütendolden schmückt und die erste Wiesenblumenfülle als duftendes Heu auf den Feldern trocknet... Der alte Name 'Brachmonat' für den Juni, entstand aus dem Brauch, im Laufe dieses Monats die unbesät liegenden Felder zu brachen, also umzupflügen. Der Juni bringt auch die erste Obsternte, die Stachel- und Johannisbeeren sind pflückreif und vor allem beginnt die Reife der im Baumlaub rotglänzenden Kirschen... Die manchem Naturfreund liebste Frühlingsfreude, der Vogelgesang, beginnt gegen Ende des Monats zu verstummen, denn die Singvögel nisten schon und kommen allmählich in die Mauser. Der Kuckuck kündet 'teure Zeit, wenn er erst nach Johanni schreit'. Als Durchzugsvögel besuchen uns der Kiebitzregenpfeifer und der kleine Brachvogel; auch der Wachtelkönig trifft jetzt ein...*

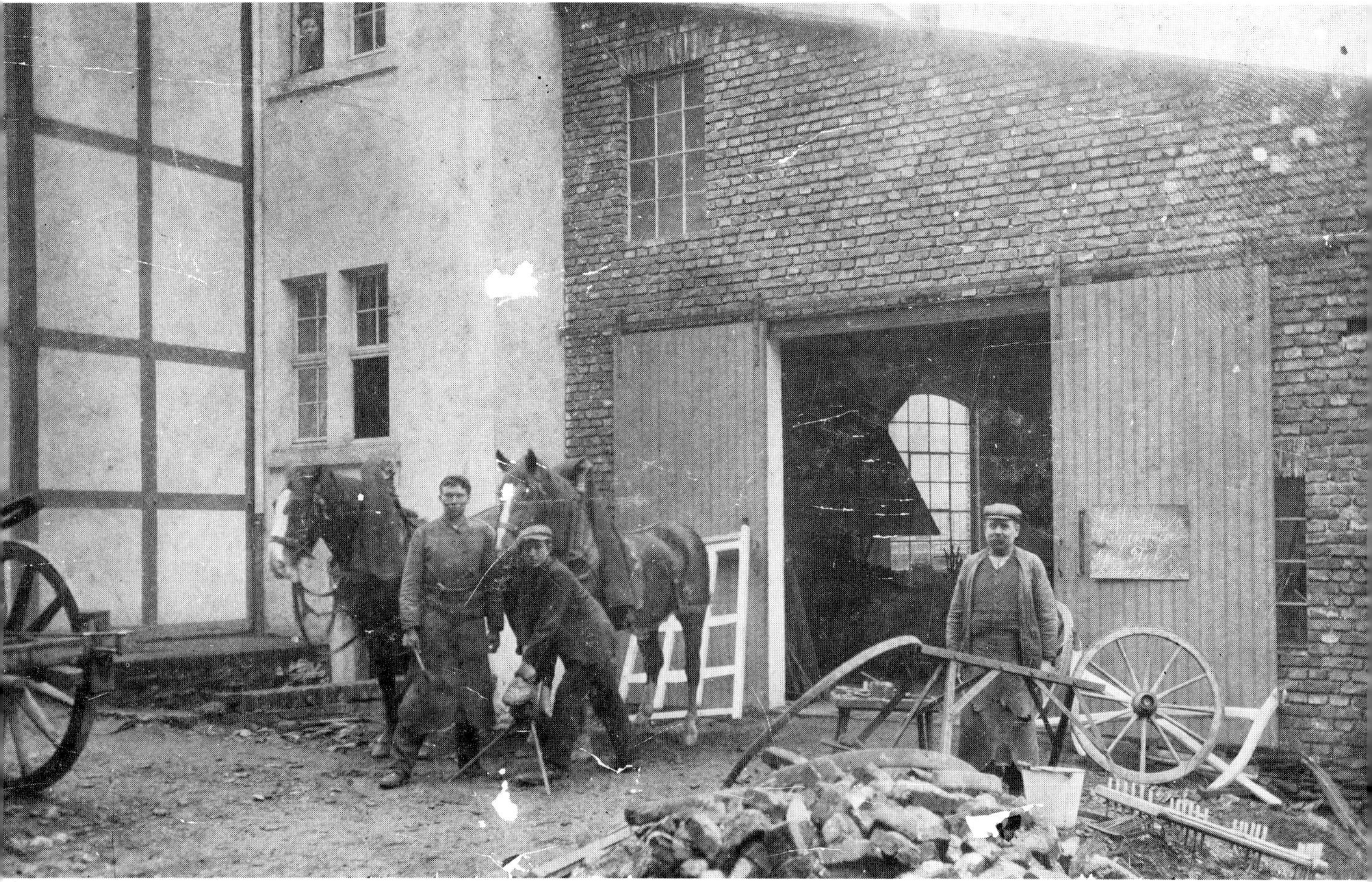

52. In der Schmiede. Die Aufnahme entstand um das Jahr 1925. Von links: Otto Flick, Paul Flick und ein Geselle.

Wir wollen noch ein wenig unseren Frühsommerreminiszenzen nachhängen, bevor wir unsere Aufmerksamkeit wieder dem Tagesgeschehen der alten Zeit zuwenden. Der Johannistag gilt als der wichtigste Lostag im Juni. Viele Pflanzen, wie Johanniskraut, Johannisapfel und Johannisbeere tragen ihren Namen nach Johannis dem Täufer, dem der Tag geweiht ist; in der Tierwelt kennt man gleichfalls eine Johannisechse und das leuchtende Johanniswürmchen. Vorliebe für Illumination scheint man dem Juni überhaupt zuzuschreiben; einer der vierzehn Nothelfer, der Schutzpatron der Seeleute, der heilige Erasmus, dem zu Ehren die 'Elmsfeuer', jene elektrischen Leuchtbüschel genannt sind, die bei starker Gewitterluft aus Blitzableitern und Türmen ausstrahlen, wird am 2. Juni gefeiert. Der Volksmund weiß unzählige Sprüche, die gerade Junigewitter und Blitzschläge betreffen, und am Johannistag lodern seit uralten Zeiten flammende Holzstösse auf den Bergen, oder es werden brennende Strohkränze von den Höhen heruntergeschleudert. Schwirren auch im Tale die Laternchen der Glühwürmchen herum, so sagt die Wetterregel: 'Leuchtkäfer am Johannisabend, machen das ganze Jahr labend'. Wer aber am Bennotag (16.) das erste Johanniswürmchen leuchten sieht, behält das ganze Jahr über seinen 'hellen Kopf'.

Krottorf. 7. Juni. Unfall. Eine Kölner Wandergruppe hatte am 1. Pfingsttage in der Nähe Krottorfs abgekocht, dabei war einem Ausflügler der Spirituskocher ausgebrannt. Als dieser neuen Spiritus in den heissen Kocher nachschütten wollte, explodierte der Spiritus, wodurch der Betreffende durch die Flamme Brandwunden erlitt, die sich aber zum Glück als leicht herausstellten.

In der Ausgabe vom 13. Juli 1927 wird von einem schweren Unwetter berichtet, *das gestern nachmittag gegen 2 Uhr über unserem Talkessel niederging. In Hamm wurde eine etwa 80jährige Frau, die mit ihren Kindern bei der Feldarbeit vom Regen überrascht wurde, unter einem Baum, wo sie Schutz gesucht hatte, vom Blitz erschlagen. Auch in Wehbach traf ein Blitzstrahl eine Frau, die aber mit dem Leben davon gekommen ist.*

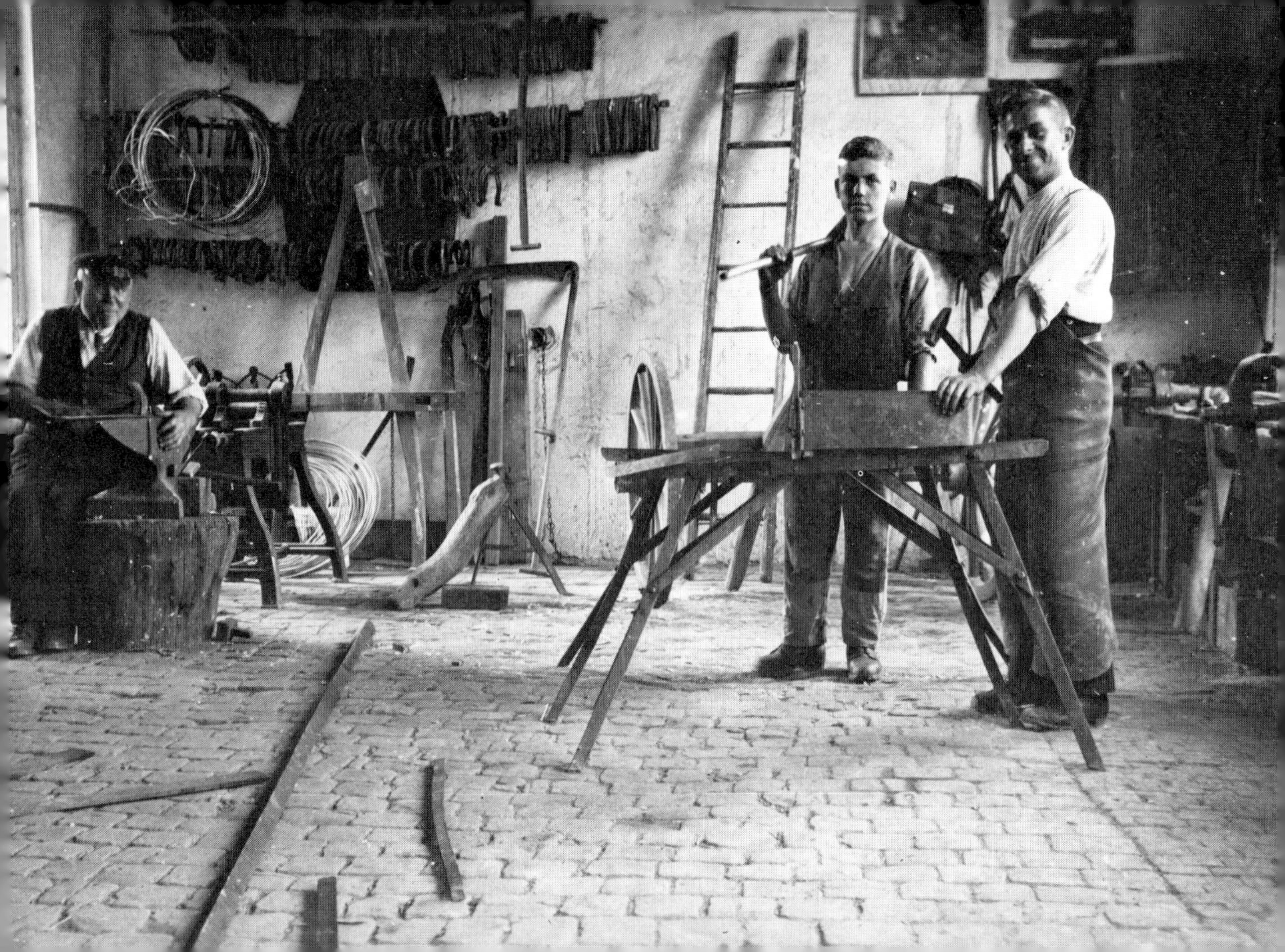

53. Die Aufnahme links entstand im 'Andenken an meine Kriegsmusterung am 27ten März 1915', wie Eduard Müller auf der Rückseite der Karte vermerkt hat. Auf dem Foto befindet er sich in Gesellschaft mit August Utsch von der Au, der bei der Gewerkschaft Storch & Schöneberg beschäftigt und nebenbei als passionierter Jäger bekannt war. Rechts im Bild sehen wir Briefträger Walter Semmelrogge bei der Postzustellung in Freusburg im Kriegswinter 1942/43.

Daß es bei feierlichen Anlässen seinerzeit nicht immer friedvoll zuging, beweist eine Meldung vom 26. September 1927 aus Wissen. *Eine schwere Schlägerei entstand in der Nacht zum Freitag anlässlich einer Hochzeitsfeier in Schönstein. Beim Tanzen mischten sich einige nicht eingeladene Burschen unter die Hochzeitsgesellschaft, wurden aber ausgewiesen. Aus Aerger darüber griffen sie vor dem Saale einige Personen der Hochzeitsgesellschaft an. Es kam zu einer Schlägerei, bei der einem der Beteiligten das Nasenbein zerschlagen wurde.*

Am Samstag, dem 1. Oktober 1927, findet wie in allen Ortschaften auch in Kirchen eine Hindenburgfeier aus Anlaß des 80. Geburtstages des Reichspräsidenten statt: *Langsam hat sich die Abenddämmerung über das Tal gesenkt. Blinkende Sterne mehren sich am Himmel. Hier und da flammt Lichtschein in den Strassen. Eine Hausfront erstrahlt in Kerzenschein. Da, auch eine andere, Immer mehr. Lampions tauchen auf, streben, gespenstisch schaukelnd, gen Berg. Böllerschüsse. Das Auge des im Tal Stehenden gleitet dunklem Hang hinauf und bleibt an einem Lichtermeer haften, das hoch oben vom Kirmesfeld hellen Schein sendet weit in die Runde... Marschmusik setzt ein, schallt durchs Tal, bald klar und kräftig, bald leise verhallend, windverweht. Eine Glocke hallt hoch vom Turm – andere fallen ein... Die Musik kommt näher. Nach ihrem Takt schreitet eine nach tausenden zählende Menge. Sie zieht mit lodernden Fackeln durch die hell erleuchteten Strassen, in denen Fahnen über Fahnen im Winde wehen, und bewegt sich schliesslich durch die neu benannte 'Hindenburgstrasse' (früher Lindenstrasse) über die Siegstrasse zum Sportplatz hinter der Sigambria. Dort wird der Zug von einer grossen Menschenmenge erwartet.*

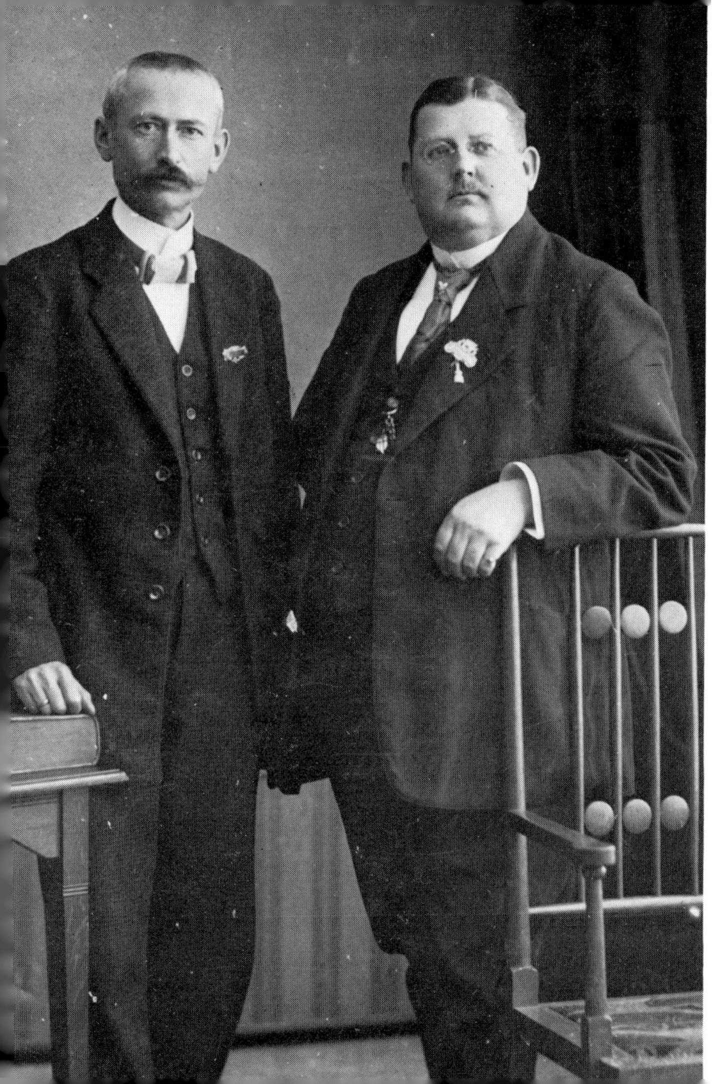

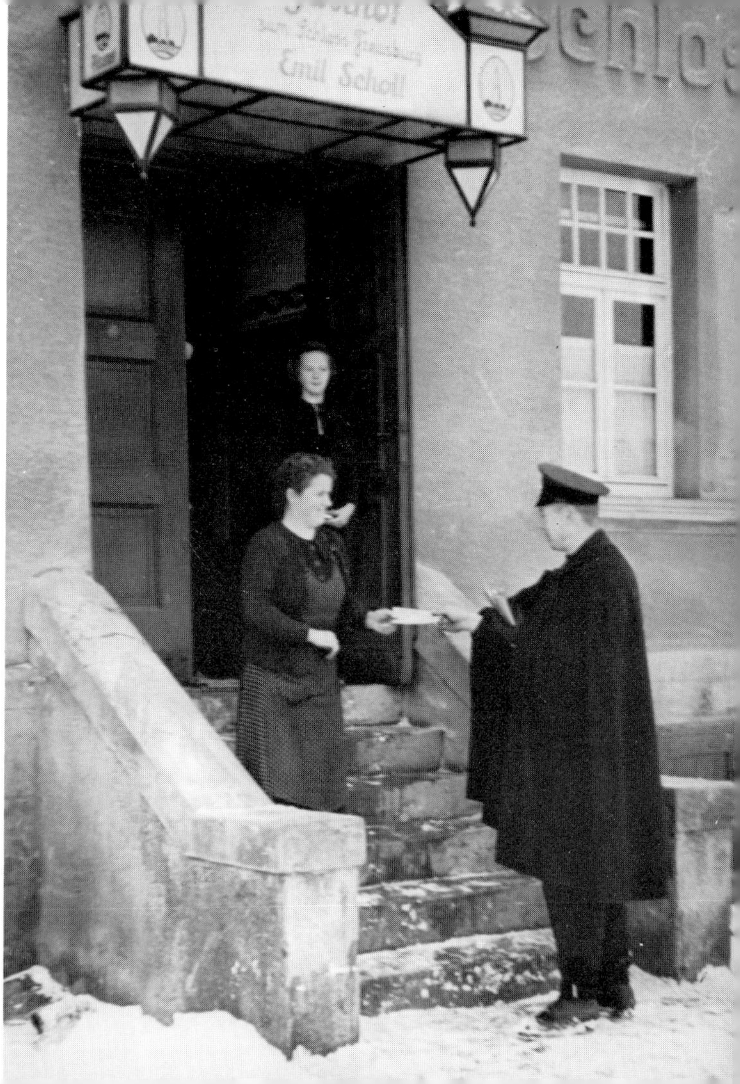

Emil Scholl

54. Unsere Aufnahme zeigt einen zeittypischen Verlobungstisch aus den frühen zwanziger Jahren.
Wir aber wollen noch ein wenig dem dunklen Raunen des Berichterstatters von der Kirchener Hindenburgfeier lauschen: ...*Inmitten des Platzes ist ein grosser Holzstoss errichtet, um den sich der aufmarschierende Zug gruppiert. Vorauf zwei berittene Feldgraue, dann eine Kapelle, der Zug der Fahnen, und dahinter mit noch zwei Kapellen Mitglieder aller Vereine der Bürgermeisterei Kirchen. Eine Fackel fährt in den Holzstoss, dass bald haushohe Flamme zum Himmel loht. Und in den Feuerkreis der Fackeln und Lampions tritt der Sprecher, der das Denken und Fühlen aller an diesem Tage in Worte kleidet. Es ist Bürgermeister Zartmann-Kirchen. Er spricht von dem unauslöschlichen Dank, den wir Hindenburg schulden. Er sei ein späteren Zeit vorbehalten, ihm Denkmäler aus Erz und Marmor zu setzen; wir, die Lebenden, wollen ihm in unseren Herzen ein Denkmal errichten, das dauernder sei wie Stein und Erz... Mit dreifachem Hoch auf Hindenburg schliesst Bürgermeister Zartmann die Feuerrede. Die Menge singt entblössten Hauptes das Deutschlandlied, dann werden die Fackeln zusammengeworfen. Ein grosser Teil der Festzugsteilnehmer findet sich nachher im Saale der Sigambria wieder. Die Bühne ist sinnvoll geschmückt. Im Hintergrunde leuchtet ein grosses Transparent, Hindenburg darstellend...*
In der 'Betzdorfer Zeitung' vom 19. November, Samstag, wird ausführlich über das 'Sterben des Siegerlandes, Ende der Subventionen. Hütten auf Abbruch' berichtet: *Das Siegerland war in vergangenen Zeiten einmal der einzige grossindustrielle Bezirk Deutschlands, wo Hütten neben Hammerwerken standen, und damals legten die wohlhabenden Ortschaften des Landes von dem Gedeihen seiner Erz- und Eisenindustrie Zeugnis ab. Der Vorteil des Siegerlandes bestand vor allem in dem Besitz relativ hochprozentiger Eisenerze, die im Tagebau gefördert werden konnten. Als man später jedoch, um hochwertiges und abbauwürdiges Gestein zu finden, zum Schachtbau übergehen und hierbei immer grössere Teufen bis zu 700 Meter und mehr bohren musste, zeigte es sich, dass die Produktionskosten des Eisens im Siegerlande weit über die der anderen Industriedistrikte gestiegen waren...*

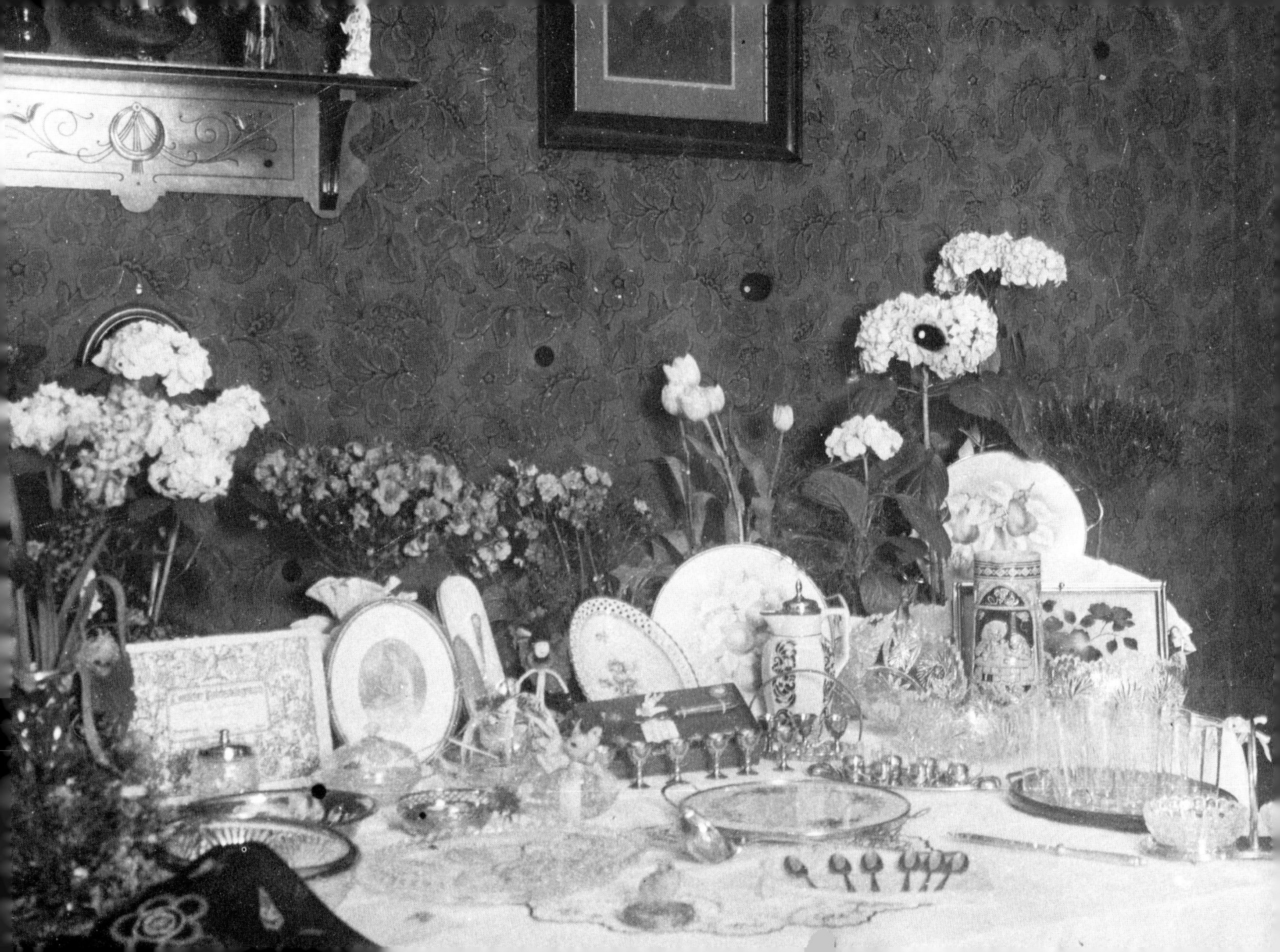

55. Von der 'Ziehung' zur Sigambria; vorne links Justizwachtmeister Karl Baruffke, neben ihm H. Hoffmann.

Vom 'Sterben des Siegerlandes', Fortsetzung: *Den eigentlichen Todesstoss aber gab der Siegerländer Eisenindustrie wohl das Fehlen der Kohle. Die alten Hütten und Hammerwerke waren ausschliesslich auf die Kraft des Wassers angewiesen, während heute der elektrische Strom in allen Industriegebieten die Wasserkraft verdrängt hat. Elektrizität aber kann nur da billig zur Verfügung stehen, wo sie aus Steinkohle oder Braunkohle oder starkem Wassergefälle unmittelbar gewonnen werden kann. Aber alle diese Voraussetzungen trafen für das Siegerland nicht zu. Sein Strom musste wie die Kohle für seine Oefen aus Rheinland-Westfalen herangeholt werden und stellte sich deshalb bedeutend teurer als an der Ursprungstätte... Eine Zeitlang wurde der Versuch gemacht, mit Hilfe einer Reichssubvention von 2 Mark pro Tonne geförderten Erzes dem Siegerländer Eisen seine Konkurrenzfähigkeit gegenüber dem Ruhr- und Saargebiet wiederzugeben. Das konnte nicht gelingen, weil die Subvention zu niedrig war und weil sie ausserdem nur zeitlich befristet gewährt wurde, so dass die Gruben von vornherein mit ihrem Ausbleiben rechnen mussten... So ist es dahin gekommen, dass die Eiserner Hütte in Eisern abgebrochen werden muss, ebenso wie die Heinrichshütte in Au a.d. Sieg und die Niederscheldener Hütte. Die Abbrucharbeiten der Marienhütte, früher Rombacher Hüttenwerke, nehmen ihren Fortgang, und es ist wohl nur noch eine Frage der Zeit, dass auch die den Kölsch-Fölzer-Werken gehörige Eiserfelder Hütte verschwindet... Eine Reihe weiterer Hochöfen soll gleichfalls stillgelegt werden. Schon in den Jahren 1925/26 wurden von den 29 Hochöfen des Siegerlandes nur noch 9 unter Feuer gehalten, und das waren meistens die kleinsten... Die Ruhrindustrie hat die ungeheuren Schäden, die ihr durch die Besatzung und den Ruhrkampf entstanden sind, dank der Energie ihrer im Boden verwurzelten Führer wiedergutmachen können, was aber haben die grossen Söhne des Siegerlandes für ihr engeres Heimatgebiet getan, um es aus der Krise herauszubringen und um der geschilderten Gefahren und Schwierigkeiten Herr zu werden? Es fehlt der siegerländischen Industrie nicht an Führern, aber vergeblich sucht der Beobachter nach einem Merkmal, nach Tatsachen und Beweisen, wie von dieser Seite aus an der Rettung des Siegerlandes gearbeitet worden ist...*

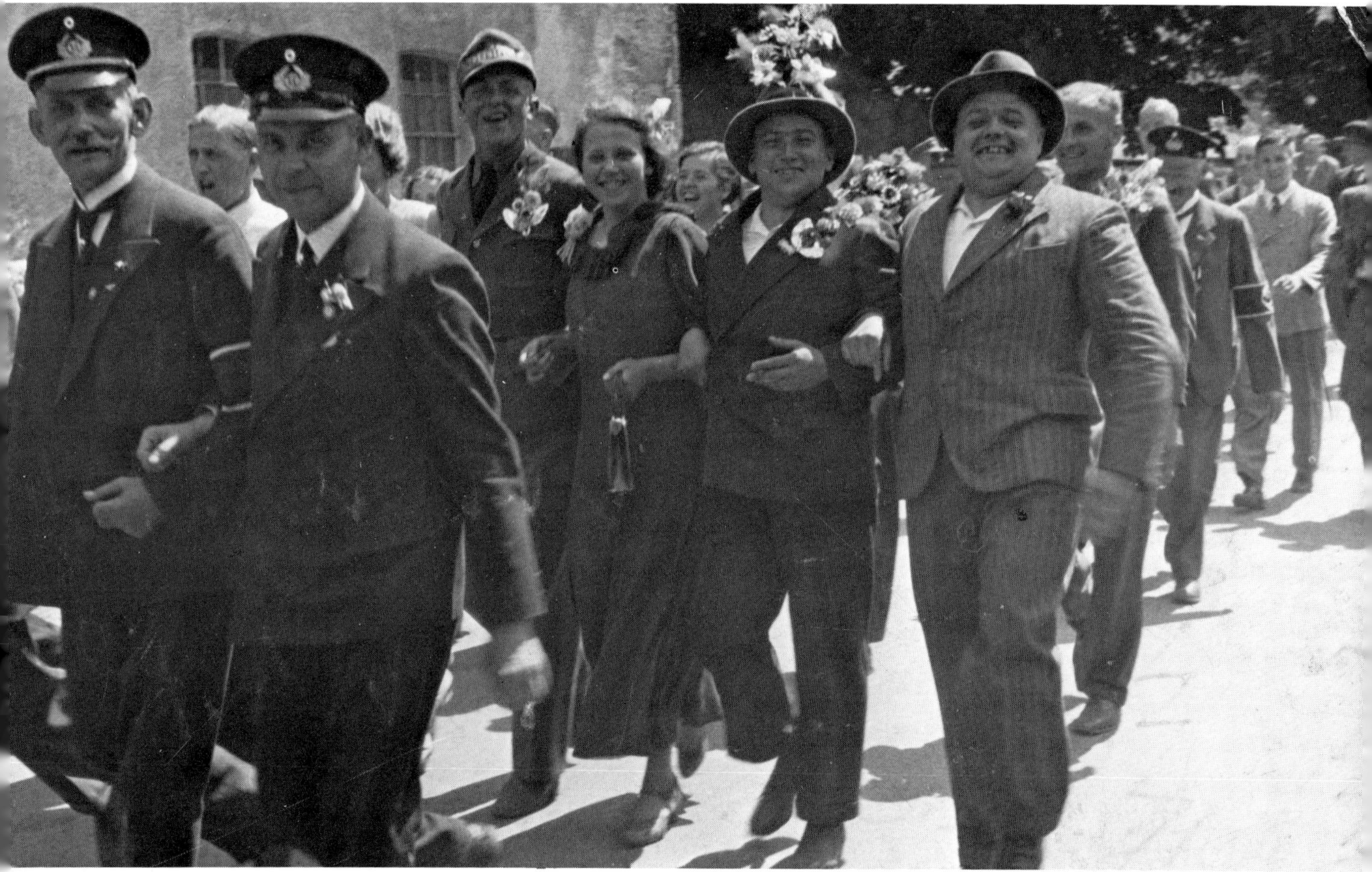

56. Unsere Aufnahme entstand im Juli 1920. Für Arnold Hintze (dritter von links), Jenny Strunk, Hedel und Lieselotte Hintze, ist es ein schöner Sommertag im Heu bei der Freusburger Mühle.

Schrecklich hingegen ist das Ereignis, welches die 'Betzdorfer Zeitung' in ihrer Ausgabe vom 19. Dezember 1927 vermeldet: *Samstag abend gegen 9 Uhr. – Schon liegt feiertägliche Ruhe über den verschneiten Tälern und Höhen. Hie und da erlöschen in den Häusern bereits die Lichter. Stille auf den Strassen. Leise schwebt Schnee hernieder, zaubert Märchenstimmung im matten Schein der Laternen. – Da gellt der langgezogene schaurige Ruf der Feuersirene vom Betzdorfer Rathaus durch die Nacht. Fenster werden aufgerissen. Bange Blicke tasten den dunklen Himmel ab und suchen feurigen Schein. Auf den vorher so stillen Strassen ist Bewegung entstanden. Man fragt, horcht, stellt Vermutungen an. Bis jemand die Gewissheit bringt: 'Es brennt auf dem Struthof'. Vier junge Leute, die in der Aula des Gymnasiums geturnt hatten und sich auf dem Heimwege nach Betzdorf befanden, sahen das Feuer zuerst in der Strutfabrik... Ratlosigkeit und Verwirrung. Man kann es nicht sogleich glauben. Bis der Augenschein überzeugt. 'Heraus, es brennt!' Ueberall Aufruhr. Beherzte eilen ans Telefon und alarmieren die Feuerwehr von Betzdorf und Kirchen. Das Feuer hat sich rasend schnell ausgebreitet. Knisternd springt es von Stapel zu Stapel, schon frisst es im Gebälk des Hauptgebäudes, der Schreinerei. Schwarz quillt der Rauch aus allen Fugen, aus Fenstern und Türen. 9.30 Uhr rasselt die erste Spritze von Betzdorf vor die Fabrik. Die Situation ist rasch erkannt. Das Hauptgebäude mit den grossen Holzvorräten und den vielen modernen Maschinen ist kaum noch zu retten. Schon schlagen allenthalben die Flammen aus dem Dach, tänzeln über den langen First, lecken gierig an den trockenen Sparren. Der Wind geht aus Nord-Ost. Vorerst gilt es, das nach Südwest liegende Wohnhaus und Büro zu schützen, ferner die Ausdehnung des Feuers auf das Sägewerk und die nach der Sieg zu liegenden Fabrikations- und Lagerräume zu verhindern. Inzwischen ist die gerühmte Jung'sche Fabrikfeuerwehr mit ihrer Motorspritze eingetroffen. Sie hat Stellung am Mühlgraben genommen. Die Betzdorfer Handspritzen und die Dampfspritze der Bahn stehen unten an der Sieg...* (Fortsetzung nächste Seite.)

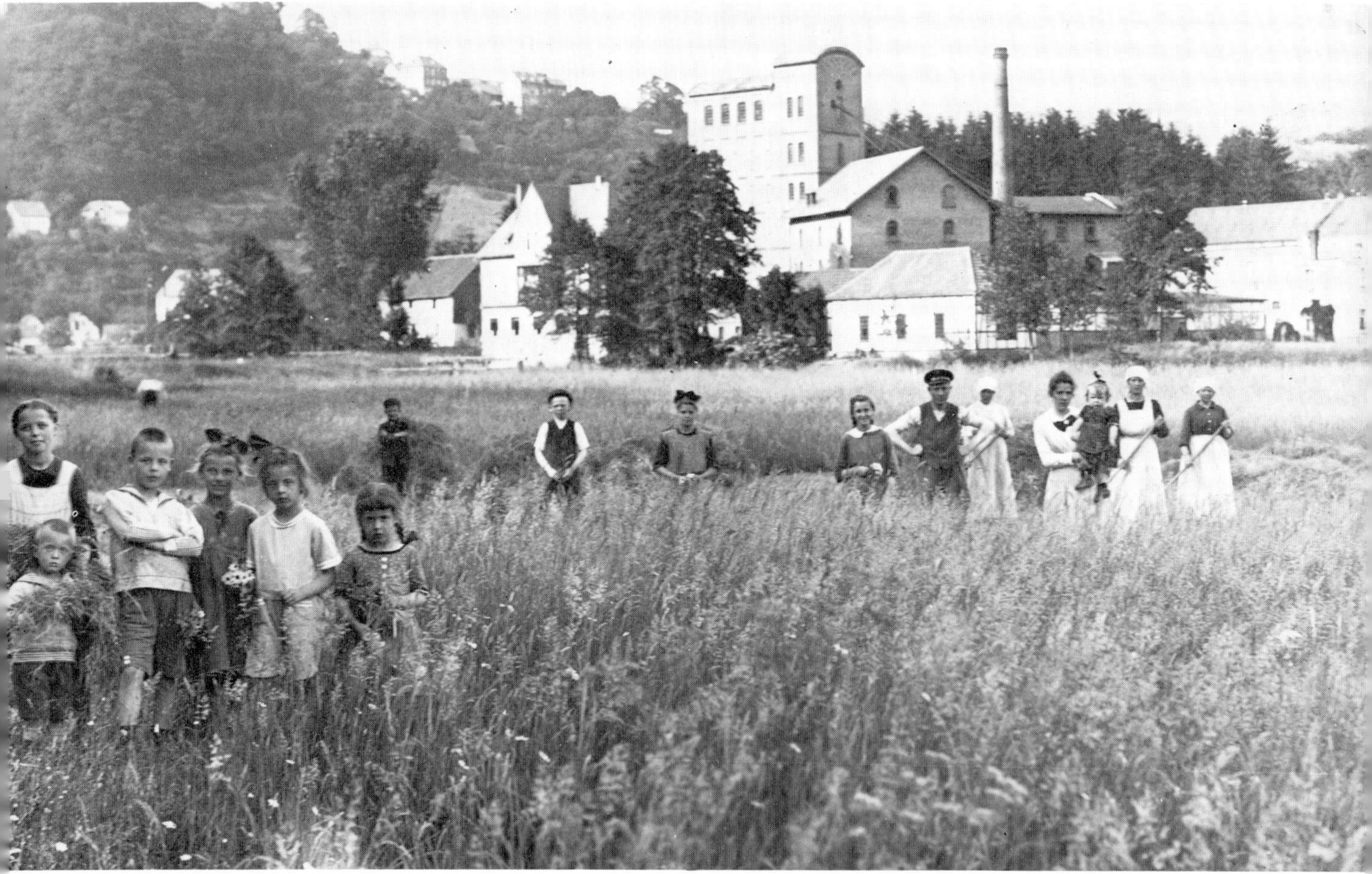

57. Im Juli 1927 konnte die Kirchener Feuerwehr ihr 50jähriges Bestehen feiern. Auf unserem Bild sehen wir den Festzug auf dem Wege zur Sigambria. Rechts die Häuser Wickler und E. Müller; links Gastwirtschaft Balz und Haus Alfred Stein.

Wir aber wollen unsere Berichterstattung von dem Struthof-Brand fortsetzen: *In Eile werden die Schlauchleitungen dicht an den Brandherd herangeführt. Das Hauptgebäude ist eine glutende Lohe, die taghell das Siegtal erleuchtet. – Ueber der Schreinerei, in der Hunderte von fertigen Türen lagerten und in Verarbeitung waren und im Dachgeschoss viele fertige Zimmereinrichtungen standen, ist die Wohnung des Schreinermeisters Huhn. Seine Familie hat noch gerade Zeit, das nackte Leben zu retten. Das Mobiliar wie überhaupt die gesamte Einrichtung ist unversichert. Gerettet werden lediglich einige in der Eile aufgerafften Anzüge, etwas Bettzeug und ein Korb mit Wäsche. – Neben der Schreinerei, noch in diese hineinragend, liegt ein Betriebskontor mit wichtigen Akten und Buchungsunterlagen. Glücklicherweise gelingt es, dieses zu räumen und die Akten alle in Sicherheit zu bringen... Inzwischen ist auch das nach Betzdorf zu liegende Wohnhaus, das nur durch eine Brandmauer von der Fabrik getrennt ist, zum Teil geräumt worden. Ein Klavier wird auf der Strasse abgestellt, kleinere Stücke werden in Nachbarhäuser auf dem Struthof gebracht... Ungemein wird die Arbeit durch den Frost gehindert. Das Wasser friert in den Schläuchen, wenn nur einen Augenblick auf Anweisung die Pumpen ruhen. Auch die Jung'schen Feuerwehrleute, die geschlossen von einer Abschiedsfeier kommen und noch im Sonntagsstaat stecken, sind bewundernswert... Das Hauptgebäude ist mittlerweile bis auf die Umfassungsmauern ausgebrannt. Noch brennt es heftig in einem langgestreckten Nebenflügel. Nachts gegen 2 Uhr – nach fünfstündiger Dauer des Brandes ist die Hauptgefahr beseitigt... Die Menschenmassen, wohl über 2000, die von der Landstrasse und den Hängen aus dem Schauspiel zugeschaut haben, haben sich schon gegen 12 Uhr verlaufen... Am Sonntag vormittag war die Brandstelle das Ziel zahlloser Spaziergänger, die sich die Verheerungen des Feuers ansehen wollten. Trostlos schauen hier und da die demolierten, ehedem so wertvollen Maschinen aus einem Wust von Holzasche und Schutt, die von dicken Eiskrusten überzogen waren. An Aufräumungsarbeiten ist vor Eintreten von Tauwetter kaum zu denken, da alles vereist ist. Sonntag nachmittag 3 Uhr. Auch eine Tragödie. Noch einmal gehen an einer Stelle die Flammen hoch, dicht am Gesims des Nebenflügels. Ein kleines schwarzes Vögelein flattert herbei... ein Weilchen lässt es sich auf einem verkohlten Brette nieder. Es hatte sein Nestchen dort oben. Immer wieder fliegt es hinein in die Flammen – und kommt nicht wieder...*

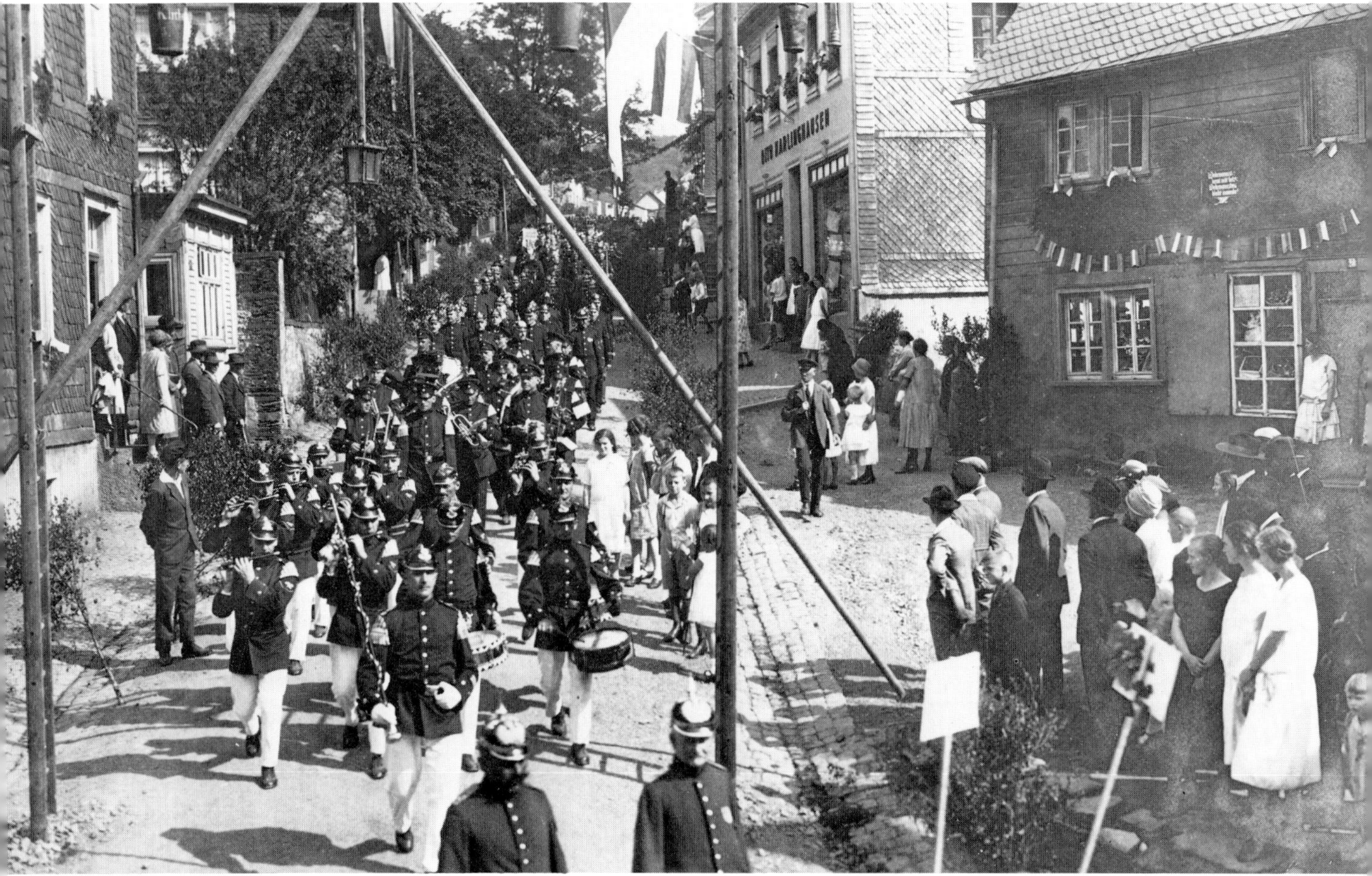

58. Eine weitere Aufnahme vom Fahnenweihfest des Kolpingvereins im Jahre 1928. (Siehe auch Kirchen, Band 1, Seite 68.) Links Louis Spornhauer, rechts Arnold Spornhauer, neben dem Fahnenträger links Erhard Kolbe.

Kirchen. 31. Dez. *Die Mitglieder des Kirchener Turnvereins hatten sich am Donnerstag abend im Saale von Heikaus eingefunden, um ihrem Turnbruder Josef Stahl, der in den ersten Tagen des neuen Jahres nach Amerika (Chicago) auswandert, eine Abschiedsfeier zu veranstalten und eine letzte Stunde mit ihm zu verleben...*

Herdorf. 20. Nov. (1928). *Nach Afrika. Der Bergmann Aloys Düber hat gestern mit Frau und drei Kindern die Reise nach Südwestafrika angetreten, um dort Arbeit in einer Kupfermine anzunehmen. Düber hat sich auf drei Jahre verpflichtet und erhält nach Ablauf des Vertrages freie Rückfahrt.*

Marienthal bei Hamm (Sieg), 22. Mai. *Am Himmelfahrtstage wurde die Festzeit anlässlich des 500jährigen Bestehens des Wallfahrtsortes Marienthal eingeleitet. Die Umgebung des Klosters war mit Guirlanden und Fahnen festlich geschmückt. Vor der Kirche hatte man ein grosses Zelt zur Aufnahme der Pilger errichtet. Am Vorabend wurde das Fest durch Böllerschüsse eingeleitet; am Festtage kamen vormittags der Abt von Marienstatt und sein Gefolge sowie eine stattliche Zahl von auswärtigen Pilgern. Im Pontifikalamt hielt nach dem Evangelium Pfr. Greven-Altenkirchen die Festrede, der in schönen Worten die Gläubigen zur tätigen Ausübung ihres christlichen Glaubens ermahnte. Der Abt erteilte darauf den päpstlichen Segen.*

Kirchen, 30. Mai. *Ein bedauerlicher Unglücksfall ereignete sich heute in aller Frühe am Bahnübergang am Riegel der Strecke Kirchen-Freudenberg. Der Lieferbote Erich Lindberg vom Schwelbel, der zum Zeitschriftenvertrieb Decker am Riegel mit seinem Motorrad fahren wollte, wurde an dem vollständig unübersichtlichen Bahnübergang von der Maschine des Personenzuges, der morgens 6.05 Uhr von Kirchen fährt, erfasst und schwer verletzt. Der Verunglückte wurde von der Maschine 27 Meter fortgeschleift, wobei ihm das linke Bein unterhalb des Knies abgefahren wurde, ausserdem erlitt er schwere Kopfverletzungen. L. wurde in das evgl. Krankenhaus gebracht, wo das Bein ganz abgenommen werden musste. Das Motorrad ist etwa 113 Meter mitgeschleift worden. Offenbar hatte L. den Zug nicht gesehen, da die Aussicht an der Unfallstelle durch Bäume und Sträucher stark behindert ist. Ebenso scheint auch das Zugpersonal den Unfall nicht bemerkt zu haben, da der Zug erst nach 115 Metern zum Stehen kam...*

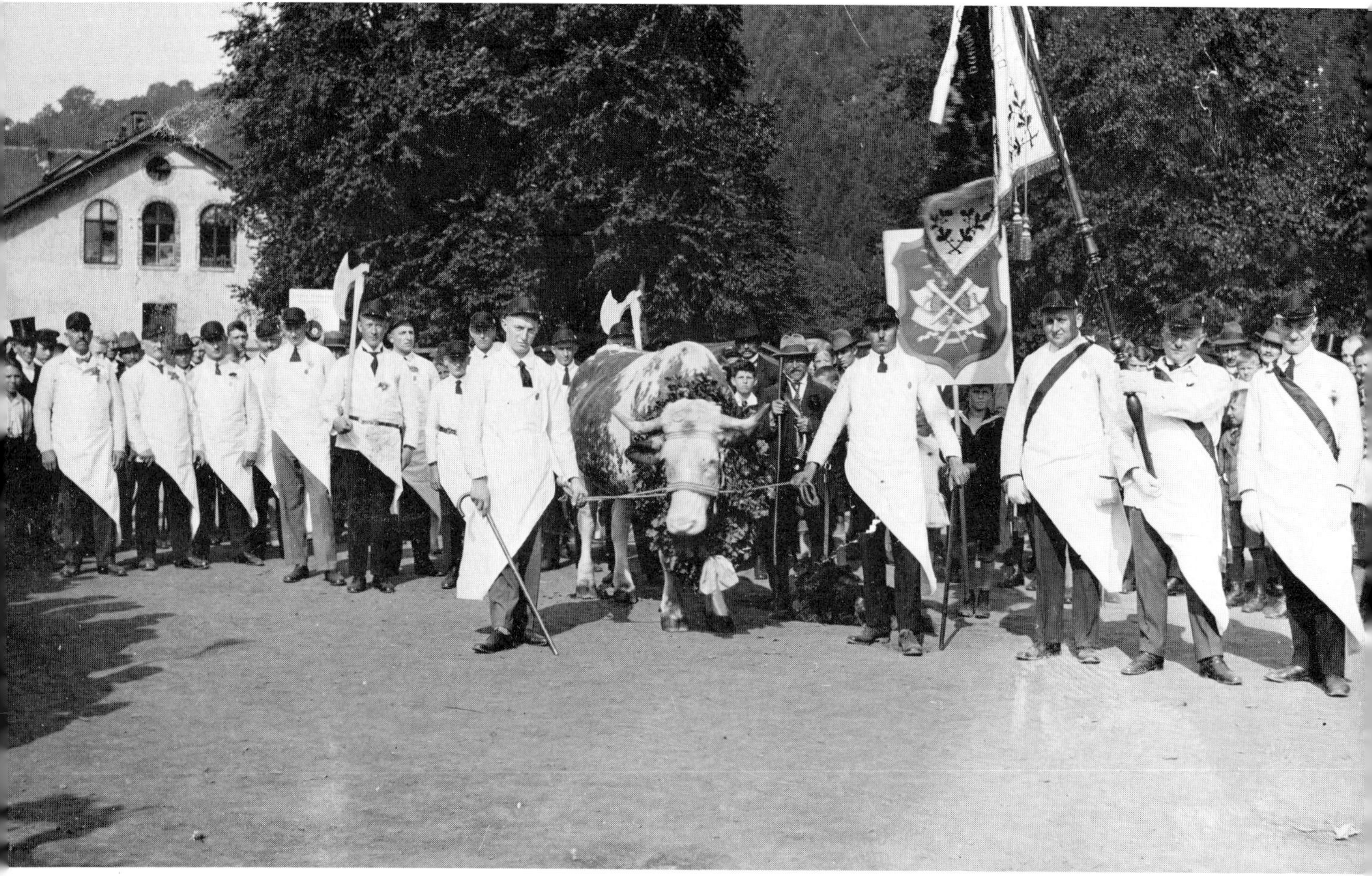

59. Unsere Aufnahme entstand im Juli 1914 bei dem sogenannten 'Riegelhaus'. Sie zeigt Paul Hintze, der nach dem frühen Tode Arnold Jung's die Leitung der Lokomotivfabrik übernommen hatte. Rechts Chauffeur Hermann Epe, Kircherhütte; links Hulda Zimmermann (eine der Töchter des verstorbenen Kirchener Reichstagsabgeordneten Heinrich Kraemer), Hilde Cappel, Adele Schoeller und Agnes Hintze (Tochter von Arnold und Marie Jung, geborene Rauner).

Kirchen, 29 Mai. *Ein hiesiger Einwohner hatte seinem Hündchen mancherlei Kunststücke mit bestem Erfolg beigebracht. Jetzt sollte das Tier seine Kunst beweisen und ein Dreimarkstück aus einer Waschschüssel holen. Zwar nahm es die Münze auf, verschluckte sie aber vor den Augen seines entrüsteten Besitzers und trottete vergnügt von dannen. Man wird den geldfressenden Hund nunmehr um drei Mark höher einschätzen müssen.*

Kirchen, 12. Juni. *Die hohen Bäume im Jungenthal im ehemaligen Lang'schen Garten, die immer wieder zur schönen Sommerszeit herrlichen Schatten spenden, sind ein Teil des Botanischen Gartens, den der Spinnereibesitzer Richard Jung zu Anfang des 19. Jahrhunderts anlegen liess. Wer einmal einen Blick in das heute halbzerfallene, an der Siegener Strasse stehende Papageienhäuschen wirft, der sieht an den Innenwänden von Künstlerhand gemalte, freilich jetzt verblasste farbige Bilder von dem damaligen Kirchen. Auf dem Hügel gruppieren sich die wenigen Häuser um das Kirchlein, das mit seinem charakteristischen, gedrängten Turm emporragt. In glitzerndem Bogen winden sich Sieg und Asdorf (über letztere wölbt sich eine einfache Brücke) durch das Tal. Ein zweites Bild zeigt das Rich. Jung'sche Anwesen flankiert von den hohen schattigen Bäumen des Botanischen Gartens. Ein drittes Bild – anscheinend Phantasie – lässt eine Brücke über den Siegfluss sehen. Die vierte Landschaft ist nicht mehr zu erkennen. Die beiden ersten Bilder zeigen recht deutlich, wie die engere Heimat zur Zeit unserer Grosseltern aussah.*

Kirchen, 25. November. *Die am Samstagabend abgehaltene Versammlung des Kriegervereins war trotz des denkbar schlechten Wetters gut besucht... Eine längere Aussprache erfolgte bei Besprechung der Denkmalangelegenheit. Die Ausführungen des Kameraden Otto Kasch deuteten in wesentlichen Punkten an, wie sich ein Kriegerdenkmal in Kirchen gestalten muss. Als letzter Punkt war ein Lichtbildervortrag des Kameraden Baerwolf über: Die Verteidigung im Wechsel der Zeiten... Der Vortrag erntete lebhaften Beifall.*

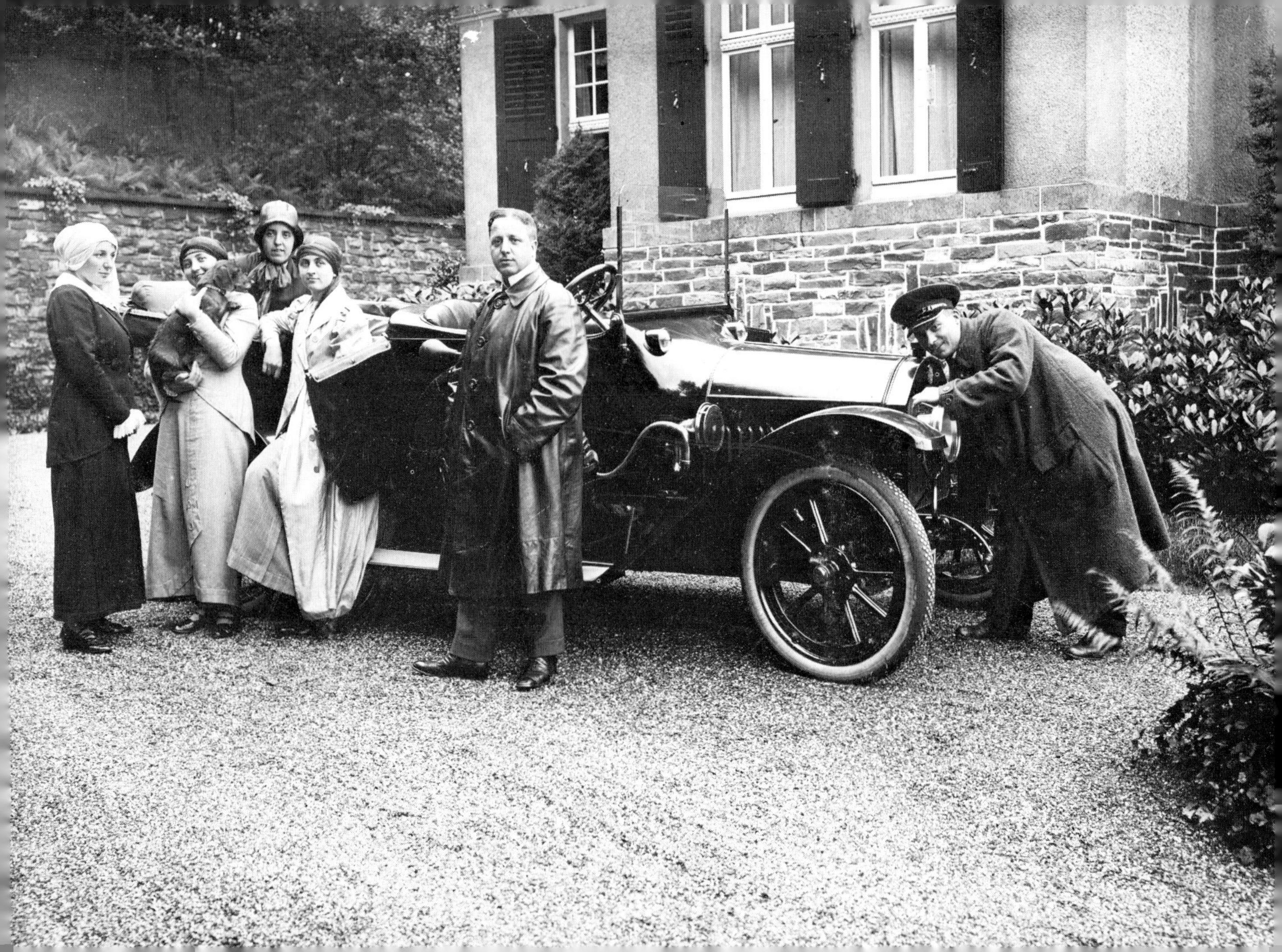

60. Unsere Aufnahme entstand um das Jahr 1912. Paul und Agnes Hintze, geborene Jung, unternehmen eine Ausflugsfahrt mit dem Ehepaar Sonnenberg. Die 'Heimatlichen Nachrichten' im November 1928 sind wieder von Hochwassermeldungen gekennzeichnet. Aber wenn auch das Wasser mit jeder Stunde Balken, Äste und Hausgeräte zu Tal brachte, heißt es in der Ausgabe vom 26. November, so konnten die Bewohner der Au ...*dem Steigen des Wassers zum ersten Male mit Ruhe entgegensehen, schützt doch der neue Hochwasserdamm ihre Häuser und Felder jetzt vor dem verheerenden Element.* In Wehbach aber muß infolge der Umstände die Beerdigung der am Freitagabend verschiedenen Frau Robert Becher ausgesetzt werden, da beide Zugangswege zum Waldfriedhof überschwemmt sind. Trauerfeier und Beizetzung werden um einen Tag verschoben. *Sollte das Wasser bis dahin noch nicht gefallen sein, wird die sterbliche Hülle ins Leichenhaus des evgl. Krankenhauses in Kirchen überführt werden, wo sie aufgebahrt bleiben wird, bis die Wege wieder frei sind,* heißt es abschließend.

Kirchen, 14. Juni. *Ein gefährlicher Einbrecher stand gestern in der Person des August Strom, gebürtig aus Köln, vor der hiesigen Strafkammer. Er ist einer der verwegenen Einbrecher, die Ende vorigen Jahres dem Konfektionsgeschäft Kutscheidt einen Besuch abstatteten und einen grösseren Posten Anzüge mitnahmen. Er entkam damals, während seine Helfershelfer noch gefasst werden konnten, als sie mit dem Frühzuge 4 Uhr nach Köln abdampfen wollten. Bei einem späteren Einbruch in Troisdorf aber ereilte ihn das Geschick. Er erhielt, als er entdeckt war und fliehen wollte, von einem Beamten einen Armschuss, der eine Amputation des Armes notwendig machte. Seine Verbrechernatur musste er mithin mit dem Verlust eines Armes bezahlen. Und so kam er denn noch nachträglich vor die Strafkammer, da seine Diebesfreunde inzwischen schon abgeurteilt sind. Als das Gericht sich gestern nach der Verhandlung zur Beratung zurückgezogen und die Fenster des Gerichtssaales zum Lüften geöffnet worden waren, versuchte Strom, trotz seiner Einarmigkeit aus dem Fenster zu springen und zu entfliehen. Er wurde jedoch erfasst und dann gefesselt. Das Urteil lautete auf drei Jahre Zuchthaus.*

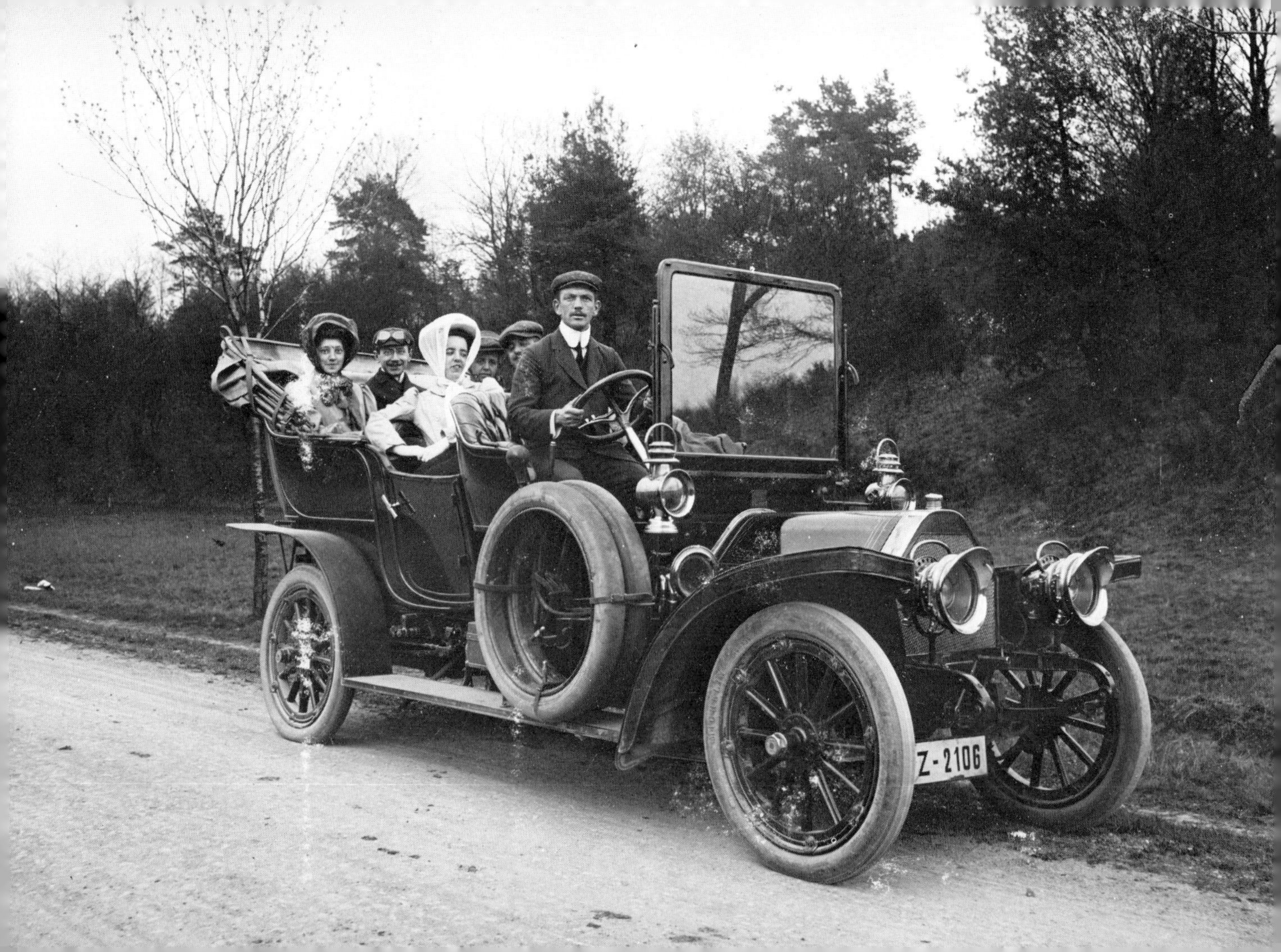
Z - 2106

61. Wiewohl ich bereits etliche Aufnahmen und Portraits von Arnold Jung, einer der prägsamsten Gestalten unserer Ortsgeschichte, veröffentlicht habe, so konnte ich es mir doch nicht versagen, auch nebenstehendes Bild von dieser einnehmenden, sympathischen Unternehmerpersönlichkeit zu bringen, dessen Name unteilbar mit der von Kirchen verknüpft bleiben wird.

Wir beschließen den Reigen unserer Zeitungsmeldungen des Jahres 1928 mit einigen außergewöhnlichen Vorkommnissen in Kurzform: *14. Juni. Von dem 9,39 Uhr hier abfahrenden Personenzuge nach Köln entgleisten Dienstag abend hinter der Station Rosbach die letzten beiden Wagen. Der dritte Wagen stellte sich quer über beide Geleise, die somit gesperrt waren. Menschenleben sind nicht in Gefahr gekommen. Der Verkehr wurde durch Umsteigen aufrecht erhalten, der letzte Eilzug von Köln bekam durch die Geleisstörung eine fast dreistündige Verspätung. Ueber die Ursache des Unglücks verlautet, dass die Weiche schon gezogen worden ist, bevor die letzten Wagen des Zuges darüber waren. Der Materialschaden ist unerheblich. In der Nacht wurde die Störung beseitigt.*

Betzdorf, 22. August. *Ein Eisenbahnunfall ereignete sich gestern nachmittag im hiesigen Bahnhof dadurch, dass eine Lokomotive, die nach dem Einfahren des 3 Uhr-Zuges von Köln jeden Tag zwei von Siegburg aus angehängte sog. Verstärkungswagen wieder abzieht, auf den haltenden Zug so stark auffuhr, dass die Passagiere in dem Wagen 4. Klasse hinter den beiden abzuziehenden leeren Wagen gegen- und durcheinander flogen, wobei die Gepäckstücke aus den Netzen noch auf sie fielen. Acht Personen wurden dadurch verletzt. Eine Frau, die in der offenen Tür des Wagens stand, wurde auf den Bahnsteig geschleudert und zog sich eine blutende Wunde zu...*

Kirchen. 24. Dezember. *Der Personenwagen der Oberförsterei geriet in Jungenthal auf der glatten Strasse ins Gleiten und rutschte, sich überschlagend, in den Strassengraben. Die Insassen des Wagens wurden herausgeschleudert, nahmen jedoch wie durch ein Wunder keinen ernstlichen Schaden. Am Samstagnachmittag wurde ein vor den Wagen des Althändlers Langenbach von Brachbach gespanntes Pferd von einem durch die Glätte der Betzdorfer Strasse schleuderndem Auto, einem Opelwagen des Herrn Vincenz Müller von Kirchen, am Struthof in die Flanken gestossen und so schwer verletzt, dass es notgeschlachtet werden musste. Der Autobesitzer ist für den Schaden haftbar.*

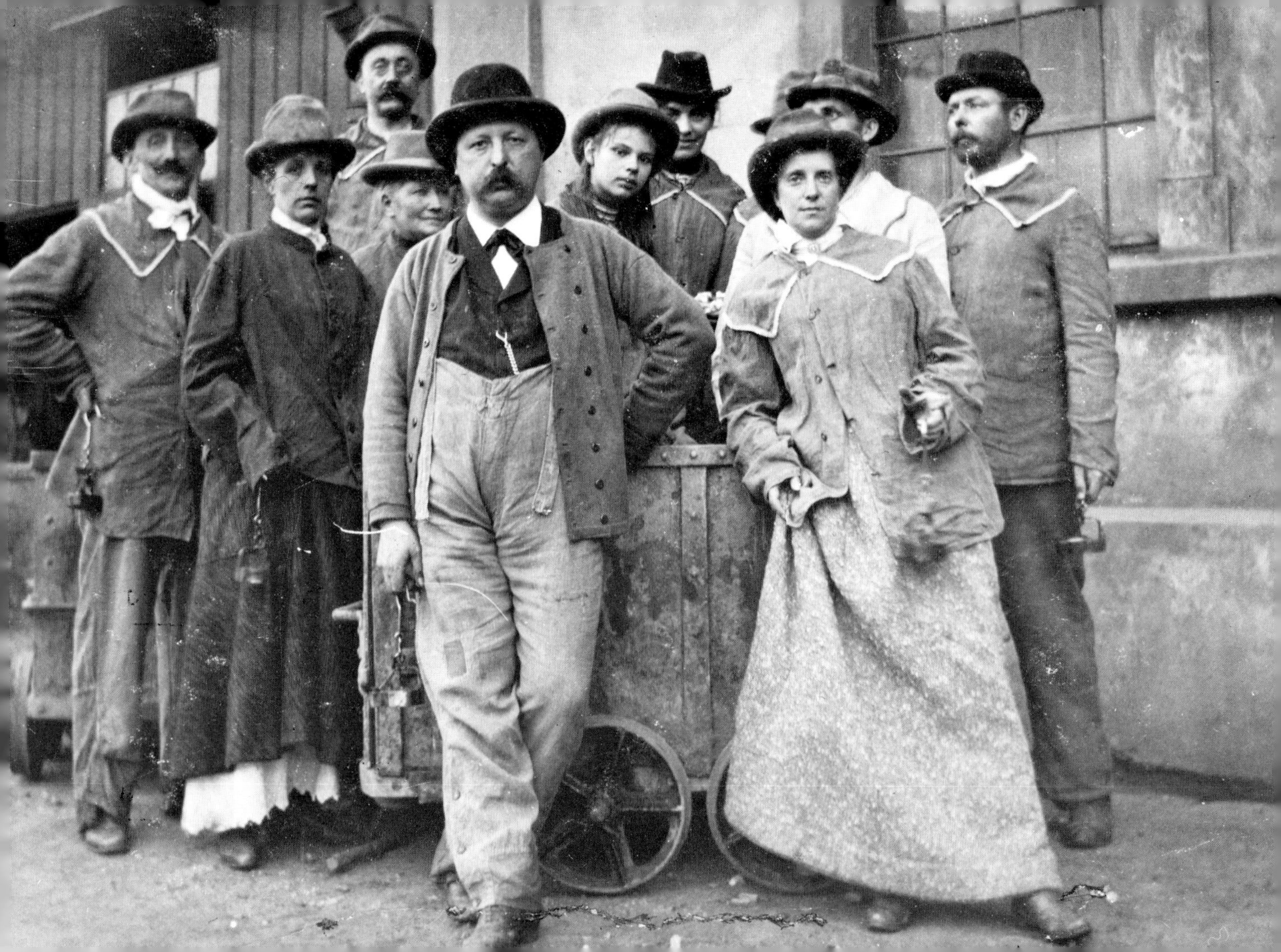

62. Was auf dem vorangegangenen Bilde für Arnold Jung galt, mußte ich bei dem schier unerschöpflichen Fundus von fotografischen Erinnerungen aus dem mittlerweile schon abgerissenen Haus Jungenthal auch auf seine hübsche Frau Marie, geborene Jung, beziehen. Gewißlich entnahmen die jungen Damen ihre modischen Anregungen auch den monumentalen Illustriertenbänden der Gründerzeit, wie 'Über Land und Meer', in welchen auch die ersten Vertreterinnen einer frühen Emanzipation zu Worte kamen. Gesprächsstoff boten diese Folianten gewiß, denn es fand sich sogar der Rapport einer Dame darin, die besuchsweise Einlaß in einen türkischen Harem fand...

In der Silvesterausgabe der 'Betzdorfer Zeitung' vom Jahr 1928, findet sich eine Meldung, die mit einem ortsbekannten Kirchener in Verbindung zu bringen ist, dessen Person bereits in meinem Buche, 'Kennt ihr sie noch...' ein würdiges Gedenken gefunden hat: *Kirchen, 30. Dez. Eine treue Hausgenossin. Am 28. Dezember konnte Fräulein Emilie Lenz hierselbst ein seltenes Jubiläum feiern. Vor 40 Jahren trat die Genannte in den Haushalt von 'Peterjungs' Wilhelm (Wilhelm Jung). Und wie nun Peterjungs Wilhelm eine bekannte Kirchener Person ist, so auch Peterjungs Mielchen. Herr Jung betrieb bis vor ein paar Jahren Bäckerei, in der auch Frl. Mielchen wacker mitgeholfen hat. Trotz ihrer 40 Dienstjahre steht sie heute noch dem Haushalt tatkräftig vor. Möge es ihr vergönnt sein, an der ihr liebgewordenen Stelle noch lange Zeit in guter Gesundheit zu wirken.*

Wissen, 30. März. In letzter Zeit wurde hier und in der näheren und weiteren Umgebung von Wissen eine grosse Anzahl Einbruchsdiebstähle verübt... Nachdem man vor einigen Tagen bei Siegenthal eine mit Diebesgut angefüllte Höhle gefunden hatte, wurde festgestellt, dass die Bande aus drei bis vier Personen und zwar aus Fremden bestehen musste. Am Donnerstag vormittag gegen 11 Uhr wurde ein Mitglied der Diebesbande oberhalb des Bahnwärterhauses in Brückhöfe gesehen. Die Person war im Begriff, in den Ort zu gehen, wurde aber von Passanten erkannt, worauf sie schnell in den Wald verschwand... Nach kurzer Zeit war die gesamte Ortspolizei anwesend, die mit Unterstützung von etwa 15-18 Zivilpersonen eine Razzia in dem dichten Wald vornahm. Diese verlief, trotzdem ein Spürhund eingesetzt wurde, ergebnislos. Am gleichen Tage, nachmittags 6 Uhr, bemerkten Forstbeamte im Walde zwei verdächtige Personen, die mit schweren Koffern beladen waren...

(Fortsetzung der ungewöhnlichen Auseinandersetzungen nächste Seite.)

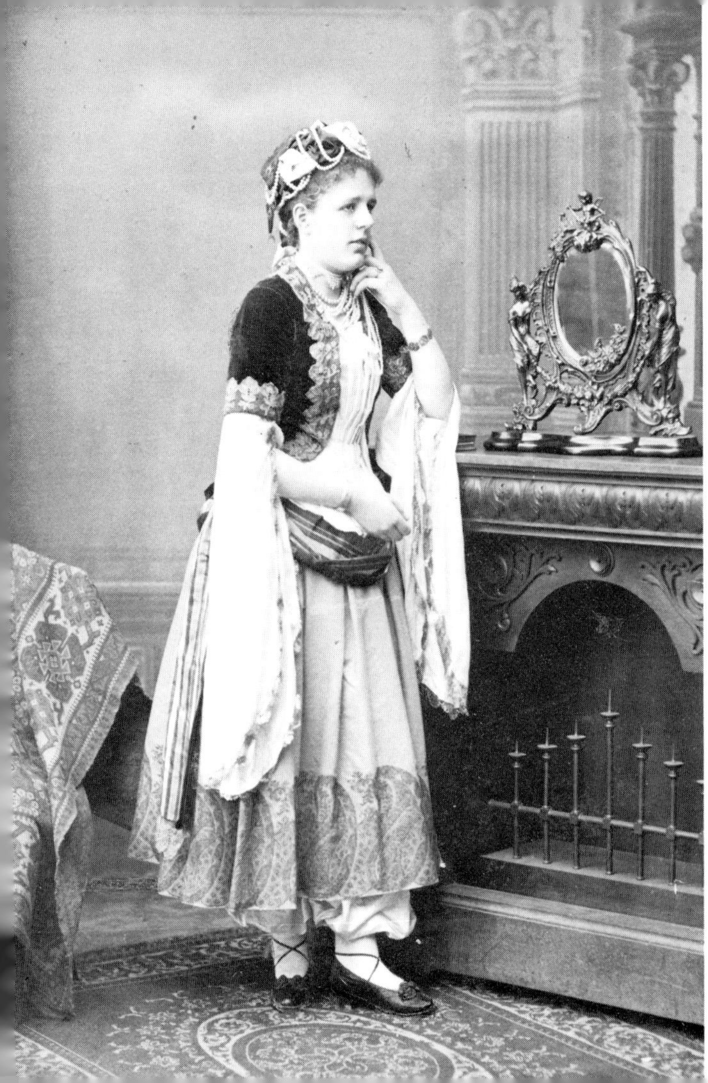

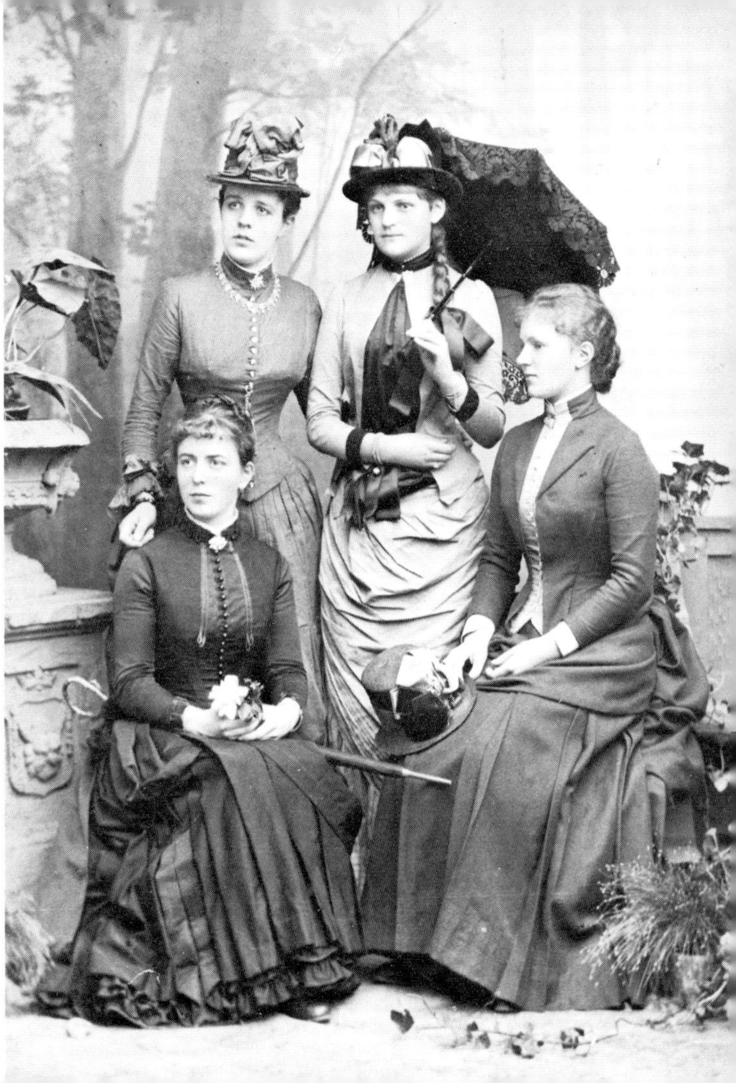

63. Unsere Aufnahme zeigt noch einmal eine Turnergruppe des Vereins, dessen Gönner, der Fabrikbesitzer Otto Kraemer, links in das Bild portraitiert ist. Links oben Karl Blaeser und Helmut Kalleicher. Dritte Reihe von unten, zweiter von links Peter Schneider, Gustav Herwick und Friedr. Strunk. Zweite Reihe, zweiter von links Gustav Strunk, sitzend links Ferdinand Wiefel, sitzend rechts Ernst Wiefel und neben ihm stehend August Göbel. Sitzend Mitte Robert Kohlhaas.

...Die Förster forderten die Burschen auf, sich zu ergeben. Letztere stellten darauf die Koffer ab und steckten die Hände in die Hosentaschen. Als sie jedoch merkten, dass man auf der Gegenseite mit Schiessen zögerte, entsprangen sie und eröffneten nun ihrerseits ein mörderisches Feuer auf die Forstbeamten, die ebenfalls zu ihren Waffen griffen. Die Diebe nahmen schliesslich unter Zurücklassung ihres Raubes die Flucht. Das Diebesmaterial wurde sofort in Sicherheit gebracht und darauf die Ortspolizei alarmiert, die sich in Brückhöfe postierte. Mit welcher Dreistigkeit die Verbrecher auftreten, zeigt die Tatsache, dass einer dieser Burschen am Donnerstag vormittag in Schönstein Einkäufe machte. Abends kurz vor 8 Uhr stattete ein anderer dem Café Olbertz-Kaiserallee einen Besuch ab. Hier entfiel diesem aber zufällig eine Browningpistole, worauf das anwesende Mädchen laut um Hilfe schrie. Strassenpassanten und der Besitzer wurden auf das Geschrei aufmerksam und stürmten herbei. Der Dieb ergriff sogleich die Flucht. Als er sich aber von Polizei und Strassenpassanten verfolgt sah, schoss er blindlings in die Menge, glücklicherweise ohne niemand zu verletzen. Dann nahm der Dieb seinen Weg durch die Hachenburgerstrasse, bog am alten kath. Friedhof links ab. Die Verfolgung wurde nicht weiter durchgeführt, weil man die Spur verloren hatte. Nach diesem Vorfall war die Bevölkerung in heller Aufregung. Kaum aber hatte man sich von diesem Schrecken erholt, als die Nachricht eintraf, dass zwei oder drei Mitglieder der Diebesbande am Tunnelbau in der Brückhöfe gesehen worden seien. Hier hatten die Diebe in der Tat die Lichtleitung demoliert, so dass alles in Dunkel gehüllt war. Eine Streife der Polizei, die mit den Verbrechern zusammenstiess, eröffnete auf sie ein Gewehrfeuer; aber auch hier setzten sich die Räuber zur Wehr und konnten schliesslich entkommen. Auf der Kaiserallee und in der Hauptsache vor dem Bürgermeisteramt wogte bis in die späten Nachtstunden eine grosse Menschenmenge, die aufgeregt über die ungewöhnlichen Ereignisse diskutierte...

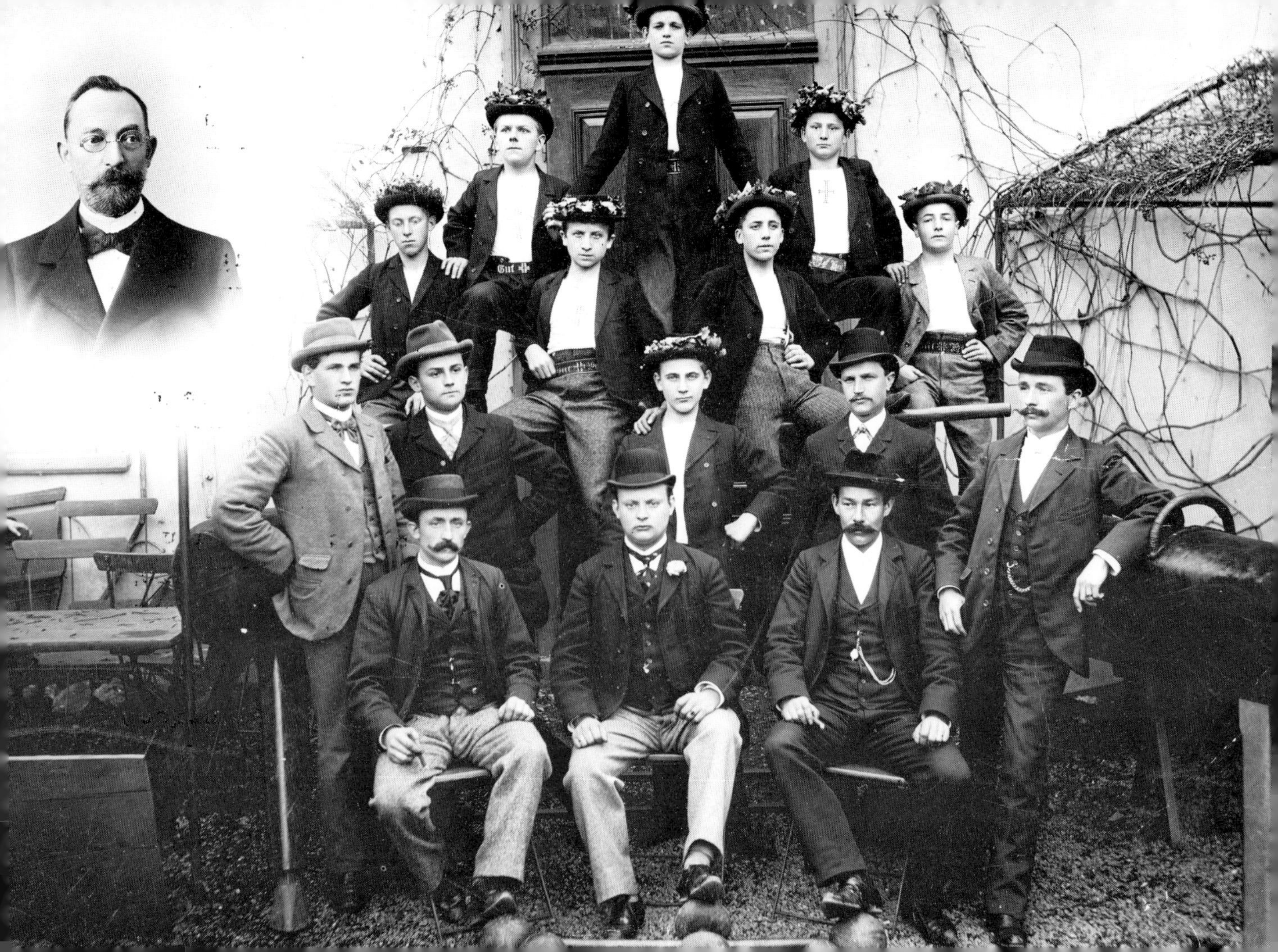

64. Unsere Aufnahme entstand am 8. August 1920 anläßlich eines Sommerfestes des MGV Liederkranz. Hier präsentiert sich der 'Säuglingsverein'. Vorne, von links: Albert Christ, Alfons Euteneuer, Heinrich Löcher, Erwin Lohse, Josef Schäfer, unbekannt und Otto Sassmannshausen. Hintere Reihe, von links: Paul Schmidt, Toni Schmidt, Ernst Fassbender, unbekannt, unbekannt, Franz Quast, Ebener, unbekannt, Peter Wisser, Arthur Schäfer, Franz Weber, Franz Esser und Paul Flick.

Wir kommen zum Schluss der wilden Verbrecherjagd: *...In der Nacht zum Freitag traf der Leiter der Landjägerei hier ein. Kurz darauf folgten Kraftwagen mit schwerbewaffneten Polizeibeamten aus Altenkirchen, Hamm, Betzdorf und Kirchen. Zum Forsthaus Buchen, das mitten im Walde liegt, brach sofort eine Anzahl Polizeibeamter auf. Weiter wurden Posten in der Brückhöfe, am Koksberg, auf der Strasse nach Mühlental, der Provinzialstrasse zwischen Wissen und Niederhövels aufgestellt, wodurch der Wald abgeriegelt war. Gestern früh erschien eine verdächtige Person im Warteraum des Bahnhofs Niederhövels. Sie beabsichtigte mit dem Frühzug nach Köln zu fahren und passierte, als der Zug einlief, hastig die Sperre. Auf dem Bahnsteig aber sah sich der Bursche einer Anzahl Gewehrläufe gegenüber, so dass ein Entrinnen diesmal unmöglich war. Er wurde sofort verhaftet. Man fand bei ihm zwei mit je 8 Schuss geladene Browningpistolen, die wie festgestellt, auch aus einem Diebstahl herrühren. Es handelt sich um einen Mann italienischer Staatszugehörigkeit aus der Nähe von Mailand. Er wurde gefesselt und zur Vernehmung aufs Bürgermeisteramt nach Wissen gebracht. Der verhaftete Räuber gab bei seiner Vernehmung etwa folgendes an: die Diebesbande bestehe aus mehreren Personen, u.a. sei auch ein Russe der Bande angeschlossen. Er (der Verhaftete) habe letzteren in einem Uebernachtungslokal in Düsseldorf kennen gelernt, und dieser habe ihn nach hier gebracht. Ein anderes Mitglied der Diebesbande, wahrscheinlich der Russe, ist entkommen. In Au hat es den Zug bestiegen, sprang aber kurz vor Rosbach, als es sich verfolgt glaubte, aus dem fahrenden Zug. Bei Eitorf hat der Verbrecher wieder einen Zug bestiegen, den er aber ebenfalls in voller Fahrt verliess. Das im Koffer beschlagnahmte Diebesgut stammt aus dem Einbruch in das Kaufhaus Wagner-Wissen... Eine Vernehmung etwaiger Hehler fand gestern statt...*

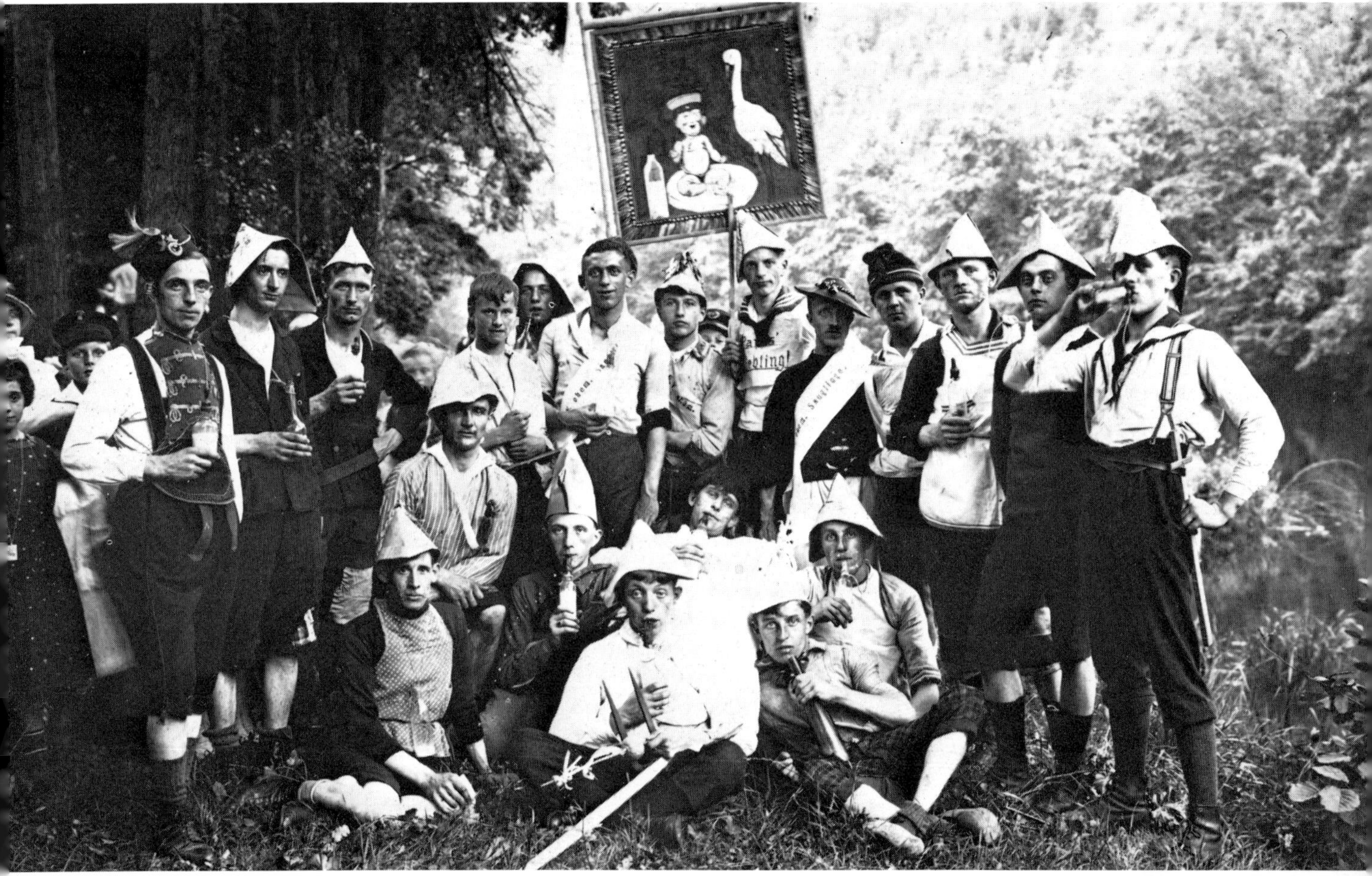

65. Unsere Aufnahme entstand im Jahre 1928 anläßlich des Schützenfestes. In der Limousine vorne Schützenkönig Frübing und Frau. Im Bildhintergrund das Bahnhofsgebäude. In der Ausgabe der 'Betzdorfer Zeitung' vom 30. März 1929, werden noch einige neue Verhaftungen nachgetragen: *Gestern Abend bemerkten Bewohner des Löhs kurz vor 10 Uhr zwei verdächtige Gestalten. Bald darauf fiel im Walde eine Anzahl Schüsse; die sofort alarmierte Polizei nahm eine Streife vor, die aber ergebnislos verlief. Wie wir noch erfahren, sind jedoch gestern abend in Siegburg auf dem Bahnhof zwei verdächtige Personen verhaftet worden, die heute früh 9 Uhr nach hier zur Vernehmung gebracht wurden. Als gestern abend die Polizei ins Gefängnis kam, hatte sich der verhaftete Italiener seiner Fesseln entledigt und schon verschiedene Steine aus der Mauer ausgebrochen. Durch das Erscheinen der Polizei konnte so ein Ausbruch rechtzeitig verhindert werden.*

Friedewald, 17. Mai. *Viehmarkt. Begünstigt von schönem Wetter wurde hier am 15. Mai der Kram- und Viehmarkt abgehalten. Der Verkehr war sehr rege. Gegen 6 Uhr morgens waren die Geschäftsleute bei der Arbeit. Ein Stand nach dem andern wurde aufgeschlagen. Insgesamt waren 16 Verkaufsbuden aufgestellt, davon zwei Wirtschaften, eine Kaffeewirtschaft, zwei Metzgereien, ein Manufakturwarengeschäft, Gemüse-, Zuckerwaren- und Spielwarenbuden. Schon um 8 Uhr morgens war auf dem Marktplatz ein grosser Andrang. Besonders der Viehmarkt hatte sehr viele Neugierige und Kauflustige herbeigelockt. An Schweinen waren 86 aufgetrieben, die bis auf 16 Stück verkauft wurden... An Rindvieh waren 78 Stück aufgetrieben, meistens trächtige Rinder. Trotzdem nur erstklassige Tiere zum Verkaufe angeboten wurden, war der Handel mässig. Einen guten Geschäftsgang zeigte der Gemüse- und Pflanzenverkauf. Bezahlt wurden für Salat der Kopf 30 Pfg., Gurken das Stück 50 Pfg., Wirsing- Rotkohl- und Weisskohlpflanzen 25 St. 60 Pfg., Selleriepflanzen 25 St. 90 Pfg., Aepfel das Pfund 50-70 Pfg., Eier 13-14 Pfg. Der nächste Kram- und Viehmarkt ist am 15. Juni.*

Kirchen, 29. Juni. *Am Tage der zehnjährigen Wiederkehr der Unterzeichnung des Schandvertrages von Versailles, fand in der Sigambria eine Kundgebung gegen die Kriegsschuldlüge statt...*

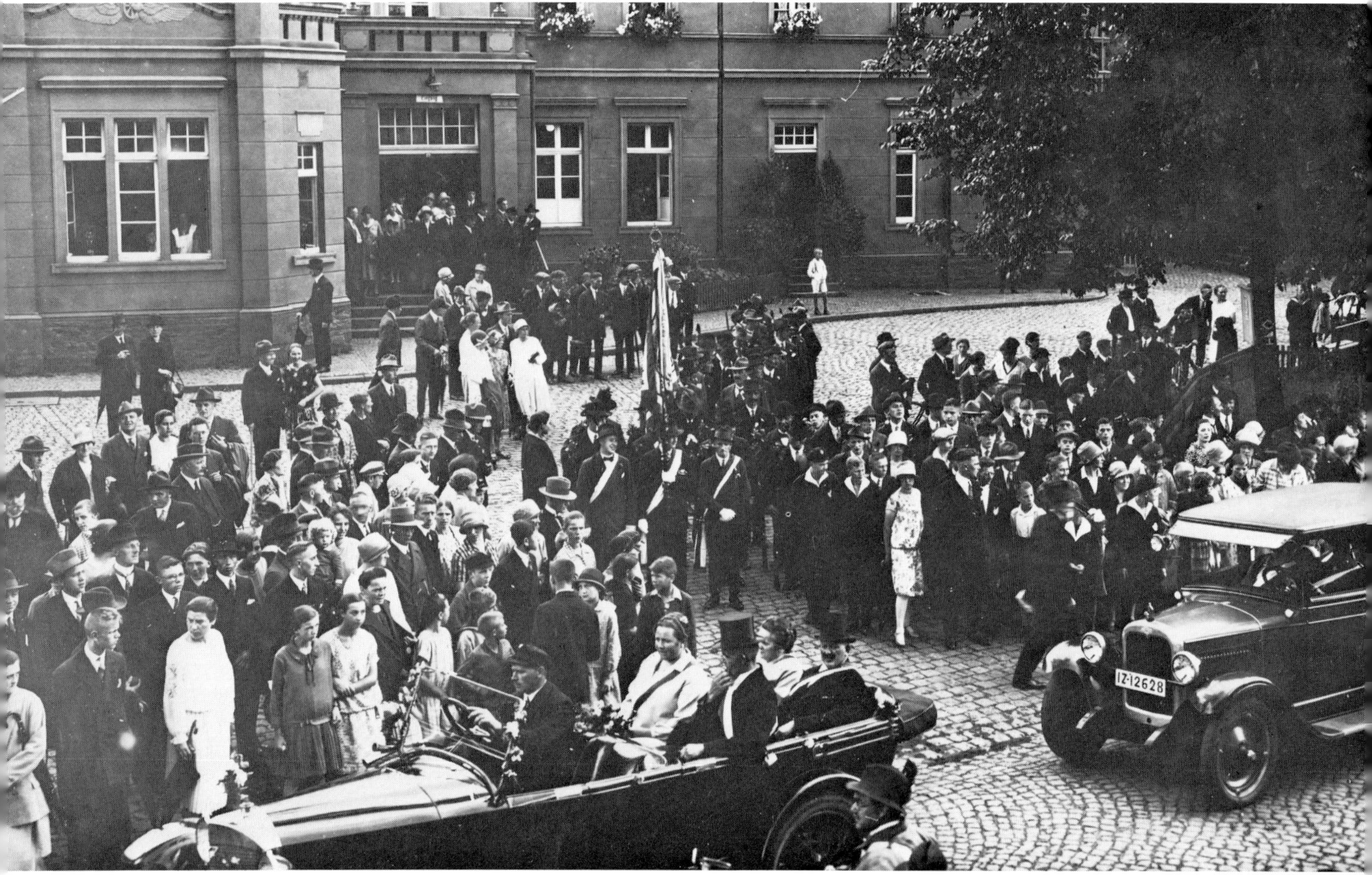
IZ-12628

66. Unsere Aufnahme entstand anläßlich des Schützenfestes im Jahre 1929. Fahnenträger Alois Kemper, Willi Klüser und Ewald Rheinhardt. Mittlere Reihe: Michael Körner, Karl Meckel und Frau, Heinrich Decker und Frau, Arthur Schäfer und Frau, Paul und Frieda Mildenberger, Josef Bähner und Frau, Theodor Rückert und Franz Böhmer. Vorne von links: Theodor Halbe und Frau, Robert Rheinhard und Frau, Schützenkönig Ernst Decker und Frau, Willi Glöckner und Frau, August Mogenschweis und Frau.

Die 'Betzdorfer Zeitung' berichtet am 5. Oktober 1929 unter anderem von dem für Gustav Stresemann anberaumten Staatsbegräbnis. In Wehbach kontrolliert eine Polizeistreife unter Führung des Landjägermeisters von Altenkirchen die Mitglieder eines Wanderzirkus: *Bei der Prüfung der Ausweispapiere konnten von einem Burschen die nötigen Unterlagen nicht herbeigeschafft werden. Bei näherer Untersuchung stellte es sich heraus, dass der Bursche steckbrieflich verfolgt wird. Er wurde festgenommen und nach einer gründlichen Untersuchung nach Waffen ins Amtsgerichtgefängnis Kirchen gebracht.*

Freudenberg, 2. November. *Am Donnerstag wurde der 20 Minuten von Freudenberg gelegene, etwa 40 Morgen grosse Asdorfer Weiher ausgefischt. Schon in den frühen Morgenstunden hatte sich eine grosse Anzahl Zuschauer eingefunden, die teils mit Autos von weither gekommen waren. Auch der Kreisomnibus verlängerte seine Fahrt an diesem Morgen bis zum Weiher. Mit dem Fischzug konnte erst gegen 11 Uhr begonnen werden, da der Kraftwagen des Händlers aus Lohmar unterwegs eine Panne erlitten hatte und keine Netze zur Stelle waren. Dann ging das Fischen ungestört und schnell vonstatten. In der Hauptsache enthielt der Teich Spiegelkarpfen und Schleien, die vor zwei Jahren eingesetzt waren und jetzt ein Durchschnittsgewicht von 1½ Pfund hatten. Es waren jedoch lange nicht so viel Fische vorhanden, als man geglaubt hatte. Jedenfalls sind viele Fische dem Fischsterben und wilden Enten zur Beute gefallen.*

Am 14. Dezember 1929 wird ausführlich von der 1. Sitzung des Gemeinderats in Kirchen berichtet: *In der auf 3 Uhr in den Rathaussaal einberufenen Sitzung sind sämtliche Mitglieder des Gemeinderates erschienen. Von den alten Kämpen haben den 17. November siegreich bestanden die Herren Bender, Decku, Goebel, Lang, Lohse, Crefeld, Jung und Söhngen. An neuen Gesichtern sieht man die Herren: Fritz Sturm, Josef Knoll, Hermann Höfling, Josef Schlosser; ihnen haben weichen müssen die Herren Otto Kasch, Josef Kipping, Heinrich Quast und Wilh. Muhl. Im Zuhörerraum befanden sich nur fünf Mann. Sicher wären es mehr gewesen, hätte man auf den bedeutungsvollen Tag gebührend hingewiesen.*

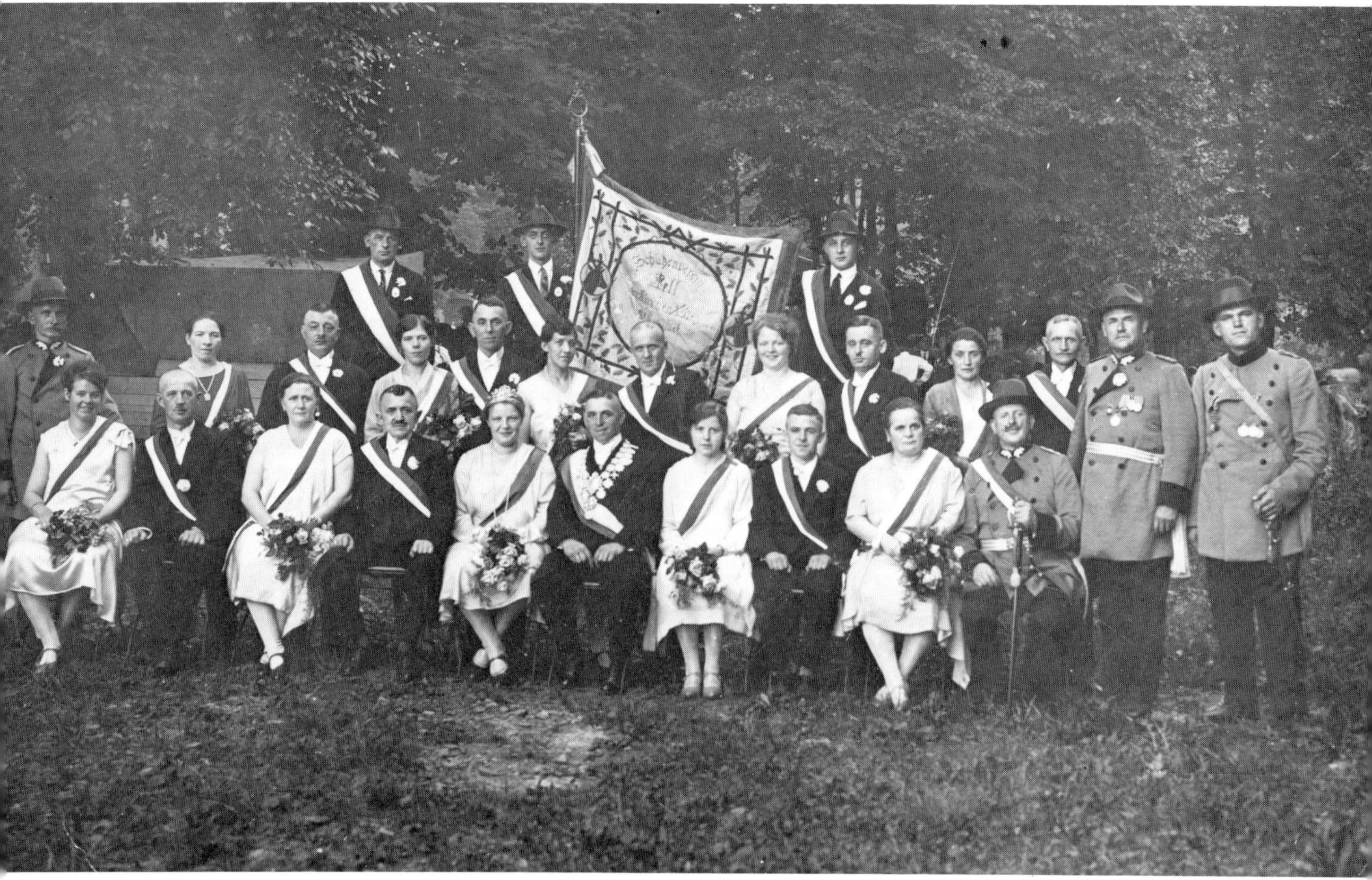

67. Unsere Aufnahme: Der katholische Frauen- und Paramentenverein unternahm unter Führung von Pfarrer Lellmann am 25. April 1929 einen Ausflug nach Dermbach. Links neben Pfarrer Lellmann Frau Pfeifer (dunkles Kleid), rechts neben ihr Frau Acher (die 'Himmel-Achers' genannt wurden, weil ihr Haus das letzte in Richtung Önner war). Erste Reihe, sechste von rechts Paula Haubrich und sechste von links Maria Grimmig mit Tochter Liesel. Zweite Reihe, erste von rechts Franziska Utsch, neben ihr Frau Baumeister Quast, die langjährige Vorsitzende des Vereins war. Des weiteren sehen wir noch auf dem Bilde: Anna Eckel, Leni Hörter, Maria Banowski, Hilde Kipping, Fräulein Morgenschweis, Frau Schönborn, Liese Kötting, Hedwig Rühl, Fr. Schaberick, Frau Dietz, Frau Utsch von der Au, Frau Kintz, Johanna Schäfer, Frau Eisel, Frau Hess, Frau Hellinghausen, Ida Schneider, Anna Buslei, Frau Nauroth, Frau Dr. Demmer, Fräulein Dietz, Emma Baldus und Frau Köhler.

Wir fahren fort mit der Berichterstattung von der 1. Sitzung des Gemeinderats in Kirchen am 12. Dezember 1929:

...Vorsteher Kraemer eröffnete die Sitzung kurz nach drei Uhr... Wohl kaum einmal hat je ein Gemeindeoberhaupt in Kirchen herzlicher und eindrucksvoller zu seinen Mitarbeitern gesprochen. Das war keine konventionelle Begrüssungsansprache. Man spürte es: Der Mann der da steht hat es bewiesen, er hat es gelebt, was er hier als Leitsätze predigt: Bewusst verantwortungsvoll und einigkeitswillig! Ja, das war Hermann Kraemer in den 13 Jahren als Gemeindevorsteher! Er wird es auch bleiben! Das weiss jedermann in Kirchen... weil das jeder weiss, ist es kaum fassbar, was in den letzten Wochen von Mund zu Mund ging: 'Das Zentrum will einen Gegenkandidaten aufstellen.' Von vielen, vielen Zentrumswählern aber konnte man hören: 'Wir wollen Hermann Kraemer behalten'... Herr Bender dankte Herrn Kraemer in herzlichen, anerkennenden Worten. Er traf das Richtige: nach solchem Bekenntnis... ihm einstimmig das Amt für weitere vier Jahre anzuvertrauen... Auch Herr Lohse spricht dem Vorsteher den Dank seiner Partei aus... (meint aber)... den Vorschlag des Herrn Bender könne er nicht gutheissen. Sie seien infolge der Wählermehrheit von der Partei aus gehalten, einen eigenen Kandidaten aufzustellen... In zwei Wahlgängen ergab sich jedesmal das gleiche Stimmenverhältnis 6:6. Damit musste das Los entscheiden. Unter atemlosen Aufhorchen der gesamten Saalbesetzung zieht der Vorsteher einen von den beiden Wahlzetteln; er ist beschrieben mit 'Kraemer'... Gegenkandidat Crefeld beglückwünscht den Wiedergewählten und sprach ihm das Vertrauen auch der Zentrumspartei aus. Und nachdem Kraemer erklärt, 'Was eben gewesen ist, habe ich schon vergessen; ich stehe zu den Gemeindeverordneten der Zentrumspartei genau so, wie zu den Vertretern der übrigen Parteien', war ein versöhnlicher Ausklang gegeben. Der öffentlichen Sitzung schloss sich noch eine kurze geheime Beratung an, in der Herr Lohse noch eine Anregung geben wollte.

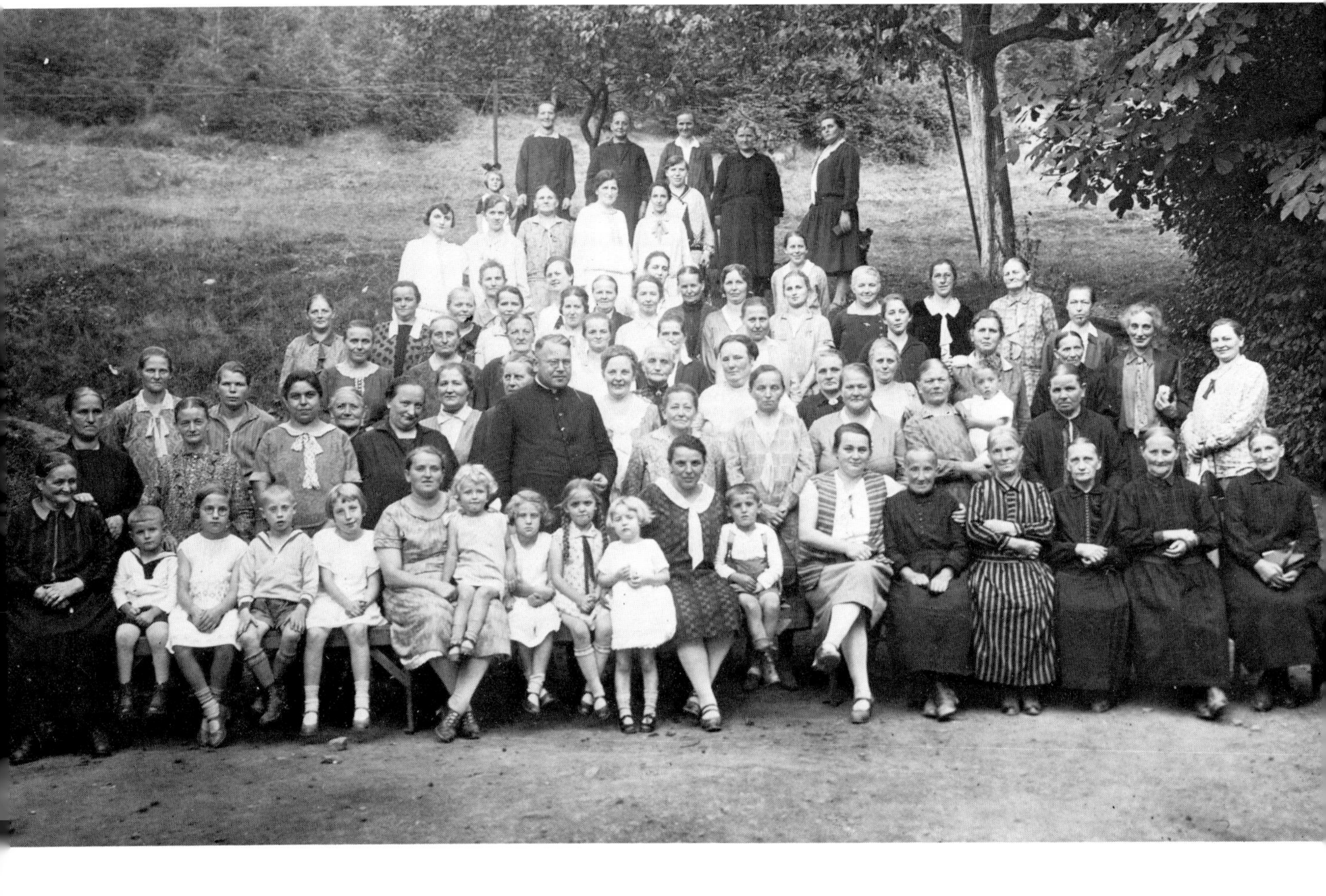

68. Es lächelt die Sieg, sie ladet ein zum kahnen! Von links Else Schneider, geborene Stein, Gerti Stein, Hedel Hintze und Jenny Strunk, Susanne und Friedel Schneider, Jürgen Schneider und Arnold Hintze. Aufnahme vom Juli 1920.

Kirchen, 28. Juli. *Nunmehr ist auch die Gemeinde Kirchen in die Reihe derjenigen Gemeinden aufgerückt, die sich eines Ehrenmals für die Gefallenen erfreuen dürfen. Es hat auf der Freitreppe vor dem Rathaus Aufstellung gefunden und wurde gestern in feierlicher Weise enthüllt. Kirchen hatte dazu sein Festgewand angelegt und von den Häusern wehten Fahnen in allen Farben, unter denen die Reichsfarben vorherrschten. Vormittags war gemeinsamer Kirchgang der Ortsvereine; mittags gegen 2 Uhr nahmen die Vereine mit Fahnen auf dem Kirmesfeld Aufstellung und in geschlossenem Zuge marschierten sie zum Rathausplatz, der vorher von der Feuerwehr abgesperrt worden war... Kirchens Gemeindevertreter waren vollzählig vor dem Rathaus versammelt und Bürgermeister Zartmann, der Protektor der Feierlichkeit, konnte auch den Schöpfer des Denkmals, Professor Dr. Burger-Mayen, begrüssen. Eröffnet wurde sie durch das von der Feuerwehrkapelle gespielte Niederländische Dankgebet. Es folgte ein mit jugendlichem Feuer gesprochener Vorspruch eines Schülers, worauf der M.G.V. Liederkranz mit den getragenen Akkorden des stimmgewaltigen Chorgesanges 'Jehova' starken Eindruck machte und die Ueberleitung zu der Festrede des Bürgermeisters Zartmann schuf... Den ganzen Nachmittag war das Denkmal der Anziehungspunkt der Kirchener Bürger und vieler Auswärtiger. Allgemein war man des Lobes voll über das einfache und doch so eindrucksvolle Kunstwerk,... das ohne Zweifel eine städtebauliche Zierde für Kirchen bildet.* (Siehe auch Kirchen, Band 1, Seite 53.)

Verstärkt machen jetzt auch die Nationalsozialisten von sich reden. Für Sonntag, den 19. Oktober 1930, nachmittags 4 Uhr, ist eine 'Oeffentliche Versammlung in Kirchen in der Sigambria' angesagt, welche zu ihrem Thema hat: 'Hitlers Schatten über Deutschland! Was nun? Die Nationalsozialisten vor ihrer Macht.' Veranstalter ist die Ortsgruppe der NSDAP Kirchen-Wehbach.

Kirchen, 28. März 1931. *Am Spätnachmittag des gestrigen Tages wurde das dreijährige Söhnchen des Arbeiters Peter Christ in Kircherhütte vermisst. Da das Suchen der Eltern erfolglos war, beteiligten sich schliesslich auch noch Ortseinwohner und die Feuerwehr daran... man fand die Leiche im Jungschen Fabrikgraben in der Nähe der Mäuelerschen Lagerstätte.*

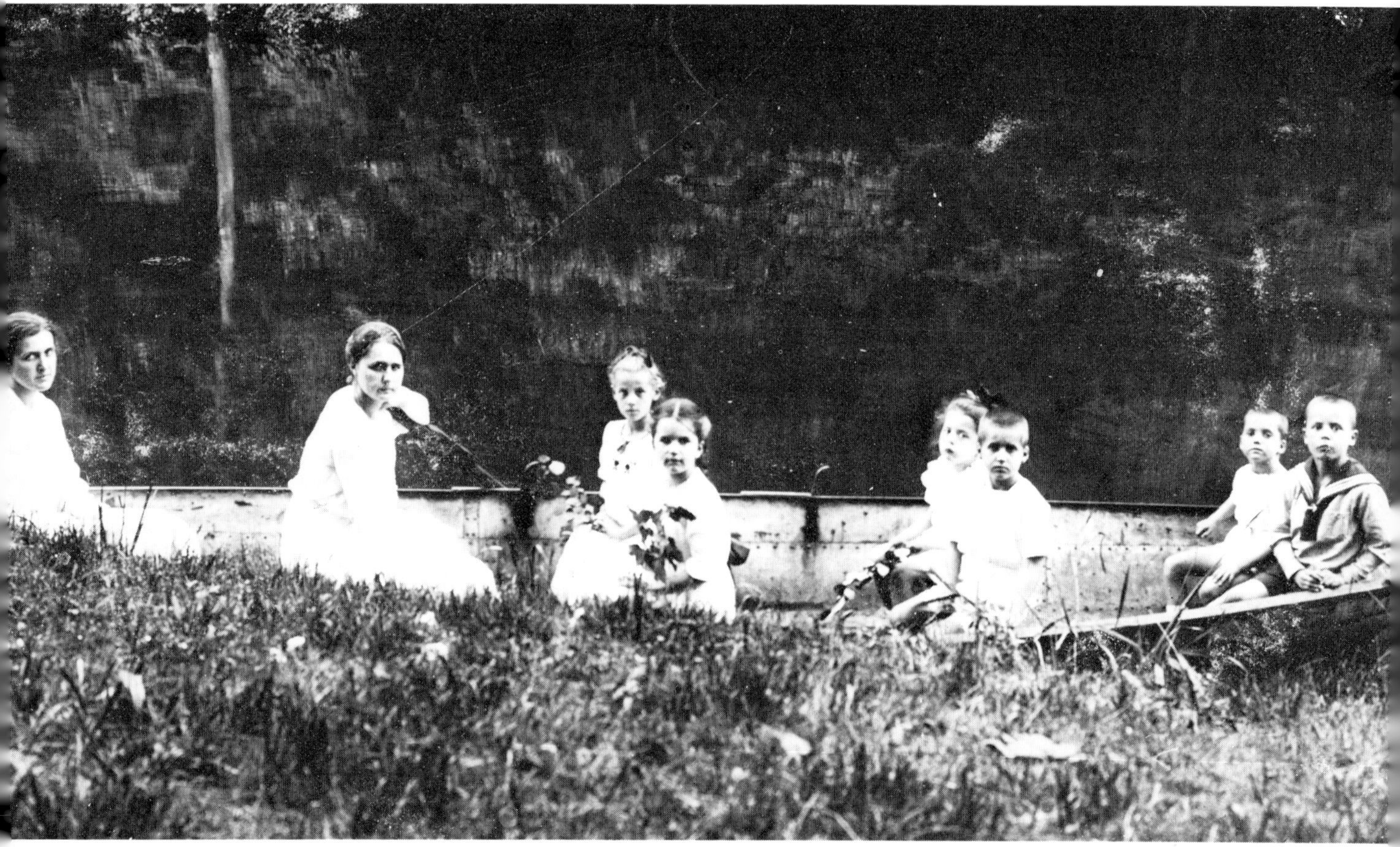

69. Kirchen, 6. März 1931. *Der 60. Geburtstag wird in neuerer Zeit bei hervorragenden Personen der Politik, der Wissenschaft und Kunst in gebührender Weise gefeiert. Da sei es uns erlaubt, auch des 60. Geburtstages einer Persönlichkeit zu gedenken, die für unsern Bezirk einen hervorragenden Platz einnimmt wegen ihrer Tätigkeit in der sozialen Fürsorge. Es handelt sich um Frau Bürgermeister Schulz, die heute ihren 60. Geburtstag begeht... Wie Bodelschwingh, dessen 100. Geburtstag Deutschland heute gedenkt, war ihr ganzes Tun und Dichten auf die Stützung der Bedürftigen gerichtet... Frau Bürgermeister Schulz ist der gute Stern allüberall; wo man sich eine Beratung wünscht, da ist sie zur Hand! Ein klarer Blick, eine jugendliche Tatkraft liess sie immer den Weg finden, den man bewundern muss!...*

Freusburgermühle, 6. März. *Wer jetzt durch unsere Ortschaft wandert, der wird seinen Blick auf eine schöne Bronzetafel richten, die dem Gedächtnis der im Weltkriege gefallenen Söhne der Freusburgermühle gewidmet ist. Die Aufstellung war gestern abend mit einer schlichten, würdigen Feier verbunden. Auf dem weiten Platz hatten sich die Angehörigen der toten Soldaten mit den anderen Bewohnern des Ortes versammelt. Pechfackeln flankierten die Seiten der Tafel und erleuchteten den weiteren Kreis. Herr Hermann Kraemer hielt eine kurze, herzliche Ansprache... Gleich wie man in stillen Nächten, das klare Firmament betrachtend, weit ins Land und in die eigene Seele schaue, wie die Gestirne des Weltalls in steter Bahn um den Polarstern kreisten, so sammelte sich alles auf Erden um den einen Gott... Herr Franz Bender legte einen Kranz an der Stätte nieder und verlas die Namen der auf der Tafel Verzeichneten. Daraufhin sangen die Versammelten einen Vers des Liedes vom guten Kameraden. – Die Gedächtnistafel ist ein Geschenk des Mühlenbesitzers Bender an die Bewohner. Eine feinsinnige Ehrung, auf dass die toten Brüder, wenngleich ihre Leiber in ferner Erde ruhen, sie doch ihren Platz in der Heimat, mitten unter den Ihren haben sollen. Die Tafel hat eine schöne Stelle gefunden. Ueber ihr die ragenden, schattenden Aeste einer Trauersche, zur Seite die Gebäude der Mühle, die, seit Jahrhunderten ein Bild fleissiger Regsamkeit, in Friedenszeiten und in Kriegswirren segenspendend gedeiht...*

Unsere Aufnahme entstand beim Roden in Freusburg-Struth, im Frühjahr 1934. (Siehe auch 'Kennt ihr sie noch...', Seite 48.)

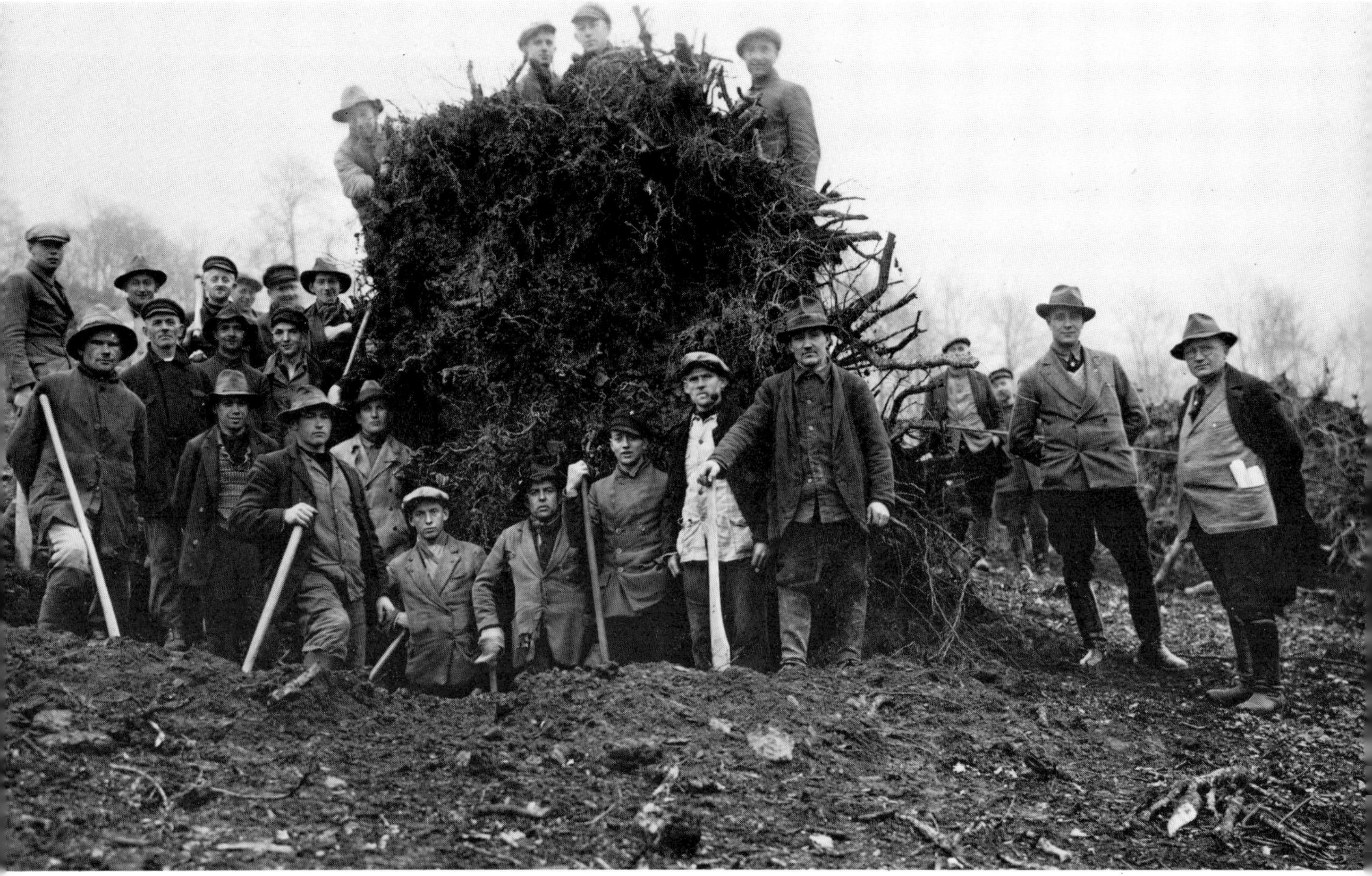

70. Unsere Aufnahme zeigt links das Haus Dietz in der Hardt mit Maria Dietz und der Uroma; Josef Dietz war Rohrschlosser bei der Firma Jung. Das Bild rechts, 'Der Pilz (der Gartenpavillion Hintze auf dem Riegel) nimmt die fleissigen Bienchen nach emsiger Arbeit (Beerenpflücken) auf.'
Von links: Nanni Wolff, Hedel und Lieselotte Hintze, Jenny Strunk und Gärtnerin Helene Fischer, die auch Köchin in der Volksküche in Kircherhütte war. Aufnahme zirka 1921.
Betzdorf, den 8. Juni 1931. *Eine seltene Naturerscheinung zeigte sich Samstag morgen 4 Uhr am Himmel und wurde von manchem Schläfer beobachtet, der sich durch das anziehende Gewittergrollen aus seiner Ruhe hatte wecken lassen. Von einem Berichterstatter wird darüber gemeldet: Es erschien zunächst, als stände die Welt in Flammen. Rotgelb leuchtete der Himmel und schon konnte man glauben, Brandgeruch zu verspüren. Ans Fenster tretend, zeigte sich das Firmament von unzähligen goldenen Strahlen durchzogen, die allmählich in Farben aller Schattierung übergingen und zuletzt blutrot wurden. Ein gewaltiger Anblick und unvergleichlich schön. Er dauerte etwa 10 Minuten, und dann setzte das Gewitter mit voller Kraft ein.*
Katzenbach, 29. Juni. *Das erste Treffen der Gesangvereine des Amtes Kirchen im Walde bei Euteneuen am Sonntag war ein voller Erfolg und es muss zugestanden werden, dass wohl fast kein schönerer Platz als unter den mächtigen Eichen an den Ufern der stillen Sieg hätte gefunden werden können.*
Am Montag, den 27. Juli 1931, berichtet die 'Betzdorfer Zeitung' von der Versammlung am Donnerstag im Germaniasaal: *Die nationalsozialistische Kundgebung mit Dr. Ley, M.d.R. als Redner war ein Ereignis, wie es in Betzdorf nicht oft vorkommt. Schon einige Tage vorher wurde diese Versammlung zum Tagesgespräch... Bereits um 7,30 Uhr, kurz nach Saalöffnung, strömten die Menschen in Massen herbei. Vollbesetzte Autos brachten immer wieder Leute aus Nah und Fern mit, die alle den Führer der rheinischen Nationalsozialisten hören wollten... Punkt 8½ Uhr erscheint Dr. Ley. Mit Händeklatschen und Heilrufen wird er empfangen... Redner war von diesem Empfang sichtlich ergriffen...*
Kirchen, 28. Dezember. *Schöffengerichtssitzung. Im September d.Js. wurden in Jungenthal und in Brühlhof drei Einbruchdiebstähle ausgeführt. In der Nacht zum 6. September wurden aus dem Stall des Ingenieurs Wildtraut in Brühlhof zwei Gänse gestohlen, bei dem Kaufmann Weber in Jungenthal wurde in der Nacht zum 26. September eingebrochen... und in der selben Nacht drangen die Diebe in das Besitztum Hintze in Jungenthal ein, und entwendeten hier eine Flobertbüchse, eine Luftbüchse und ein Paar Strümpfe...*

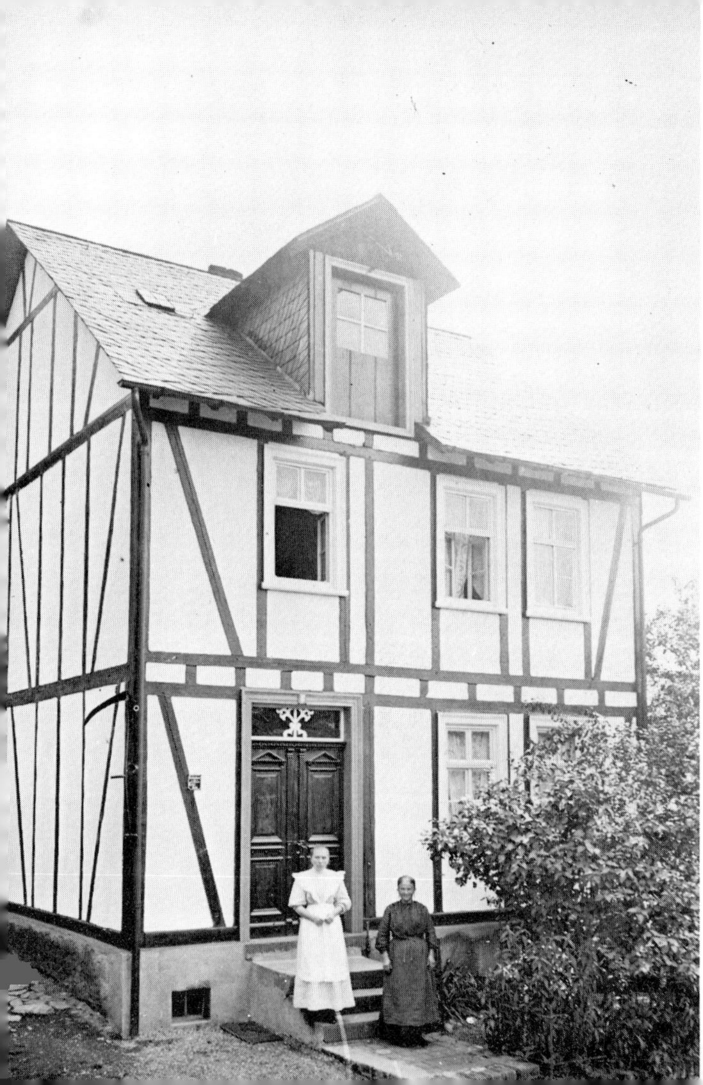

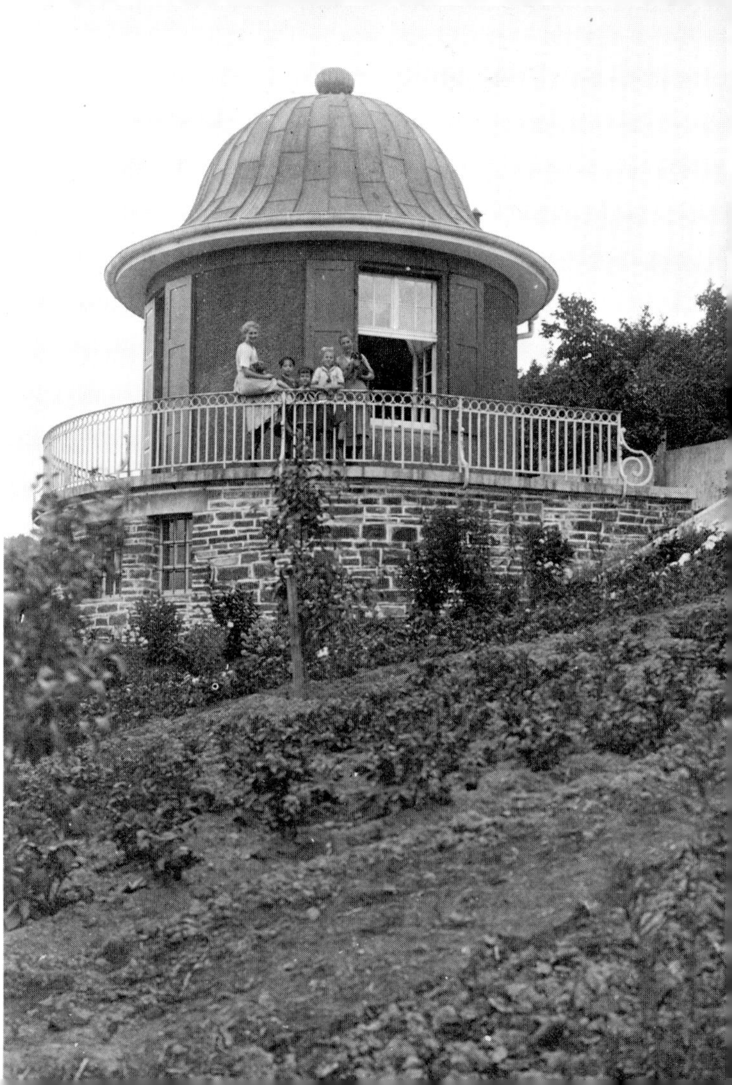

71. Unsere Aufnahme entstand um das Jahr 1900. Kartoffelernte oberhalb der Reitbahn Rauschenbusch, aus deren Fundus von Glasplatten-Positiven (!) dieses Bild auch entstammt. Bezüglich der vorgenannten Schöffengerichtssitzung sei noch nachgetragen, daß bei einem Verdächtigen in Freusburg eine Haussuchung vorgenommen ward: *...An einer Decke, die im Hause vorgefunden wurde, hingen Geflügelfedern, auch wurden noch frische Blutspuren daran festgestellt... mit den Gänsefedern hatte er sein Bettplumeau umgefüllt... auf dem Speicher im Heu versteckt fanden die Polizeibeamten eine Menge Zigaretten und zwar gerade die Marken, welche der Kaufmann W. in Jungenthal führte... auch bezgl. der Strümpfe verwickelte sich der Beschuldigte in Widersprüche... und kam darauf in Haft... Das Gericht hielt den Angeklagten auch des Gänsediebstahls für überführt, und mindestens seine Mittäterschaft bei dem Einbruchsdiebstahl bei Hintze für erwiesen. Das Urteil lautete auf drei Jahre Zuchthaus und drei Jahre Ehrverlust.*

Betzdorf, 30 Januar 1932. *Ein schauerlicher Fund wurde gestern von Arbeitern gemacht, die durch den Wald bei Herkersdorf einen Weg bauen. Sie fanden ein menschliches Gerippe, das infolge Verfaulens des Strickes, an dem sich der Mensch im Gestrüpp an einem Baum aufgehängt hatte, herabgefallen war. Es wurde festgestellt, dass es sich um den vor mehr wie Jahresfrist verschwundenen Bergmann Nassauer von Herdorf handelte, einen Familienvater von mehreren Kindern, der die Tat offenbar in einem Zustande geistiger Umnachtung begangen hat. Die Polizei bemühte sich um die Bergung der Leichenteile zwecks ordnungsgemässer Beisetzung auf dem Friedhofe.*

Kirchen, 29. März. *Unsere evgl. Kirche hatte an den Ostertagen wiederum recht viele Besucher in sich versammelt. Das Gotteshaus prangte im Schmuck der Osterblumen. Auf Altar, an den Fensterbänken sinnig verteilt, und von der hereinbrechenden Frühlingssonne verschönt, trugen sie den Glanz des Festes auch nach aussen hin...*

Weitefeld, 29. März. *Auf der hiesigen Viehweide, im Obersten Weier genannt, und auf der angrenzenden Weide des benachbarten Neunkhausen, hielten sich in der vergangenen Woche eine grosse Anzahl Schneegänse auf. Ohne Zweifel sind die Vögel so lange hier geblieben, weil ihnen die kalte Witterung der letzten Woche ein längeres Verweilen auf ihrer Reise in die nordischen Länder ratsam erscheinen liess.*

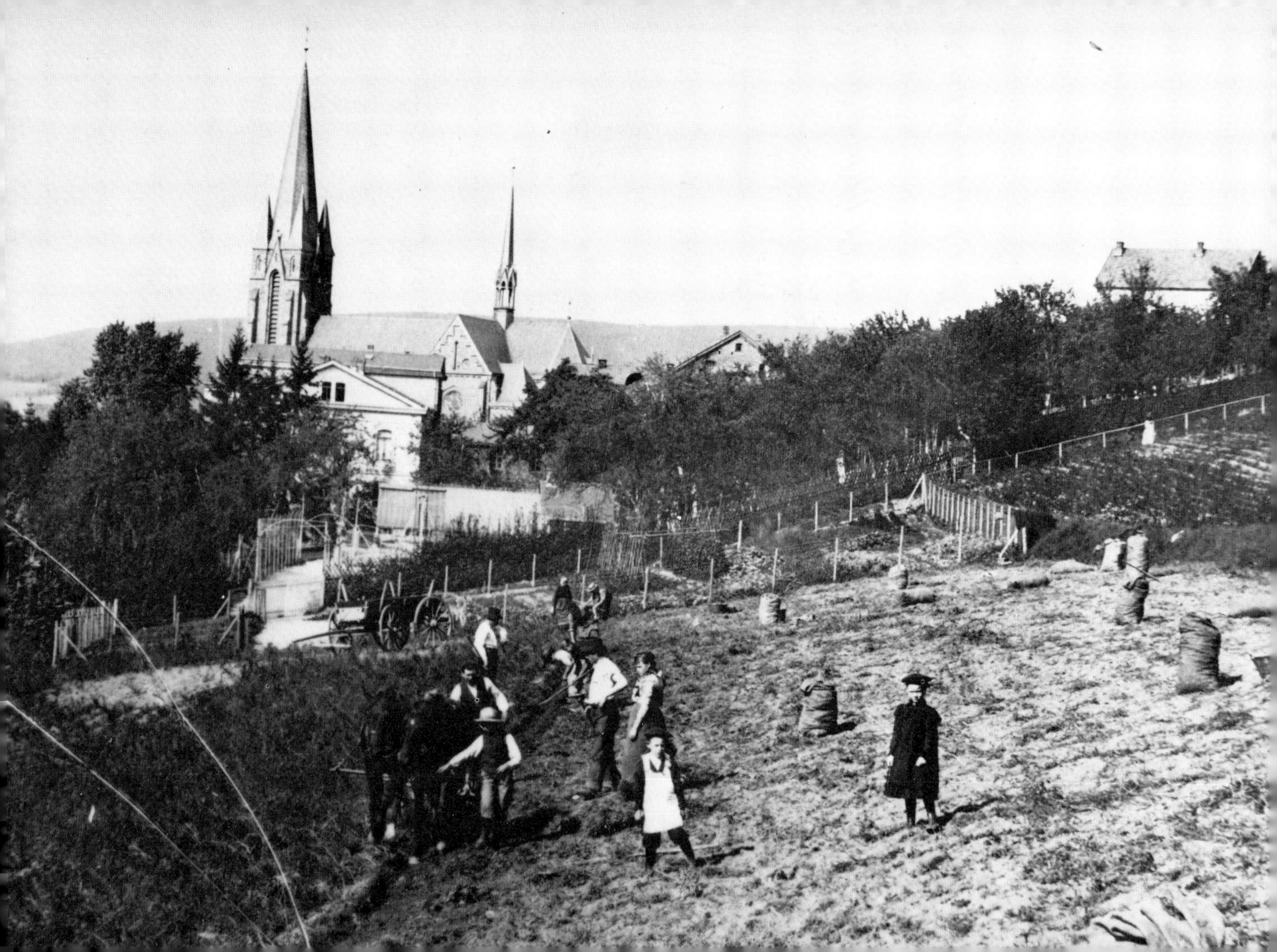

72. Unser Bild zeigt ein Erntedankfest in den frühen zwanziger Jahren vor der Lutherkirche. Links Ida Semmelroth.

Die 'Betzdorfer Zeitung' vermeldet am 11. April 1932 das Ergebnis der Reichspräsidentenwahl. Die in Klammern beigefügten Zahlen sind das Ergebnis der Wahl vom 13. März. Im Amte Kirchen, dem größten und volkreichsten des Kreises Altenkirchen, wurden registriert: Von 11 041 (11 118) Wahlberechtigten für Hindenburg 7 478 (7 340), für Hitler 2 322 (1 427), für Thälmann 267 (383).

Betzdorf, den 25. April. *Eine waghalsige Arbeit wurde Sonntag nacht an dem etwa 30 Meter hohen Kamin der früheren Ermertschen Waggonfabrik bewerkstelligt, indem eine Hakenkreuzfahne befestigt wurde, die jetzt lustig im Winde flattert. Der Wagemut, der zu einer solchen Arbeit während der Nachtzeit gehört, ist unbedingt bewundernswert und er zeigt, zu welchen Taten der Idealismus die Menschen fähig macht. Nur finden wir den Preis durch die Gefahr zu hoch bezahlt. Da niemand sich finden wird, die Fahne wieder herunter zu holen, wird sie noch lange eine Erinnerung an den Wahltag sein.(Preußenwahl.)*

Weitefeld, 25. April. *Im benachbarten Elkenroth wollten gestern früh Nazi-Leute Plakate ankleben und fanden in der Nähe der kath. Kirche an einem Mast eine grosse Puppe aufgehängt, unter der zu lesen war: Hitler am Galgen. Die Nationalsozialisten von Weitefeld holten die Puppe herunter. Es steht durchaus nicht fest, von welchen Anhängern die Puppe aufgehängt worden ist, aber christlich war das nicht, noch weniger schon deshalb, weil es sich um eine Volksbewegung handelt, die die Hitlerpartei zur weitaus stärksten in Deutschland gemacht hat. Hitler wird dem Zentrum noch viel zu schaffen machen.*

Kirchen, 17. Mai. *Pfingsten im Gotteshaus. Eine sonnendurchleuchtete Kirche. Vom Altar grüssten Pfingstrosen und lichtes Birkengrün im festlichen Schmuck. Der Zugang zum Altar war ein Birkenwäldchen, auf Taufbecken und Fenstersimsen standen Blumen und Gräser, und der Ernst, der um die Kriegergedächtnistafel schwebt, wurde verklärt durch den Schmuck der Sonnenkinder...*

Betzdorf, 18. Juli. *Der Propagandamarsch, den die hiesige SA und SS der Nationalsozialisten gestern früh zur Wahlpropaganda nach Wallmenroth, Scheuerfeld, Dauersberg, Elben, Gebhardshain, Steinebach, Elkenroth, Weitefeld, Oberdreisbach, Daaden zurück nach Betzdorf unternahm, ist in Elkenroth leider nicht unbehelligt geblieben...*

(Fortsetzung nächste Seite.)

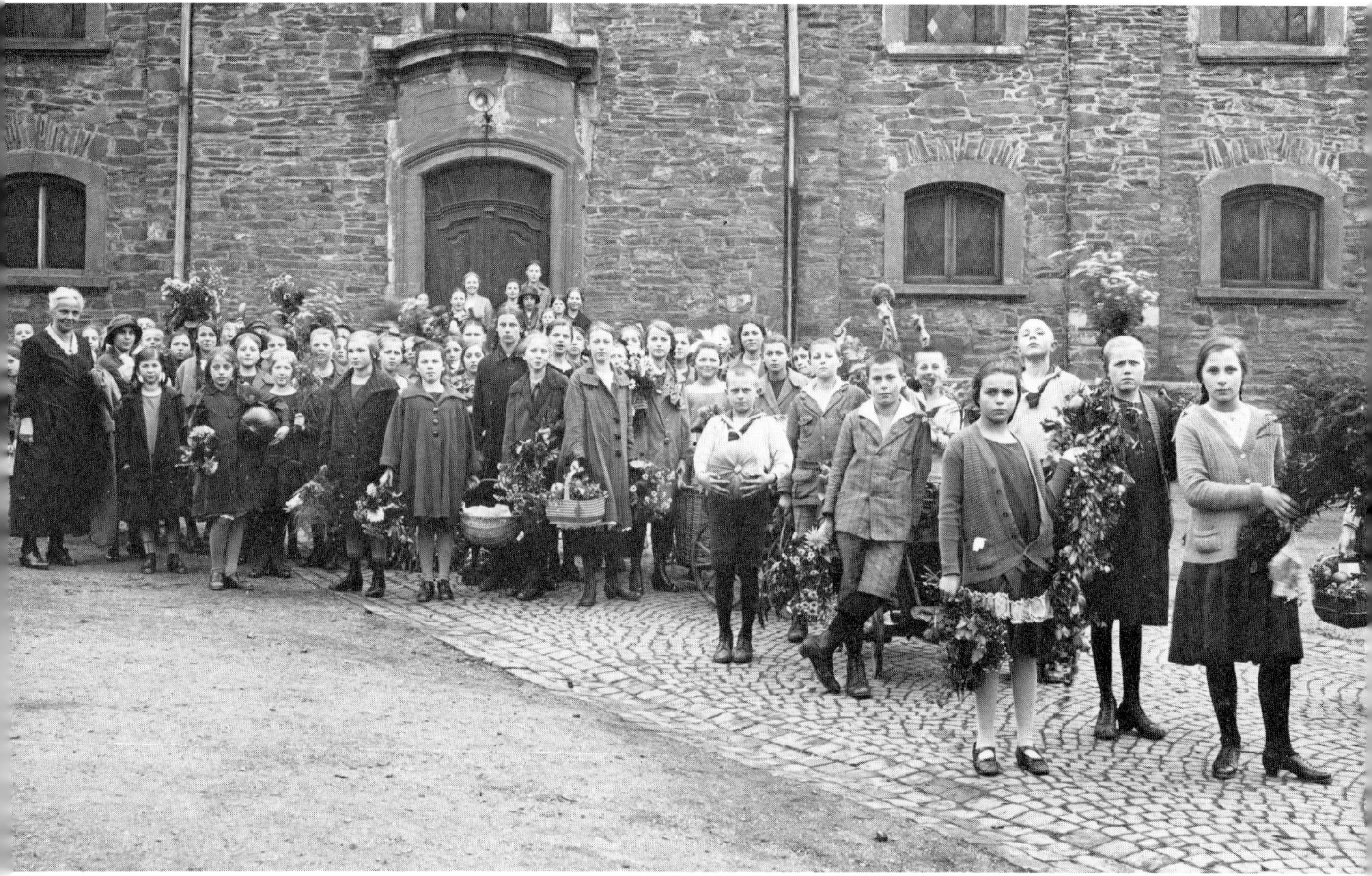

73. Unsere Aufnahme zeigt den 1. Mai-Umzug im Jahre 1936 bei der Einmündung der Katzenbacher Straße in die Hauptstraße.

...Es wurden dort auf die Teilnehmer Steine geworfen und es nimmt nicht Wunder, wenn sich die Nationalsozialisten dagegen zur Wehr setzten. Ehe die Polizei, die an der Spitze des Zuges war, den Vorfall am Ende des Zuges bemerkt hatte, war dort eine grosse Schlägerei im Gange... Nachdem die Ruhe wieder hergestellt war, wurde unbehelligt weitermarschiert... Das Volk glaubt, man wolle ihm seine Religion nehmen, wolle seine Religion beschimpfen! In der Presse wird ihm das immer wieder vorgeredet. Der Propagandamarsch führte über Wallmenroth nach Scheuerfeld, wo inmitten des Ortes Halt gemacht und vom Führer des Zuges, Ingenieur Sieler-Herdorf, eine Ansprache gehalten wurde... Bevor der Weitermarsch nach Dauersberg angetreten wurde, forderte der Führer noch auf, an der Kirche mit dem nötigen Respekt vorbeizumarschieren. In Dauersberg ebenfalls Sammlung inmitten des Ortes und Ansprache des Führers, worauf Weitermarsch über Elben nach Gebhardshain, wo zunächst von Pfarrer Spehr Waldgottesdienst gehalten und dann das Mittagessen eingenommen wurde, das aus einer einfachen Erbsensuppe mit Wurst und Speck bestand, die von der Frauengruppe der NSDAP zubereitet worden war... Um 2 Uhr wurde auf dem Marktplatz am Denkmal angetreten zu einer Ansprache des Führers Sieler, die aber von dem Geläut der Kirchenglocken übertönt wurde. In Steinebach vernahm der Zug die liebliche Begrüssung durch das sozialistische 'Freiheil', die aber vornehm ignoriert wurde... In Elkenroth wurde es schon unruhiger... Die Zugteilnehmer hatten sich auf dem freien Platz bei der kath. Kirche versammelt. Auch hier sprach Herr Sieler an die zahlreich versammelten Ortsbürger. Während der Ansprache wurde beobachtet, dass ein junger Kaplan durch die Reihen der Ortsbürger ging und diese aufforderte, fortzugehen. Gleich sah man den Kaplan mit jungen Leuten vor der Kirche stehen und während Herr Sieler noch sprach, stimmten die jungen Leute, die sich um den Kaplan scharten, ein Lied an. Es wurde dann beobachtet wie der Kaplan mit den jungen Leuten um die Kirche ging und gleich darauf kamen aus dem Hinterhalt Steine auf die Zugteilnehmer geflogen. Das war auch das Angriffssignal für einen Teil der hinter dem Zug stehenden Ortsbewohner, die nun mit Knüppeln, Steinen, Spaten, Ketten und dergleichen auf die Nationalsozialisten einschlugen. Darauf kam eine grosse Schlägerei in Gang... Es gab viele Verletzte. Nachdem die Ruhe wieder hergestellt war, marschierte der Zug in geordneter Weise über Weitefeld, Oberdreisbach, Daaden nach Betzdorf zurück.

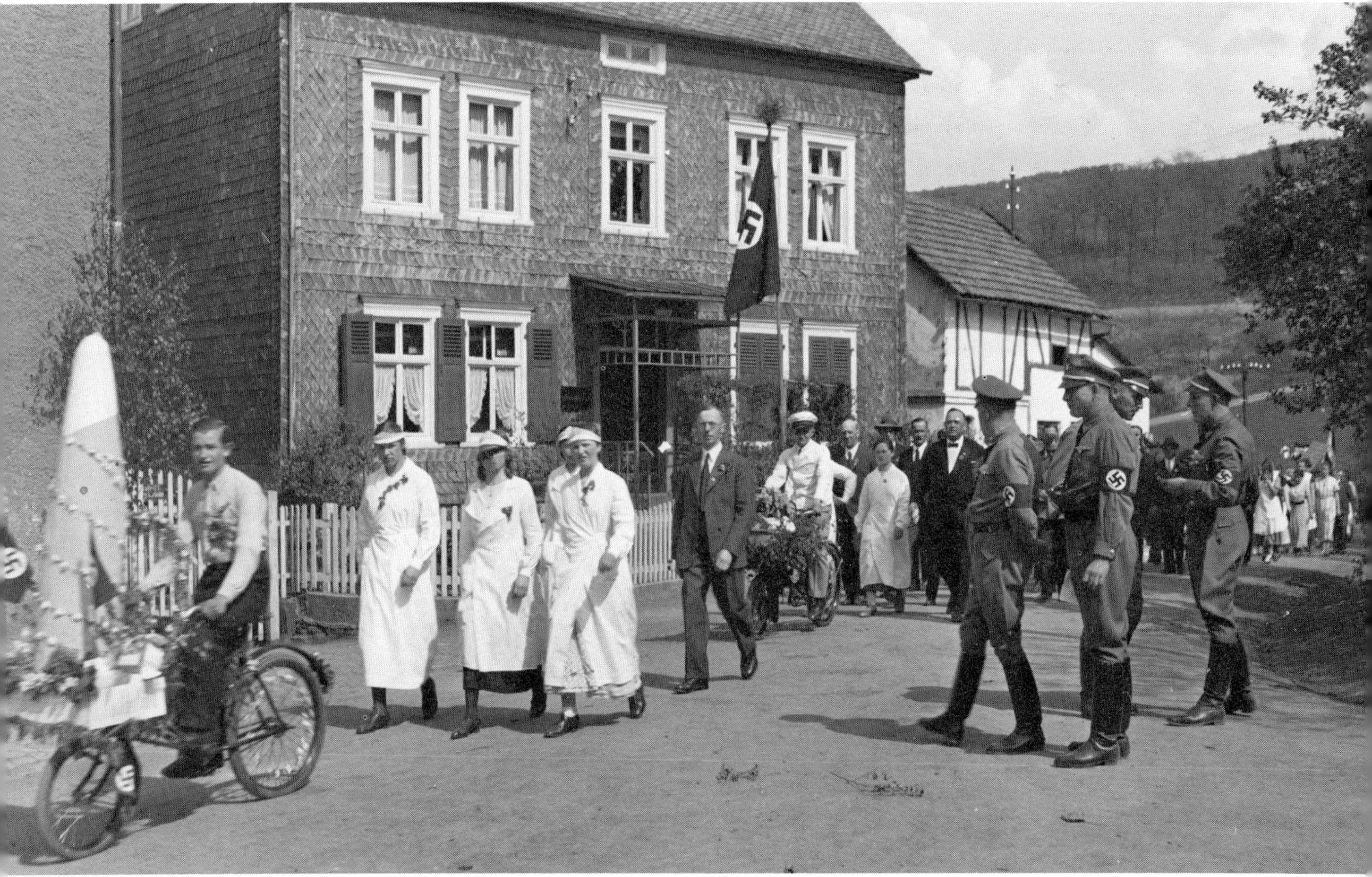

74. Vom gleichen Mai-Umzug sehen wir hier einen mit Guirlanden und Laub bekränzten Wagen, auf dem sich Mai-König Artur Faust (in phantasievoller Uniform) befindet. Seine Gefolge sind Erika Rohde, Hilde Harhaus, Klärchen Beer und Gisela Utsch.
In der Ausgabe vom 21. Juli 1932 beschuldigt der Führer Sieler den 'Vikar Kühnen, der nicht den Angriff vereitelt habe,... sondern durch sein Verhalten die Leute erst zusammengezogen und angriffsfreudig gemacht hat'; auch wehrt er sich gegen Beschuldigungen, daß die SA die wehrlose Bevölkerung auf dem Westerwald überfallen habe. Vielmehr wären die Elkenrother gegen die ruhig aufmarschierende SA-Marschkolonne vorgegangen...
Betzdorf, den 1. Aug. Gegen 5 Uhr, als die letzten Wähler zur Wahl gehen wollten, zog ein schweres Gewitter herauf, das nach den Anzeichen ein sehr schweres werden sollte. Im Nu waren die Strassen wie ausgestorben. Wider Erwarten beschränkte sich die Ladung auf einen gewöhnlichen Landregen. Nach kurzer Zeit klärte sich der Himmel wieder auf. Dagegen ist das Gewitter in der Gegend von Wallmenroth-Scheuerfeld voll zur Entladung gekommen und wie wir hören auch in Siegen und im Daadetal. Eine eigenartige Erscheinung, dass Betzdorf ganz verschont geblieben ist und von der fürchterlichen Entladung ringsherum kaum etwas gemerkt hat. Allerdings wohl in den Radioapparaten, die nach der Wahl gleich stark besetzt wurden und in denen die Geräusche die Verständigung sehr beeinflussten. Gegen Abend machte sich am südwestlichen Himmel ein starkes Wetterleuchten bemerkbar, das so eigenartig war, dass es einen Leser veranlasste, uns folgenden Bericht zuzuschicken: Gestern abend war zwischen 10 und 11 Uhr am Westsüdwesthimmel ein eigenartiges Wetterleuchten zu beobachten. Immer an der gleichen Stelle trat in kurzen Zwischenräumen dieselbe Lichterscheinung auf, vergleichbar dem Mündungsfeuer der Artillerie an der nächtlichen Front. In längeren Zwischenräumen wurde wie beim gewöhnlichen Wetterleuchten der ganze Westhimmel erhellt. Verschiedentlich zeigten sich auch Blitze, aber nicht senkrechter, sondern in waagrechter Richtung. Allmählich nahmen die Lichterscheinungen an Häufigkeit ab, um nach 11 Uhr ganz zu verschwinden.

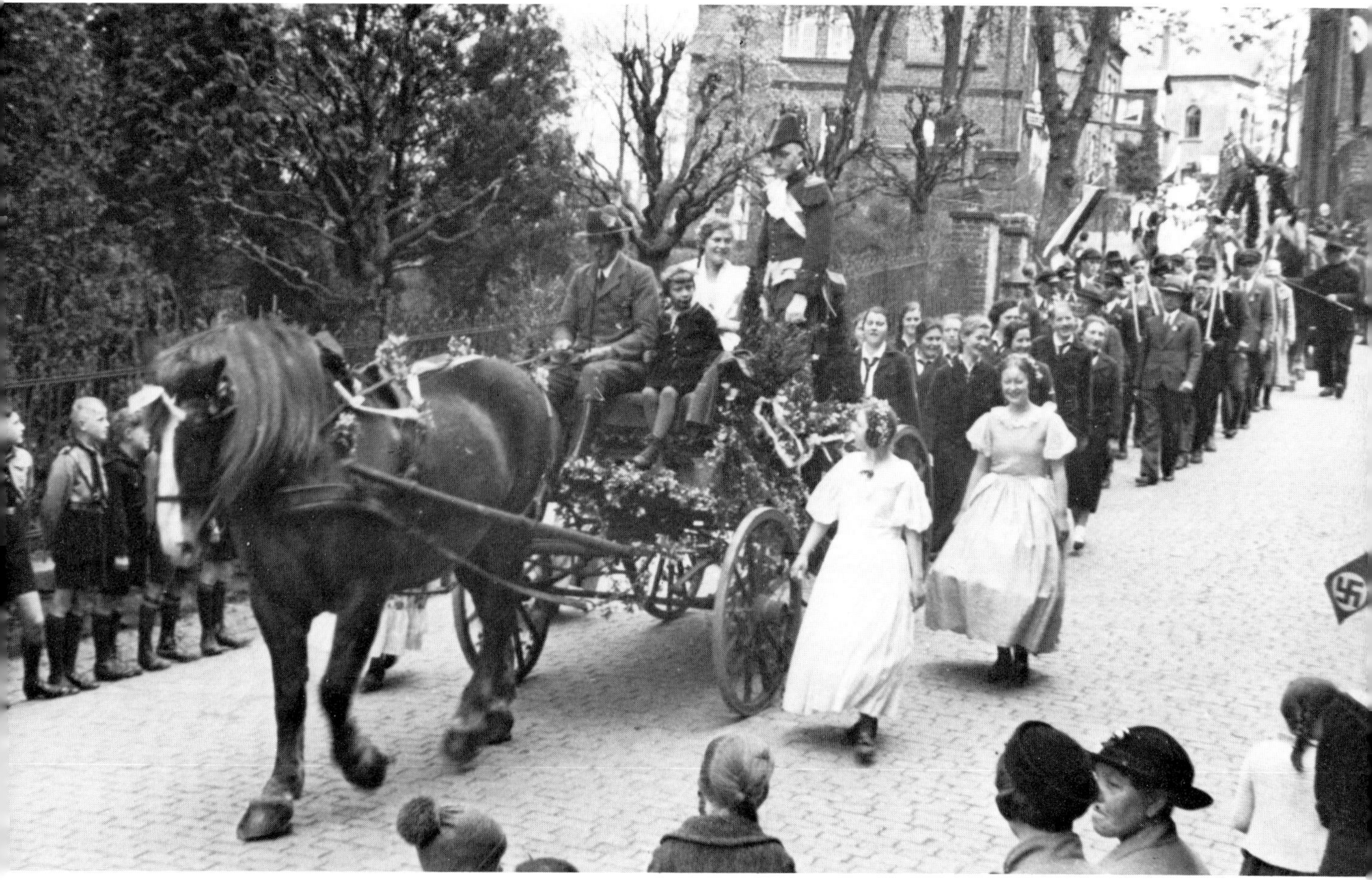

75. Wir sehen oben links eine katholische Volksschulklasse mit den Lehrern Queng und Pfahl um das Jahr 1927. Paula Pitthan erzählt uns dazu, wie eines Tages Frau Lehrerin Queng vor ihren Schülern fragte, ob denn einer von ihnen einmal etwas Aktuelles zum Unterricht beitragen könne, woraufhin sie sich meldete und berichtete, daß Rosa Luxemburg und Karl Liebknecht zu Tode gekommen wären, dazumal noch geächtete Personen. Sie hatte diese Nachricht so enpassant aufgeschnappt und erhielt auch gleich eine gute Note für ihre Aufmerksamkeit. Zur Kaiserzeit mußten die Schüler noch folgendes Verschen an 'Seiner Majestät' Geburtstag vortragen: *Der Kaiser ist ein lieber Mann, er wohnt wohl in Berlin, und wär es nicht so weit von hier, so ging ich heut' noch hin. Und was ich bei dem Kaiser wollt', ich gäb ihm meine Hand, und reicht die schönsten Blumen dar, die ich im Garten fand.*
Um das Jahr 1920 kam auch Lehrer Walter Baerwolf nach Kirchen, der ob einer Kriegsverletzung hinkte und nicht selten des Winters von umwohnenden Schülern (Schwelbel) auf einem Schlitten zur Schule gezogen wurde. Aus Anlaß seiner Silberhochzeit wurde über acht Tage hinweg gefeiert; mal kamen die Knaben, dann wieder die Mädchen zu einem Kaffeekränzchen. Mit den Absolventen eines Jahrganges unternahm Lehrer Baerwolf auch eine Radtour in den Teutoburger Wald. Als Belohnung für ihre Anstrengungen durften die Jungen unter seiner Aufsicht mal an einer Zigarette ziehen; mit den Mädels ging es zum Hohenseelbachskopf, was die Mißbilligung von Frau Pfarrer Semmelroth hervorrief, die wohl meinte, es werde den Mädchen zuviel zugemutet. Nebst Frau und den Absolventen-/tinnen eines anderen Jahrganges unternahm Lehrer Baerwolf auch eine mehrwöchige Radtour, welche bis Passau führte. Genächtigt wurde in Jugendherbergen.
Unser Bild rechts zeigt Herrn Oberstudienrat Lang (geboren 8. August 1881) und seine Frau, geborene Trommershausen (geboren 11. November 1886), der von 1908 bis 1939 am Realgymnasium Betzdorf-Kirchen lehrte und in der Hardtstraße wohnte.
Auf dem Bilde links unten werfen wir noch einmal einen Blick in den Kindergarten, wo Schwester Klara den kleinen Hans Mildenberger auf dem Arme hält. In der oberen Reihe erster von links Hermann Kraemer. Zweite Reihe von links Hans Hickmann, Irmgard Weber, unbekannt, Otto Böhmer (etwas verdeckt), Erich Burbach, Ernst-Otto Pauschert und Erich Diehl. Vorne Gretel, Liesel und Günter Ermert...
Wir beschließen diese Seite mit einer Anekdote um Alois 'Aba' Zöller von Herkersdorf, der einmal im Auftrage von Frau 'Malchen' von Pfarrer Fuhrmann wegen seines Durstes auf geistige Getränke 'ins Gebet' genommen ward. Dreizehn Doppelstöckige Wacholder zu trinken, war nicht ungewöhnlich für ihn, der dann seinen Rausch auf der Önner ausschlief bevor es weiter 'no heem' ging: 'Ojo, Hochwürden, ett gerrt heh zwesche der Kiirch un' Uffessen keen Fleckchen Erd, wo ech ald net voll geläjen han'!'

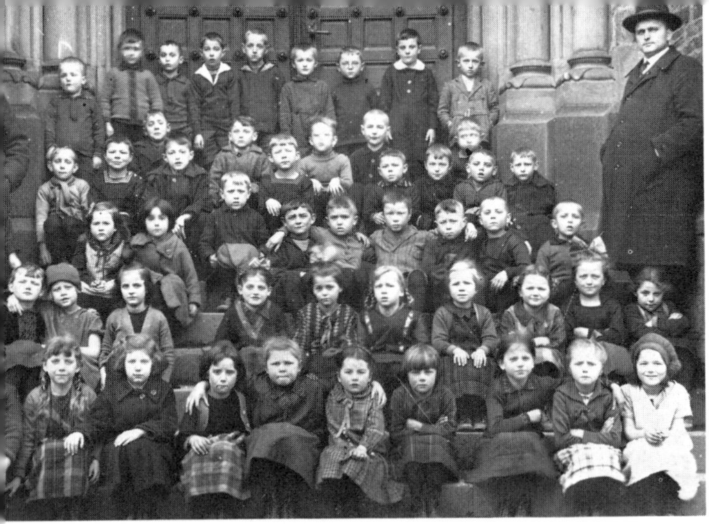

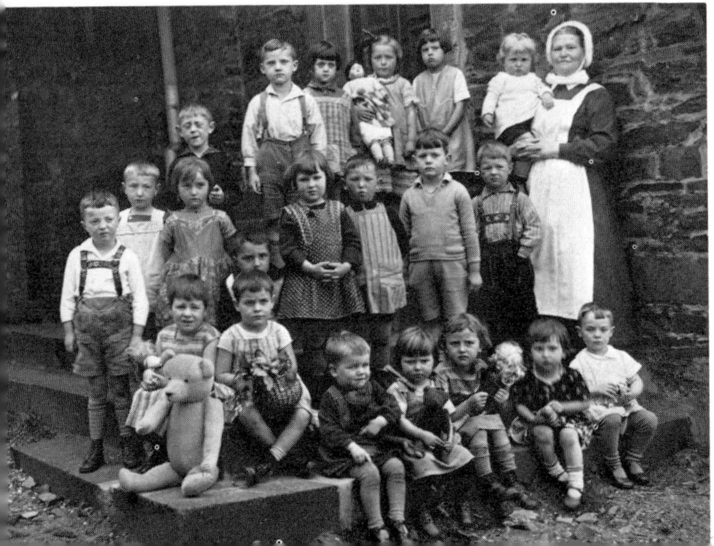

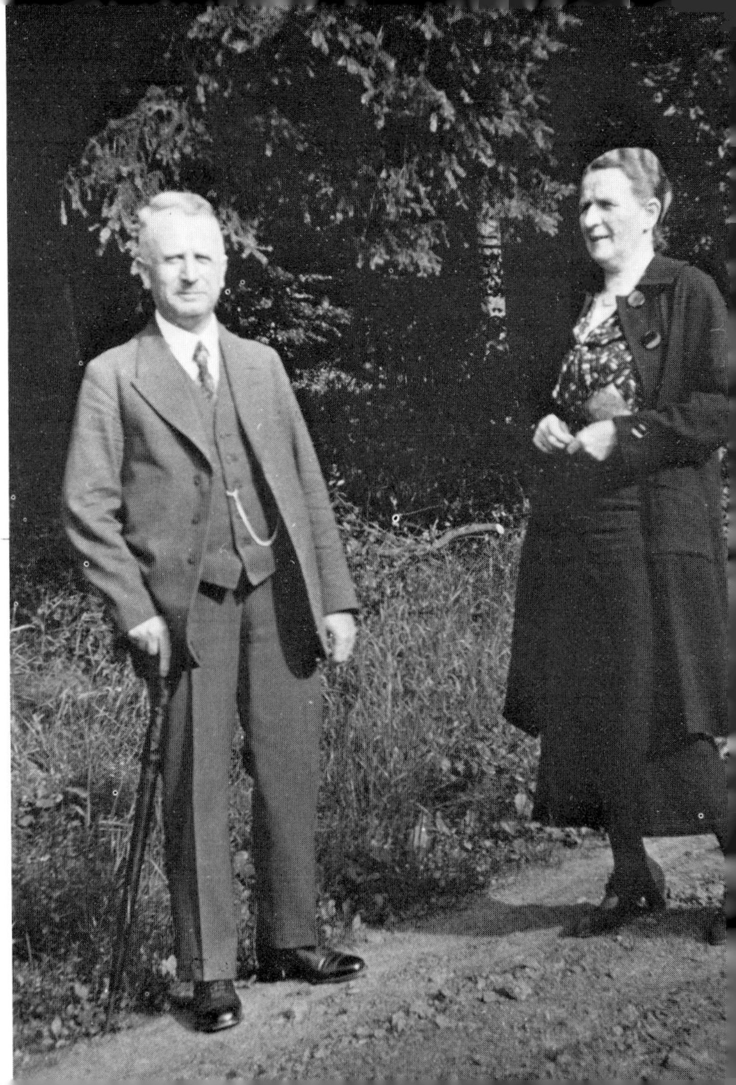

76. Beim Gasthof Euteneuer in Büdenholz. Der Frauenverein hat einen Ausflug gemacht.
Vorne sitzend: Fischer, Jung, Ida Semmelroth, Schneider und Weber. Zweite Reihe: Zulauf, Alhäuser und ganz rechts Lehnert. Dritte Reihe: Pfeifer, Langsdorf, Weber, Vetter, Krall und Klein. Vierte Reihe: Bohn, Enders, Pfarrer Semmelroth, Flick, unbekannt, Pfeifer, unbekannt und Schweitzer. Fünfte Reihe: Semmelrogge, Weber, Mürdel, Schnell und Lichtenthäler. Sechste Reihe: Fischbach, unbekannt, Strunk, unbekannt Reinhardt und Jung Chalb (verdeckt)...

Nun ist der Stoff so umfangreich geworden, daß ich meine Berichterstattung aus alten Zeitungsexemplaren mit der Ausgabe vom 1. November 1932 abschließen muß, welche ganz unter dem Zeichen der 'grössten Kundgebung, die Westerwald und Sieg je gesehen hat' steht (30 000 Teilnehmer): 'Hitler in Scheuerfeld': *Wohl noch nie sind im Siegtal oder auf dem Westerwald so viele Menschen zusammen gekommen wie gestern bei der Hitlerkundgebung in Scheuerfeld. Das achtteilige Riesenzelt auf den Siegwiesen bei der Papierfabrik, das 25-28.000 Menschen fassen kann, erwies sich – was wohl niemand vorausgeahnt hatte – als zu klein. Schon gegen 6 Uhr, als der Menschenstrom auf den Landstrassen von Betzdorf und Wissen her noch nicht versiegt war, standen die Menschen im Zelt dichtgedrängt, wie gemauert, das letzte Plätzchen füllend... Der Zustrom zum Zelt setzte schon gestern morgen ein. Auto auf Auto rollte aus Richtung Siegen, Daaden, Wissen, Köln heran, daneben hunderte Motorräder, Fahrräder; gar nicht zu rechnen die Fussgänger, die schon am Vormittag zum Zelte pilgerten... Kurz nach Mittag, als die ersten zum Bersten gefüllten Sonderzüge in Betzdorf einliefen, wurde der Betrieb schon beängstigend. Die Landstrasse von Betzdorf nach Wallmenroth war schwarz von Menschen... In grösseren und kleineren Trupps marschierten die SA- und SS-Kolonnen heran. Den grössten Zug bildete die SA des Siegerlandes, die mit etwa 2000 Mann durch Betzdorf marschierte... Die Umgebung des Zeltes glich einem Heerlager. Händler hatten ihre fliegenden Stände auf den Zufahrtsstrassen aufgebaut und boten Kaffee, Brötchen und sonstige Erquickungen an... Punkt 6 Uhr erfolgte der 'Einmarsch der Fahnen'. Vorauf die Gaustandarte, marschierten die Träger von 30 Hakenkreuzfahnen zum blumengeschmückten Podium und stellten sich im Hintergrunde auf. Auf einem breiten Band an der Rückwand des Podiums standen weithin lesbar die Worte 'Für Arbeit, Freiheit und Brot'... Kurz nach 7 Uhr betrat Hitler, der mit dem Auto von Gummersbach kam, wo er am Nachmittag gesprochen hatte, mit seinem Stab das Zelt. Er war in der braunen SA-Uniform und machte einen frischen Eindruck. Ungeheurer Jubel umbrauste ihn, nicht enden wollende Heilrufe wurden auf ihn ausgebracht...*

Gasthof Euteneuer

77. Um jedwede Irritation zu vermeiden, möchte ich an den abgeklärten Leser von heute appellieren, auch dieses Bild und die damit verbundenen Assoziationen als ein Stück Heimatgeschichte aufzufassen, was in einer solchen Publikation nicht übergangen werden kann. Ich wünsche diesem Bändchen nur einen solch guten Absatz, daß uns im kommenden Jahre noch eine Fortsetzung der hochinteressanten Zeitzeugnisse beschieden ist.

Unsere Aufnahme zeigt den Tag der nationalen Arbeit 1933: *Kühl und diesig brach der erste Maimorgen an. Ueber den Sieg- und Asdorfbergen wallten dichte Nebelschwaden. Und doch leuchtete bald die sieghafte Sonne durch. Ein frischer Morgenwind liess Hunderte von Fahnen und Wimpel und Papierfähnchen flattern, raschelte durch vieles Birken- und Tannengrün, das aus den Fenstern grüsste. Ganze Strassenzüge wetteiferten im Schmuck, aus den Ranken lugten Bilder von Adolf Hitler, dem Führer der Zukunft, und Hindenburgs... Hier unter hohen Eichen und Buchen war ein Altar errichtet, die Wehbacher Feuerwehrkapelle intonierte das Niederländische Dankgebet. Dann hielt Superintendent Roloff die Festpredigt über das Bibelwort: 'Nicht durch Heer oder Macht, sondern durch den heiligen Geist will ich es schaffen, spricht der Herr Zebaoth.' Es wurde sodann das Lied, 'Grosser Gott, wir loben dich', gesungen...*

Wir aber wollen noch einmal zurückkehren zu der Kundgebung in Scheuerfeld, wo es *wohl noch eine viertelstunde dauerte bis Hitler seine Rede beginnen konnte. Dreimal trat er ans Mikrophon, um zur Rede anzusetzen. Erst beim vierten Male war es so ruhig geworden, dass er beginnen konnte... Er schließt seinen Vortrag mit den Worten: Mein Wert liegt darin, dass ich ein Deutschland der Zukunft mitbringe. Das ist mein Werk, mein Wert und meine Verpflichtung. Keine Macht der Welt kann mich davon entfernen... (Minutenlanger Beifall.) – Die Menge sang das Deutschlandlied. Hitler verliess darauf unter jubelnden Heilrufen das Zelt, um zu einer Kundgebung, die am gleichen Abend in Limburg stattfand, zu fahren... In Herdorf versuchten linksradikale Kreise, den Besuch der Hitlerkundgebung dadurch zu stören, dass sie Glasscherben und Krampen auf die Strasse streuten um die vielen Autos, die aus dem Freien Grund und dem Dillkreis kamen, an der Weiterfahrt zu hindern... Auch durch Mudersbach fahrende Lastwagen mit Hitleranhängern aus dem Siegerland wurden mit Blechbüchsen und mit Steinen beworfen...*

Herdorf, 18. November. *Gestern wurde von der Polizei bei Funktionären der Kommunistischen Partei Haussuchungen vorgenommen... wurden hier von Erwachsenen und von Schulkindern Schuhnägel und Glasscherben auf die Strasse gestreut, um die durchfahrenden Radfahrer und Autos an der Weiterfahrt nach Scheuerfeld zu behindern...*

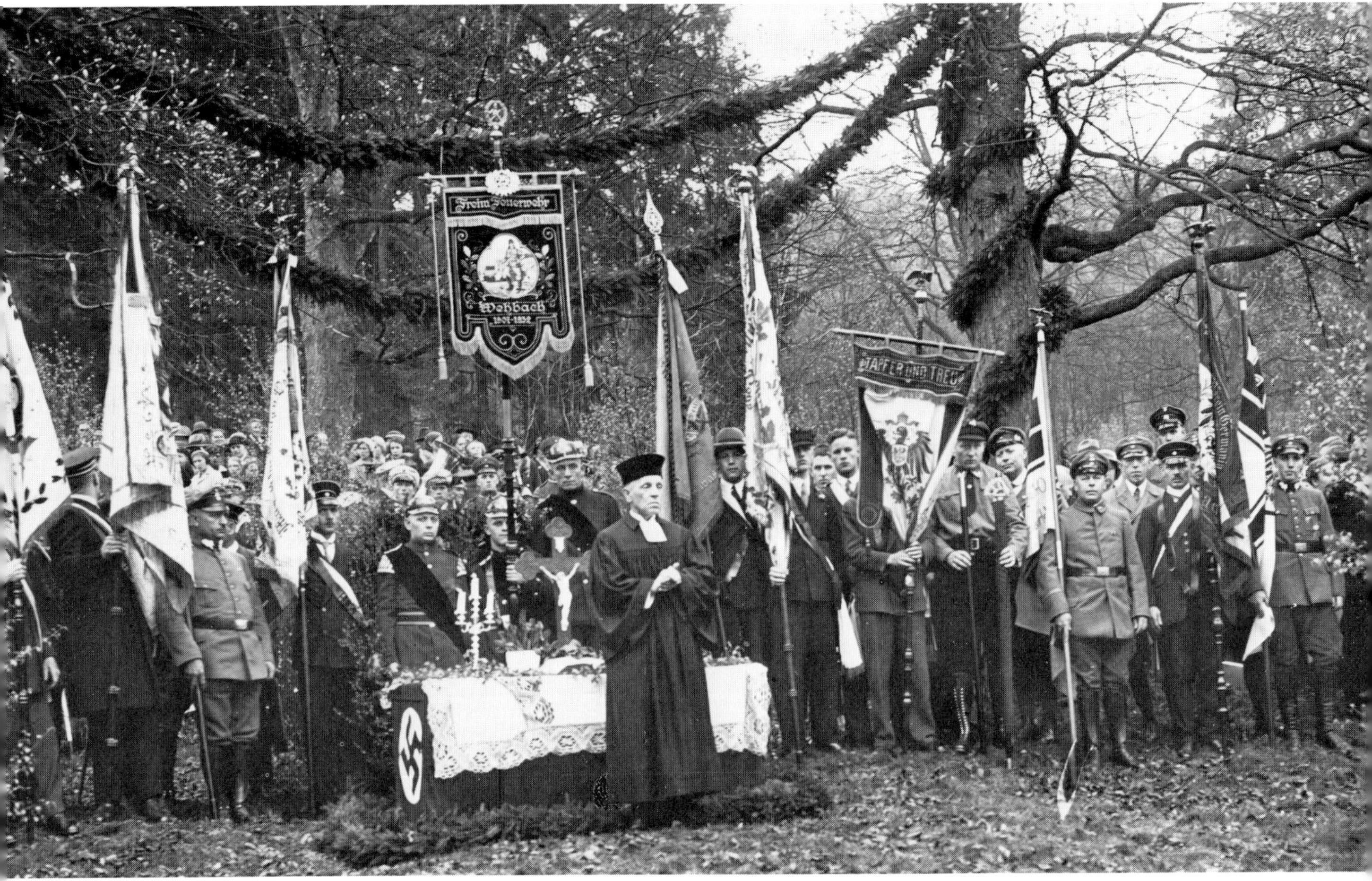
Freiw. Feuerwehr

78. ERGÄNZUNGEN UND BERICHTIGUNGEN

Kirchen in alten Ansichten Band 1:

No. 10 Aufnahme um 1928. Alfred Stein lebte zu dem Zeitpunkt nicht mehr; Carl Stein 1854-1918; No. 11 das Motorrad von Kroll wurde an einem Wochentage am Wirtshausschild hängend vorgefunden, Adele Düngen hatte es mit Gärtnern von Lohse dort 'angebracht'; No. 17 Hch. Kraemer von 1889-1906 Reichstagsabgeordneter; No. 19 Villa Stein 1875 von Julius Stein (1837-1927) erbaut; No. 23 (1. Auflage) von rechts nach links Gustav Zimmermann und Frau Hulda, geborene Kraemer, Arnold Jung, Carl Siebel und Frau, geborene Lukas, sitzend Auguste Pillnay, geborene Kraemer; muß heißen Vomfell'scher Saal; No. 23 (2./3. Auflage) Anläßlich eines meiner Besuche bei Arnold Hintze in seinem Bureau im Jungenthale von diesem telefonisch herbeigerufen, erschien der durch sein freundliches und abgemessenes Auftreten bekannte Wilhelm Harr (in fein polierten alten Schnürschuhen und Arbeitsbekleidung, welche akkurat aufgesetzte Flicken aufwies) und bestätigte, daß es sich bei der Aufnahme um den Saal im Gasthof 'Zum Bahnhof' (Jakob Harr) handele. Zweiter von links Frau Schweitzer (Gattin des Schuhmachers Schweitzer aus der Bahnhofstraße), Jakob Harr, 'Feldwebel' Horn (Faktotum bei Harrs), Elise Harr, geborene Wetter und das Ehepaar Fritz Briel, welcher Knecht bei den Harr's war, die auch eine Hauderei unterhielten. Jakob Harr kam 1888 nach Kirchen (Protokoll vom 26. Oktober 1978); No. 25 (1. Auflage) Operationssaal um 1925, Aufnahme Rohde; No. 26 muß natürlich heißen, '... die er für nur einen Pfennig mehr anbot, als er selbst gezahlt hatte...'; No. 32 links auf der Balustrade der Alexanderhöhe Sanitätsrat Rauschenbusch; No. 36 (Kirmesfeld) elf Bäume und nicht zwölf; No. 49 Alma-Bad zwischen Buschhardt und Freusburg-Struth; No. 55 Giebel des Gemeindehauses; No. 60 Kroll war auch Instrumentenbauer ('Krolline'); No. 61 (oben) Gesang-Wettstreit Juni 1922, No. 61 (unten) Erntefest 4. Oktober 1936; No. 74 Beerdigung Paul Hintze 1939.

Kirchen in alten Ansichten Band 2:

No. 3 Feldgottesdienst des Soldatenbundes 'Der Stahlhelm' im Schloßhofe der Freusburg 1931; No. 19 in Hamm/Sieg hinter Wirtshaus Tönges, Robert mußte immer Anlauf nehmen, um sich auf eine Aussichtbank zu schwingen; No. 20 in Breitscheidt. Auf dem Wagen Heinrich Schäfer, rechts Wilhelm Heinrich, neben ihm Mathilde Schäfer, während ein Nachbar das Heu auf den Wagen wirft.
Unser letztes Bild: Heuernte auf den Wiesen unweit des Eichelchens. Auf dem Wagen 'Böhmersch Willem'. (Siehe auch Kirchen, Band 1, Seite 56.) Um 1935.

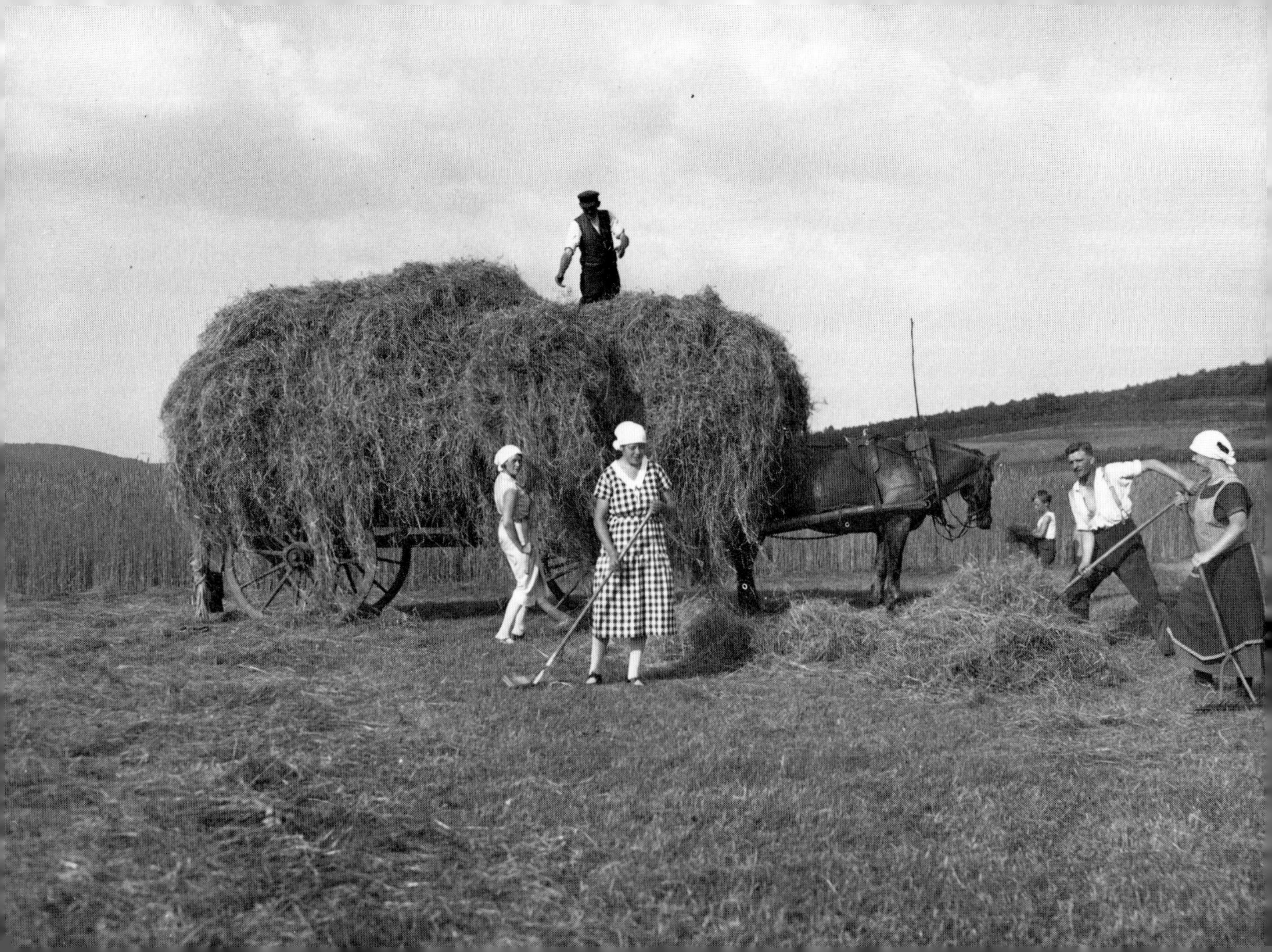

ERGÄNZUNGEN UND BERICHTIGUNGEN

Kirchen in alten Ansichten Band 2:

No. 21 Clara Marie Rauschenbusch mit ihren Kindern und einer Gesellschafterin; No. 22 Links Lydia Weber und die alte Frau Panthel, an dritter Stelle mit der Sackkarre Ulrich Moll; No. 23 der Lindenbaum beim Kutscherhaus wurde 1966 vom Verfasser und seinem Kompagnon Roland Link erstiegen; No. 26 Zweiter von links Gustav Haubrich, vorn links sitzend Alois Morgenschweis (Wehbach), Anton Höfling, August Morgenschweis und Ignatz Pracht. Zweiter von rechts Karl Morgenschweis; No. 28 war ein Bollerwägelchen mit Deichsel; Thomers waren zu vierzehn, nicht Grindels; No. 44 nicht Maria Auguste sondern Franziska Ihle, ihre ältere Schwester, war vorübergehend bei einem Studienrat Cramer; No. 50 Ruderregatta bis zum Deutschen Haus in Betzdorf war nicht möglich, weil das Siegwehr dazwischen lag; No. 54 es gab auch ein 'Eishaus' auf der Au; No. 55 der Blumenwagen der Gärtner beim Kolpingfest 1928. Von links: Totengräber Koch, ein fremder Gärtner, Fuhrmann Bähner und ein gewisser 'Schorsch' von Freusburg. Auf dem Wagen mit Rosenkönigin Paula Pitthan (Berndes), Hedwig Schlosser, Else Bell, Elisabeth Schneider, Gertrud Hess und Annemarie Lohse; No. 58 Kronleuchter von Helene Busch gestiftet; No. 59 Pfarrer Dickopf zelebriert auf der Sohle (Galgenberg); No. 60 Oma Grimmig saß gerade beim Kartoffelschälen, als der Blitz einschlug; das Auftreffen des Wurfsteines an die Blechbüchse ist der 'Schmatzer' beim 'Gote-Schmatzen'; No. 61 war nicht Henriette Berndes sondern die alte Frau Kahn, welche in der Klotzbach bei der jähsteilen Treppe wohnte.

Kennt Ihr sie noch... die Kirchener:

No. 1 der Fabrikgraben verlief von der alten Schule in Wehbach hinter dem Freibad in Kircherhütte entlang und unter den Grindelfelsen und -brücken bis in das Jungenthal; es muß daher heißen: Partie an der Asdorf. Frau Hörter im Gespräch mit einer Nachbarin; No. 14 Aufnahme Juni 1930, es muß heißen Pfarrer Schunk und nicht Schenk; vorn im Bild links Eisenflechter Peter Zöller; No. 21 nicht Balbina Weller sondern Frau Burbach; No. 22 Schreinerei Ernst Düsberg; No. 23 Wappen Pitthan aus dem 15. Jahrhundert; No. 27 Frisör Willi Link; neben Felix Utsch sitzt Albert Wehr, am Stand dessen Tochter Adele, verheiratete Kipping; No. 32 Ruderriege 06, vorn Lehrer Baerwolf mit Frau und Tochter; No. 35 der Jünglingsverein; No. 36 Emil Gliss, der sich mit Thea Textor verheiratete; No. 41 unterm Hakenkreuz Ortsgruppenleiter Bartels, der 'für seine Großschnauzigkeit bitter bezahlen mußte' (eine Kirchenerin); No. 46 Haus Ernst Duesberg; No. 56 Turnwart Fritz Steub mit Schulkindern aus verschiedenen Klassen an der Sieg.